制度创新

——海南自由贸易港

国家出版基金资助项目

全国高校出版社主题出版项目

重庆市出版专项资金资助项目

陈伟光　刘彬　等　著

肖鹞飞　审稿

ZHIDU CHUANGXIN

HAINAN ZIYOU
MAOYI GANG

重庆大学出版社

内容简介

本书简要回顾了海南从独立建省到设立自由贸易港的历史,首先在借鉴国外自由贸易港建设经验的基础上,以海南自由贸易港的制度创新为切入点,重点阐释当前海南自由贸易港在总体制度设计、贸易、投资、金融、人才、物流、税收、数据、产业等方面系统性的制度创新,从理论和实践两个层面对海南自由贸易港的建设方案和制度设计加以分析,然后对其发展前景做出展望,提出相关的政策建议,力图为需要了解海南自由贸易港建设的政府工作人员、企业管理人员和学界研究人员提供理论参考和实践指引。

图书在版编目(CIP)数据

制度创新 : 海南自由贸易港 / 陈伟光等著. -- 重
庆 : 重庆大学出版社,2022.3
(改革开放新实践丛书)
ISBN 978-7-5689-2835-9

Ⅰ. ①制… Ⅱ. ①陈… Ⅲ. ①自由贸易区—制度建设
—研究—海南 Ⅳ. ①F752.866

中国版本图书馆 CIP 数据核字(2021)第 123428 号

改革开放新实践丛书
制度创新
——海南自由贸易港
陈伟光 刘 彬 等著
策划编辑:马 宁 尚东亮 史 骥
责任编辑:史 骥 王智军 版式设计:史 骥
责任校对:姜 凤 责任印制:张 策

*

重庆大学出版社出版发行
出版人:饶帮华
社址:重庆市沙坪坝区大学城西路 21 号
邮编:401331
电话:(023)88617190 88617185(中小学)
传真:(023)88617186 88617166
网址:http://www.cqup.com.cn
邮箱:fxk@cqup.com.cn(营销中心)
全国新华书店经销
重庆升光电力印务有限公司印刷

*

开本:720mm×1020mm 1/16 印张:22.5 字数:325 千
2022 年 3 月第 1 版 2022 年 3 月第 1 次印刷
ISBN 978-7-5689-2835-9 定价:99.00 元

丛书编委会

主 任：

王东京　中央党校（国家行政学院）原副校（院）长、教授

张宗益　重庆大学校长、教授

副主任：

王佳宁　大运河智库暨重庆智库创始人兼总裁、首席研究员

饶帮华　重庆大学出版社社长、编审

委 员(以姓氏笔画为序)：

车文辉　中央党校（国家行政学院）经济学教研部教授

孔祥智　中国人民大学农业与农村发展学院教授、中国合作社研究院院长

孙久文　中国人民大学应用经济学院教授

李　青　广东外语外贸大学教授、广东国际战略研究院秘书长

李　娜　中国国际工程咨询有限公司副处长

肖金成　国家发展和改革委员会国土开发与地区经济研究所原所长、教授

张志强　中国科学院成都文献情报中心原主任、研究员

张学良　上海财经大学长三角与长江经济带发展研究院执行院长、教授

陈伟光　广东外语外贸大学教授、广东国际战略研究院高级研究员

胡金焱　青岛大学党委书记、教授

以历史视角认识改革开放的时代价值

——《改革开放新实践丛书》总序

改革开放是决定当代中国命运的关键一招。在中国共产党迎来百年华诞、党的二十大将要召开的重要历史时刻,我们以历史的视角审视改革开放在中国共产党领导人民开创具有中国特色的国家现代化道路中的历史地位和深远影响,能够更深刻地感悟改革开放是我们党的一个伟大历史抉择,是我们党的一次伟大历史觉醒。

改革开放是中国共产党人的革命气质和精神品格的时代呈现。纵观一部中国共产党历史,实际上也是一部革命史。为了实现人类美好社会的目标,一百年来,中国共产党带领人民坚定理想信念,艰苦卓绝,砥砺前行,实现了中华民族有史以来最为广泛深刻的社会变革。这一壮美的历史画卷,展示的是中国共产党不断推进伟大社会革命同时又勇于进行自我革命的非凡过程。

邓小平同志讲改革开放是中国的"第二次革命",习近平总书记指出,"改革开放是中国人民和中华民族发展史上一次伟大革命"。改革开放就其任务、性质、前途而言,贯穿于党领导人民进行伟大社会革命的全过程,既是对具有深远历史渊源、深厚文化根基的中华民族充满变革和开放精神的自然传承,更是中国共产党人内在的革命气质和精神品格的时代呈现,因为中国共产党能始终保持这种革命精神,不断激发改革开放精神,在持续革命中担起执政使命,在长期执政中实现革命伟业,引领中华民族以改革开放的姿态继续走向未来。

改革开放是实现中国现代化发展愿景的必然选择和强大动力。一百年来,我们党团结带领人民实现中国从几千年封建专制向人民民主的伟大飞跃,实现中华民族由近代不断衰落到根本扭转命运、持续走向繁荣富强的伟大飞跃,实现中国大踏步赶上时代、开辟中国特色思想道路的伟大飞跃,都是致力于探索中国的现代化道路。

改革开放,坚决破除阻碍国家和民族发展的一切思想和体制障碍,让党和人民事业始终充满奋勇前进的强大动力,孕育了我们党从理论到实践的伟大创造,走出了全面建成小康社会的中国式现代化道路,拓展了发展中国家走向现代化的途径,为解决人类现代化发展进程中的各种问题贡献了中国实践和中国智慧。党的十九大形成了从全面建成小康社会到基本实现现代化,再到全面建成社会主义现代化强国的战略安排,改革开放依然是实现中国现代化发展愿景的必然选择和前行动力,是实现中华民族伟大复兴中国梦的时代强音。

改革开放是顺应变革大势集中力量办好自己的事的有效路径。习近平总书记指出,"今天,我们比历史上任何时期都更接近、更有信心和能力实现中华民族伟大复兴的目标。中华民族伟大复兴,绝不是轻轻松松、敲锣打鼓就能实现的。"当前,我们面对世界百年未有之大变局和中华民族伟大复兴战略全局,正处于"两个一百年"奋斗目标的历史交汇点。

改革开放已走过千山万水,但仍需跋山涉水。我们绝不能有半点骄傲自满,固步自封,也绝不能有丝毫犹豫不决、徘徊彷徨。进入新发展阶段、贯彻新发展理念、构建新发展格局,是我国经济社会发展的新逻辑,站在新的历史方位的改革开放面临着更加紧迫的新形势新任务。新发展阶段是一个动态、积极有为、始终洋溢着蓬勃生机活力的过程,改革呈现全面发力、多点突破、蹄疾步稳、纵深推进的新局面,要着力增强改革的系统性、整体性、协同性,着力重大制度创新,不断完善和发展中国特色社会主义制度,推进国家治理体系和治理能力现代化;开放呈现全方位、多层次、宽领域,要着力更高水平的对外开放,不断推动共建人类命运共同体。我们要从根本宗旨、问题导向、忧患意识,完整、准确、全面贯彻新发展理念,以正确的发展观、现代化观,不断增强人民群众的获得感、幸福感、安全感。要从全局高度积极推进构建以国内大循环为主体、国际国内双循环相互促进的新发展格局,集中力量办好自己的事,通过深化改革打通经济循环过程中的堵点、断点、瘀点,畅通国民经济循环,实现经济在高水平上的动态平衡,提升国民经济整体效能;通过深化开放以国际循环提升国内大循环效率和水平,重塑我国参与国际合作和竞争的新优势。

由上观之,改革开放首先体现的是一种精神,始终保持改革开放的革命精神,我们才会有清醒的历史自觉和开辟前进道路的勇气;其次体现的是一种方略,蕴藏其中的就是鲜明的马克思主义立场观点方法,始终坚持辩证唯物主义和历史唯物主义,才会不断解放思想、实事求是,依靠人民、服务人民;再次体现的是着眼现实,必须始终从实际出发着力解决好自己的问题。概而言之,改革开放既是方法论,更是实践论,这正是其时代价值所在,也是其永恒魅力所在。

重庆大学出版社多年来坚持高质量主题出版,以服务国家经济社会发展大局为选题重点,尤其是改革开放伟大实践。2008 年联合《改革》杂志社共同策划出版"中国经济改革 30 年丛书"(13 卷),2018 年联合重庆智库共同策划出版国家出版基金项目"改革开放 40 周年丛书"(8 卷),在 2021 年中国共产党成立100 周年、2022 年党的二十大召开之际,重庆大学出版社在重庆市委宣传部、重庆大学的领导和支持下,联合大运河智库暨重庆智库,立足新发展阶段、贯彻新发展理念、构建新发展格局,以"改革开放史"为策划轴线,持续聚焦新时代改革开放新的伟大实践,紧盯中国稳步发展的改革点,点面结合,创新性策划组织了这套"改革开放新实践丛书"(11 卷)。丛书编委会邀请组织一批学有所长、思想敏锐的中轻年专家学者,围绕长三角一体化、粤港澳大湾区、黄河流域生态保护和高质量发展、海南自由贸易港、成渝地区双城经济圈、新时代西部大开发、脱贫攻坚、乡村振兴、创新驱动发展、中国城市群、国家级新区 11 个选题,贯穿历史和现实,兼具理论与实际,较好阐释了新时代改革开放的时代价值、丰硕成果和实践路径,更是习近平新时代中国特色社会主义思想在当代中国现代化进程中新实践新图景的生动展示,是基于百年党史背景下对改革开放时代价值的新叙事新表达。这是难能可贵的,也是学者和出版人献给中国共产党百年华诞、党的二十大的最好礼物。

中央党校(国家行政学院)原副校(院)长、教授　　　　重庆大学校长、教授

2021 年 7 月　　　　　　　　　　　　　　　　　2021 年 7 月

前　言

　　海南自由贸易港建设是我国推进高水平对外开放，构建更高水平开放型经济新体制的标志性成果；是深化市场化改革，打造法治化、国际化、便利化营商环境的迫切需要；是在新发展阶段中，贯彻新发展理念，推动高质量发展，建设现代化经济体系的战略选择；是支持经济全球化，构建人类命运共同体的实际行动。作为构建国内国际双循环新发展格局的重要战略枢纽，海南自由贸易港的建设无论对国内改革、提高经济高质量发展，还是应对国际环境的变化、进一步扩大开放、实现高水平发展都具有重要意义。

　　本书既是改革开放新实践丛书之一，也是陈伟光教授主持的国家社科基金重大项目"制度型开放与全球经济治理制度创新研究"（项目编号：20&ZD061）的阶段性成果。制度创新是海南自由贸易港建设的最重大的使命，是我国制度型开放的重要环节。制度型开放既包括通过学习国际先进经验，将自由贸易港作为一种新型制度引入，实现国内与国际制度、规则、标准、管理对标，也是在适应中国国情、符合海南优势基础上将自由贸易港制度本土化的创新过程。本书始终牢牢抓住制度创新这一关键点，尤其是以制度的集成创新为突破口探讨海南自由贸易港的建设。本书前三章回顾了海南在改革开放以来的历史发展进程，阐释了在世界处于百年未有之大变局条件下，海南自由贸易港建设的必要性；借鉴国际成功的自由贸易港建设的经验，基于制度变迁的宏观视角分析了海南自由贸易港制度创新的基本特征与路径，提出海南自由贸易港需要在政府与市场有机联动基础上，实现制度集成创新。第四章到第十一章重点分析了当前海南自由贸易港在贸易、投资、金融、人才、物流、税收、数据、产业等领域的现状，从制度设计的角度提出未来各领域的发展路径，并提出相关的政策建议。第十二章总结了全书，对自由贸易港发展前景做出展望。本书力图呈现海南发展的制度创新历程,并在此基础上对海南自由贸易港建设的制度设计路径和发展建言献策,希望对需要了解海南自由贸易港建设的政府工作人员、企业管理人员和学界研究人员提供理论参考和实践指引。

　　本书选题立意、篇章结构由陈伟光教授总体设计,并与课题组成员共同商议确定,陈伟光、刘彬负责相关修改完善和统稿。编写成员包括:陈伟光、刘彬、明元鹏、韩永辉、郭晴、黄亮雄、蔡伟宏、袁静、范洪颖、查婷俊、钟列炀等。同时,肖鹞飞教授提出了许多宝贵意见并对书稿做出修改和完善,在此表示感谢!

编　者

2021 年 1 月

目　录

1

花落海南：
海南自由贸易港缘起与规划

2020 年 6 月 1 日,中共中央、国务院印发《海南自由贸易港建设总体方案》(以下简称《总体方案》),标志着海南自由贸易港建设进入全面实施阶段。自由贸易港是当今世界最高水平开放形态。从经济特区到自由贸易试验区再到自由贸易港,海南积极顺应国内外经济形势的变化,以制度创新为核心,形成具有国际竞争力的开放制度体系,积极探索新的发展道路,将在我国深化改革开放和社会主义现代化建设中发挥新的重要作用。本章旨在回顾海南建省以来的发展历程,探讨海南自由贸易港建设对当前我国对外开放的重大意义。

第一节　海南自由贸易港创建的前世今生

海南建省之前,隶属于广东行政管辖,称为广东省海南行政区。1988 年 4 月 13 日,第七届全国人民代表大会第一次会议召开,会议审议通过《关于设立海南省的决定》和《关于建立海南经济特区的决议》,开启了海南经济发展的新征程,确定了海南经济发展战略,提出了海南经济发展总目标,即坚持改革开放,实行社会主义市场经济,建立以工业为主导、工农贸旅并举协调发展的经济体系。海南设立经济特区后,经济发展日新月异,社会面貌发生天翻地覆的变化。

一、海南经济特区建设

（一）特区建设的战略对策

在设立经济特区前,海南是"一岛五方",海南行政区为一方,管辖的只是汉族的几个市县;海南黎族苗族自治州为一方,管辖少数民族区,自治州归广东省和中央民委管理;海南农垦为一方,归广东省和中央农垦部门管理;中央驻海南企业为一方,隶属中央有关部委,与海南行政区不存在上下级关系;驻岛部队为一方,由广州军区(今南部战区)和中央军委领导。① 在这种情况下,岛上部门和单位各自为政,政出多门,号令不齐,要实现经济特区建设长远发展,必须实现全岛一元化领导。

在第一任海南省委书记许士杰主导下,撤州、移交事宜很快顺利完成,"五方"合并为"一方",全岛实现一元化领导,政令畅通,令行禁止,执行有力,全岛办事效率极大提高。解决了全岛的统一领导问题后,海南建立"小政府、大社会"的制度框架,遵循"党政分开""政企分开""权力下发"的原则,确立"市场经济体制"的目标,建立"以公有制经济为主体、多种所有制经济共同发展"的所有制结构,实行"一线放开、二线管好"的关税制度,重视琼台和琼港合作,发展外向型经济,全面制定政策,扩大开放,发展经济。

(二)农工商旅齐头并进

海南经济以农业生产为主,基本没有工业,海南省政府从振兴农业开始,向精细农业进军。优越的经济特区政策为持续高效益的农业发展创造良好的外部环境,政府利用自然和政策的双重优势,引进资金,引进项目,引进新品种、新技术,使海南热带农业精细化发展取得优异成效,到 2019 年海南农业生产总值占 GDP 的 14.5%。

海南当时定位为"更大的特区",为了支持特区的发展,中央给予海南最优惠、最灵活的政策,使海南成为当时开放程度最高、改革力度最大的特区。在政策的吸引下,国内外投资者对海南经济特区前景充满信心,招商引资较为容易。德国西门子公司、法兰克福机场投资公司、英国西敏士银行、米兰银行等国外公司、银行向海南机场、通信、电力等基础设施投资;新加坡华联银行、泰国盘古银行、新加坡经济发展局等投资了海南港口、公路、天然气等基础设施建设。基础产业项目方面的投资集中在农业、旅游业、运输业等方面,海南依托热带农产品、海产品优势,其加工业、外贸业、运输业迅速发展起来。同时建立工业开发

---

① 陈克勤.海南建省[M].北京:人民出版社,2008:94-96.

区,如洋浦工业开发区、金盘工业开发区、东方工业开发区等,电子工业、汽车工业、橡胶工业、纺织工业等蓬勃发展,带动地方经济。20世纪90年代的海南成为中国一道亮丽的风景线。

海南在自然方面拥有得天独厚的条件,海南政府高度重视旅游业发展,并将其发展为优势产业和支柱产业。建省办特区以来,在保护环境前提下,海南政府开发旅游资源,整体规划全岛旅游项目,将海南独特的文化艺术与旅游资源结合起来,旅游景点既有自然风光也有文化内涵。1988—2008年是海南旅游景区建设的兴盛时期,不同类型、级别的旅游开发区如雨后春笋般出现,先后建成亚龙湾、大东海、天涯海角、五指山民族风情园、博鳌亚洲论坛永久会址等一系列景点项目,形成以三亚、海口、万宁为中心的景点富集区。2009年国家提出海南国际旅游岛建设,充分利用海南得天独厚的自然条件,发展旅游,加强生态文明建设,促进服务转型升级,推动经济发展。《国务院关于推进海南国际旅游岛建设发展的若干意见》提出要在十年规划期内,将海南经济特区建设成中国旅游业改革创新试验区、全国生态文明建设示范区、海南资源开发和服务基地、国家热带现代农业基地、世界一流海岛休闲度假旅游目的地、国家经济合作和文化交流重要平台,即"二区三地一平台",发挥海南特有优势,充分利用优势资源,使海南成为立足亚洲,面向世界的国际交往平台。这一规划成果显著,2019年年底,海南旅游业实现总收入1 050亿元。

(三)特区前行中的潮起潮落

海南经济特区自诞生之日起就不断掀起"海南热潮"。在海南的第一轮开发建设中,国内外投资者携巨资进入海南,大力发展基础设施建设,迅速改善了海南的投资环境,但是这一时期的开发区属于无序建设,据统计,截至1993年,全省批准和设立的开发区有138个,规划面积达1 660.19平方千米,①经济过热,造成大量经济泡沫。

---

① 陶一桃,鲁志国.中国经济特区史论[M].北京:社会科学文献出版社,2008:519-527.

1988年全国治理整顿,调整价格,为过热的经济特区建设"控温"。治理整顿在金融方面取消了海南经济特区"多存多贷"的优惠政策,同时将海南的信贷规模压缩50%;在外汇留成上将原有的政策砍掉一半,只留下自产产品出口收汇;在财政政策方面,由原来海南经济特区土地使用权的收入全部留给海南经济特区的地方财政,整顿为将40%上缴中央财政。① 中央一系列整顿措施使海南经济特区的资金紧缺矛盾突出,在遏制海南投资过热的同时,导致很多内地投资企业不得不抽走资金,使很多兴建或投产的项目陷于停工停产。

治理整顿后,海南经济特区在"困惑"中发展。海南省委总结经验,分析海南经济形势,研究摆脱"困惑"的对策,提出"用政策、打基础、抓落实"的九字方针,即抓好落实重点项目建设,扎实推进基础设施建设,努力改善投资环境,为经济发展打好基础。

1992年邓小平发表南方谈话,掀起中国改革开放的第二次浪潮。海南经济特区抓住机遇迅速行动,开放市场,放开外商投资领域,许多大企业大财团进入海南投资。房地产在海南经济特区第二轮建设热潮中异军突起、蓬勃发展,成为经济发展的主力军。1992年起,大批房地产企业涌进海南,1993年,海南注册的房地产公司达4 830多家,房地产热带动地价飙升。炒地、炒房、炒股、炒汇成为热门生意,各类投机层出不穷。房地产的迅猛发展,带动建筑业、服务业、商业、交通运输业等相关产业迅速发展。1994年,中央宏观经济调控,紧缩银根,抑制全国投资过热现象,而海南地产不断升温,地价房价持续上涨,最后演变成"楼市狂潮",房地产泡沫越来越大。为了遏制泡沫进一步增长,中止房地产公司上市,全面控制银行资金进入房地产业,国务院发布"国十六条",海南房地产热立马冷却下来,许多地产公司倒闭,大批公司迁出海南。

1995年海南经济开始滑坡,海南房地产由繁荣变为萧条,海南经济陷入"三年低迷期"。为了使经济尽快走出低迷,海南省政府提出"一省两地,三足鼎立"

---

① 苏东斌.中国经济特区史略[M].广州:广东经济出版社,2001:430-439.

的新产业发展方针。"一省两地"是指把海南建成中国的新兴工业省、热带高效农业基地和海南度假旅游休闲地;"三足鼎立"是指将新兴工业、热带高效农业和海南旅游业建设成为海南的产业基石。[①] 到 21 世纪初,海南经济步入持续健康发展轨道。

海南经济特区经过三十余年建设,尽管经历波折,但是总体得到发展。海南基础设施更加完善,市场结构更加协调,产业基础更加稳固,发展空间更加广阔。尽管中间有许多曲折,但是海南经济特区的经济发展取得了令人瞩目的成绩,成为中国改革开放的重要实验基地和重要窗口,为中国特色社会主义现代化建设做出了重大贡献。

二、海南自由贸易试验区建设

为了让海南经济特区进一步发挥其独特的优势,释放其发展潜力,在经济特区成立 30 周年之际,中央对海南发展做出新的部署,支持全岛建立自由贸易试验区,这是为海南经济特区赋予的新使命,也是海南的重大发展机遇。新的部署以海南自由贸易试验区为重要支点,推动形成开放型经济体系,为中国特色自由贸易港建设做好制度预案和前期准备,服务国家重大战略转型,稳步推进、逐步探索,在海南自由贸易试验区的基础上探索与自由贸易港相适应的制度体系。

(一)海南新蓝图

2018 年 4 月 14 日,新华社受权发布《中共中央 国务院关于支持海南全面深化改革开放的指导意见》,这是在新的历史条件下指导海南未来发展的纲领性文件,勾画出了海南未来发展的新蓝图,即计划用 30 年左右的时间,力争将海南建设成全面深化改革开放试验区、国家生态文明试验区、国际旅游消费中心和国家重大战略服务保障区。这一计划将分 4 个阶段实施,目标是到 21 世

---

① 陈克勤.海南建省[M].北京:人民出版社,2008:199.

纪中叶,率先实现社会主义现代化,形成高度市场化、国际化、法治化、现代化的制度体系,成为综合竞争力和文化影响力领先的地区,全体人民共同富裕基本实现,建成经济繁荣、社会文明、生态宜居、人民幸福的美好新海南。海南将全面贯彻创新、协调、绿色、开放、共享的新发展理念,全方位提升发展定位、全方位变革发展方式、全方位完善治理体系、全方位提升生活品质,把新发展理念转化为海南建设发展的生动实践。

（二）政策先行

中央高度重视海南自由贸易试验区建设,宏观把握,顶层设计,先后制定多项政策方案推动其高质量、高标准、高效率、公平、可持续的发展。《中共中央国务院关于支持海南全面深化改革开放的指导意见》从重大意义、总体要求、建设现代化经济体系、推动形成全面开放新格局、创新促进国际旅游消费中心建设的体制机制、服务和融入国家重大战略、加强和创新社会治理体系、加快生态文明体制改革、完善人才发展制度、保障措施 10 个方面对海南自由贸易试验区提出了建设性的指导意见。2018 年 9 月 24 日,国务院印发《中国（海南）自由贸易试验区总体方案》,提出要在全岛建立自由贸易试验区,对加快构建开放性经济新体制、加快服务业创新发展、加快政府职能转变、加快重大风险防控体系和机制建设、坚持加强党对自由贸易试验区的全面领导等 6 个方面进一步统筹考虑、科学布局,落实海南自由贸易试验区建设整体推进。2018 年 12 月 12 日,国家发展和改革委员会印发《海南省建设国际旅游消费中心的实施方案》,指出生态是海南最大的财富,要深入推进国际旅游岛建设,不断优化发展环境,积极探索消费型经济发展新路径,打造生态良好的国际旅游胜地等要求。2019 年 5月 12 日,中共中央办公厅、国务院办公厅印发《国家生态文明试验区（海南）实施方案》,将海南定位为生态文明体制改革样板区、陆海统筹保护发展实践区、生态价值实现机制试验区、清洁能源优先发展示范区,提出为海南赋予构建国土空间开发保护制度、推动形成海陆统筹保护发展新格局、建立完善生态环境质量巩固提升机制、建立健全生态环境和资源保护现代监管体系、创新探索生态产品价值实现机制五大任务。在中央政策方向的引领下,海南省政府积极制定以下政策,推动政策落地,促进自由贸易试验区建设。

第一,筑巢引凤,完善人才政策,吸引人才到海南发展。自由贸易试验区的发展靠创新,创新靠人才,因此人才是第一资源,是自由贸易试验区建设的根本。2018年5月13日,海南启动《百万人才进海南行动计划(2018—2025年)》,到2020年,引进各类人才20万左右,建立健全的人才服务保障体系;到2025年,实现百万人才进海南的计划,基本建立具有中国特色、体现海南特点、与国际接轨的人才发展体制机制,基本形成人才聚集新高地。放开人才的落户限制,制订"南海名家"培养计划,面向教育、医疗、科技、文化等重点领域引进杰出人才。

第二,强化宏观调控,发挥政府监管作用,促进经济稳健发展。海南自由贸易试验区自设立以来,引发投资热和房产热,海南政府汲取20世纪90年代房产泡沫经验,积极管控楼市。2018年4月23日,海南政府印发《关于进一步稳定房地产市场的通知》,坚持房子是用来住的,不是用来炒的,建立和完善了房地产市场长效机制,坚决防范炒房炒地的投机行为;通过强化"多规合一",从严土地、规划管控,官方实施全域限购、严格限贷、限制转让和价格备案等多种举措,全面管控房地产市场,保持价格平稳,市场稳定,增进人民福祉。

第三,发挥样板作用,高规格、高标准建设江东新区。在海南自由贸易试验区建设中,为了集中展现自贸区的综合效应,设立海口江东新区,将其作为自由贸易试验区的重点先行区域。设立江东新区不同于建立经济特区时,大量实施开发区建设而导致后续资金中断,出现开发不到位的情景。而江东新区是高起点规划、高标准建设,是集全省合力打造的具有世界眼光、国际标准、海南特色的集中展示区。江东新区的终极目标是打造一个世界一流的零碳城,打造一张彰显中国文化海南特色的亮丽名片,打造一个城乡结合和谐共生的中国示范区,打造一个领先全球的中央商务区。

第四,扩大开放,提高海南旅游的国际知名度。为支持海南进一步深化改革开放,国务院批准,自 2018 年 5 月 1 日起,在海南实施俄罗斯、英国、法国、德国等 59 个国家入境旅游免签证政策。早在 21 世纪初,为了支持海南经济发展,在海南实施 21 国人员及团队入境旅游 15 天免签政策,并于 2010 年进行了调整,免签入境政策的国家增加到 26 个。这次免签入境政策相比以往扩大了国家范围、延长了免签停留的时间、放宽了免签入境人数限制,充分体现了海南自由贸易试验区对外开放的力度。新政实施后有助于进一步吸引海外旅客来海南度假游玩,提升海南旅游品牌的影响力和国际知名度,促进海南旅游业、服务业的繁荣,带动经济发展。

中央的顶层设计,为海南自由贸易试验区给予相关政策,指引海南取得良好的开局和起步;海南政府各层次、各方面的具体政策落实,通过自由贸易试验区建设将海南打造成为中国高水平对外开放的前沿阵地。

（三）项目落地

海南自由贸易试验区机遇无限,前景广阔,各大公司集团纷纷奔向海南。项目是海南自由贸易试验区建设的载体与关键,自由贸易试验区要发挥真正的作用,最终要通过落实具体项目,推动产业升级,聚集发展动能,完善工作机制才能达成。截至 2019 年,已经有七批重点建设项目集中签约开工。第一批于 2018 年 11 月 28 日开工签约,开工项目 100 个、总投资 298 亿元,签约项目 41 个、总投资 342 亿元。开工和签约的具体项目包括海南会展中心二期、中船重工深海实验场、海口海秀快速路二期、三亚深海科技城、顺丰海南国际生鲜港、中海油海南码头、海南海淀外国语实验学校二期等。第二批于 2018 年 12 月 28 日集中开工和签约,开工项目 147 个、总投资 1 083 亿元,签约项目 104 个、总投资 1 582 亿元。其中海口集中开工 22 个项目,政府投资 14 个,社会投资 8 个;海南农垦集中开工和签约 17 个项目;文昌、万宁、陵水等地均有重点项目开工和签约。这批项目涉及交通、医疗、环境等基础设施建设,同时涵盖生命科学、互联网、金融、旅游等产业。第三批于 2019 年 3 月 18 日集中开工签约,开工项目 131 个、总投资 476 亿元,签约项目 50 个、总投资 935 亿元。主要有海口国际免税城、三亚夏日体验广场项目等集中开工,三亚凯蒂猫主题乐园、澄迈华为云计算数据中心等项目签约,这些项目既有政府投资也有企业投资,为推动海南高质量发展注入了动力。第四批项目于 2019 年 5 月 18 日集中开工签约,开工项目 80 个、总投资 256 亿元,签约项目 38 个、总投资 146 亿元。这批项目主要涵盖基础设施、产业发展、公共服务等领域,包括崖州湾科技城建设项目、中科院海南种子创新研究院科研楼项目、中种集团总部建设项目等。第五批项目于 2019 年 7 月 18 日集中开工签约,开工项目 96 个、总投资 372 亿元,签约项目 39 个、总投资 309 亿元。开工项目有威特低碳制造产业项目、海南电网公司省级计量检定中心项目、滨海新天地三期项目、椰海商厦项目等,签约项目有海口市人民政府与华为技术有限公司江东新区 5G+AI 创新战略合作协议、海口市人民政府与中国电信股份有限公司海南分公司、华为技术有限公司江东新区 5G 创新战略合作协议、海口市人民政府与北京弘润天源基因生物技术有限公司、北京安杰玛化妆品有限公司战略合作协议等。第六批于 2019 年 9 月 18 日集中开工签约,开工项目 110 个、总投资 612.4 亿元,签约项目 76 个、总投资 213 亿元。开工项目涉及生态治理、高新技术、基础设施建设、医疗器械等领域,包括江东大道二期生态长廊建设工程、跨境电商二期项目、海口市充电基础设施建设等;签约项目以互联网、交通旅游、高新技术为主,譬如海南复兴城产业园投资管理有限公司与中路交通有限公司合作项目,海口市商务局与弘信创业工场投资集团管理有限公司合作项目,三亚市人民政府与中国农业科学院、南繁科技城有限公司合作项目等。第七批于 2019 年 11 月 18 日集中开工签约,开工项目 129 个、总投资 1 254 亿元,是七批开工项目中投资规模最大的一批;签约项目 45 个、总投资 199 亿元。

在近一年时间内,海南自由贸易试验区开工建设项目 793 个、总投资 4 352 亿元,签约项目 393 个、总投资 3 744 亿元。这些项目涵盖了基础设施、现代服务业、高新技术产业、现代旅游业等多项重点发展产业,为海南自由贸易港产业结构优化、经济高质量发展奠定了良好的基础。

第二节　海南自由贸易港建设的背景与意义

面对世界百年未有之大变局，我国需要坚定不移地坚持和平和发展理念，扩大开放，把握全球化发展的大势，塑造新的战略机遇期。建设海南自由贸易港肩负着引领中国高水平对外开放的示范区作用，是构建更高水平开放型经济新体制的战略选择，也是我国推动经济全球化，构建人类命运共同体的实际行动。

一、海南自由贸易港建设是应对全球变局的客观需要

随着全球政治经济秩序进入剧烈的变动转型期，经济全球化进程遭到严峻挑战，逆全球化现象不断涌现，同时，新冠肺炎疫情深刻影响全球经济的发展，外部环境的不确定性日益增强，海南自由贸易港建设正是我国在面对全球性挑战的背景下，坚定不移地扩大开放，促进国内外规则互动，推动经济全球化发展的客观需要。

（一）逆全球化暗流涌动

经济全球化促进了全球财富的增长，同时也加剧了全球收入的不平等，不同国家、不同地区、不同群体不能平等享受全球发展的"红利"。[1] 在现有的国际分工体系中，发达国家将劳动密集型产业转向发展中国家，而主要利用高科技、金融资本行业带动本国经济发展，导致国内制造业失业率上升，使少数科技金融集团成为上一轮全球化红利的主要获益者。发达国家国内收入不平等直接导致了不同利益集团、社会团体、党派、阶层的对立，产生了社会撕裂，催生了逆全球化浪潮。为了弥合社会撕裂，迎合民众要求，发达国家政府采取了贸易

---

[1] 徐秀军.经济全球化时代的国家、市场与治理赤字的政策根源[J].世界经济与政治,2019(10):99-121.

保护主义政策,经济民族主义回归。英国经济政策研究中心《全球贸易预警报告》显示,金融危机后,全球贸易保护措施越来越多,保护手段愈演愈烈,2015年全球国际贸易保护措施的数量比2014年上升50%;2016年G20国家出台的贸易保护措施达160条,平均每月出台13条新措施;而美国作为全球第一大经济体,2008—2016年期间对其他国家采取了600多项贸易保护措施。国际货币基金组织(International Monetary Fund,IMF)2016年的《世界经济展望报告》指出,从1948年关税及总贸易协定(GATT)签署至2008年金融危机,全球贸易年增长率为7.9%,全球经济增长4.7%,而2008—2015年,全球贸易年增长率为3.4%,全球经济增长仅2.4%。

(二)中美贸易摩擦愈演愈烈

随着中国的崛起,中美战略竞争态势凸显。然而中美两国作为全球两个最大经济体,美国为了遏制中国崛起,以减少贸易逆差、维护公平贸易为由,挑起中美贸易摩擦,为全球经济合作发展带来阴霾。中美贸易摩擦虽有经济因素,但更多的是出于政治考量。归根结底,中国高科技领域的迅速发展、中美经济实力差距的不断缩小、中国全球话语权的提升、国际影响力的增加引起了美国的担忧。美国想要通过贸易摩擦和制定新型贸易规则来改变和规范中国行为,锁定中国经济增长空间,把中国的增长极限和发展方向控制在无力挑战美国主导世界的范围之内。① 然而,中美贸易摩擦不仅影响了两国贸易发展,同时在全球价值链的作用下,对全球经济增长带来巨大冲击,增加了全球经济的不确定性。联合国《2020年世界经济形势与展望》报告指出,因中美贸易摩擦,2019年世界经济增长率为2.3%,为过去10年来最低水平。

(三)全球治理黯然失色

全球治理是以规则和制度为基础的治理,但是随着大国竞争和逆全球化的

---

① 张宇燕,冯维江.从"接触"到"规锁":美国对华战略意图及中美博弈的四种前景[J].清华金融评论,2018(7):24-25.

回归,全球治理陷入失灵失治的困境。一是特朗普政府接连退出联合国教科文组织、巴黎气候协定、伊朗核问题协议、联合国人权理事会等一系列"退群"举措破坏了国际秩序,削弱了美国在全球治理层面的领导力,对全球治理带来严峻挑战。二是现有的治理机制未能解决经济全球化带来的负面效应,甚至成为发展失衡、治理困境、数字鸿沟的重要推手,全球民主赤字、责任赤字、效用赤字更加凸显,制度需求和供给方面矛盾更加突出。[①] 发达经济体作为全球经济治理主体,推动全球经济治理制度创新的意愿不足,而发展中国家作为全球经济治理的重要参与者,制度变革的意愿很强,但提供国际公共品的能力不足。三是新冠肺炎疫情加剧了大国之间的冲突,难以形成有效的全球公共卫生治理,削弱了各国的互信和合作。

总之,在逆全球化浪潮下,中美战略竞争日益加剧、全球治理陷入僵局,国际外部环境的不确定性和不稳定性明显增加。面对这种形势,世界第二大经济体——中国作为一个负责任的大国,需要继续支持全球化发展,培育经济增长新优势、塑造新的发展机遇,给世界经济发展注入信心。海南自由贸易港作为中国应对国际经济新形势的重要战略,以开放的确定性应对外部环境的不确定性,以制度型开放对接国际通行规则,为我国高质量构建全面开放新格局、促进世界经济增长以及推动经济全球化做出了积极的贡献。

二、海南自由贸易港建设是深化国内改革的内在要求

在社会主义新时代,中国经济要实现高质量发展,面临深化改革的迫切需要,海南自由贸易港作为新时代全面深化改革的示范区,实现制度改革与创新是海南自由贸易港建设的历史使命。打造制度创新高地形成与高度开放形态相适应的制度安排是海南自由贸易港建设的关键所在。这就需要破除一切束缚发展的现行体制和机制障碍,把制度集成创新放在首要位置,为海南自由贸

---

① 徐秀军.全球经济治理困境:现实表现和内在动因[J].天津社会科学,2019(2):82-87.

易港建设的战略举措提供相应的制度安排。

（一）管理制度创新

海南自由贸易港管理体制的创新,按照"境内关外"的基本原则,探索更加灵活的政策体系、监管模式和管理体制,为实行最高开放水平预留制度空间。按照现行的行政体制难以完成中央赋予海南的重大使命,而形成高效运转的市场监管体制是关键,因此需要高效的行政管理体制来支持最高开放型经济体系。

海南自由贸易港需要建立高效的管理体制,组建专业化的管理机构和管理队伍管理自由贸易港的经济事务,政府需要放权减少干预,让专业的团队通过专业化的管理提高决策效率和执行能力;全面实施企业自主登记制度,尽快形成法治化、市场化、国际化和便利化的营商环境,以激发市场活力,吸引高端经济要素,释放消费和投资的内需潜力;推行以企业自主申报为主的商事登记制度,最大限度地提高企业的自主权,为企业投资创造开放、自由的投资环境。良好的投资环境和商事制度才能更好地促进商贸繁荣和资金融通。在监管方面,省级层面需要建立统筹自由贸易港建设高效运作的专业管理机构进行宏观指导;地方层面各级政府应提供优质的公共服务,实行创新型管理,提升政府效能。

同时,在市场管理制度创新的推动下形成对标国际的负面清单管理制度,建立"棘轮机制",明确负面清单限制措施只增不减,为关键领域和未来新业态预留发展空间;加快完善自由企业制度,以大数据、区块链为基础的互联网技术手段构建企业治理的信息平台,提升治理效能;推进以竞争中性为导向的经济政策转型,强化对各类经济政策的公平竞争审查,形成与公平竞争相对应的竞争监管机制。

（二）财税制度创新

海南自由贸易港建设的制度创新,应建立有别于内地且独立特殊的财税金融体制,打造具有国际吸引力和国际竞争力的营商环境。当前海南的财税制度较为落后,企业对营改增后的满意度偏低;海南的金融业发展相对滞后,市场化和开放度不够,难以聚集国际资金,财税制度亟须改革。在税收体制上要立足内地、放眼海外,以中国香港和新加坡为参照对象,构建"零关税、低税率、简税制"的具有海南特色的税收制度。在微观方面降低企业运营成本和技术创新风险,使企业资金良好运转并增加经济效益;在宏观方面使产业集聚并引导产业结构优化升级;通过实施免税、退税、缓税、分期纳税等直接或间接的优惠税收制度以及财政支出和转移支付政策,有效地促进跨国贸易,吸引国外资金,提升海南自由贸易港的现代化水平。

在海南自由贸易港财税制度创新过程中,要以科学合理、规范有效、符合我国的实际需要为基准,在自由贸易港内推行零关税、大幅度地免除增值税,对重点行业采取企业所得税减免的政策优惠支持,实行有利于激发科研企业所得税的特定优惠政策,对企业再融资的税收优惠等方面提供政策支持;结合海南自由贸易港金融管理中心建立专项税收档案库,明确自由贸易港内企业纳税标准,丰富对税源的管理机制;建设跨国税收协作平台,在国际范围内建立统一的征管秩序,从而加强对国际税源的监管和国际税收信息的交流。

(三)人才制度创新

人才是经济社会发展的第一资源,是海南自由贸易港建设的智力保障,全面开放吸引各类人才,深化人才体制机制创新,使高端人才汇聚海南,也是优化海南自由贸易港制度环境的重要环节。

为进一步落实人才制度创新,海南需围绕自贸港建设的重点领域,界定人才种类,譬如支撑保障类人才、服务贸易类人才、创新创业类人才,分门别类地引进各类人才,实行开放灵活的引才机制,搭建吸引全球高层次人才的平台,为吸引海内外高层次人才提供有利条件,形成积极、开放、包容、有效的人才政策。同时,对可能随之而来的国际移民,未雨绸缪,探索国际移民事务的管理体系,打造专业的移民事务管理机构和协作机制,创建独立的国际移民事务管理局,设置国际通用的移民类型等相关机制。最后,可以借鉴中国香港和新加坡的"揽才计划"和"人才清单",制定更加开放、更加先进的引才机制。

(四)金融制度改革

资金自由进出,货币自由兑换是自由贸易港的基本特征。在金融体制上要形成高度开放的金融市场,率先实现资本项目流入侧的可自由兑换,逐步放松资本流出侧的汇总限制,鼓励商业银行进行多币种的自由结算业务,更好地促进境外资金和社会资金的自由流动;促进金融机构的多元化发展,需减少外资金融机构准入的条件限制,扩大外资金融机构的业务范围,为海南自由贸易港金融发展注入新的活力;同时要明确海南自由贸易港与内地为离岸和在岸的金融关系,建立离岸和在岸的联系机制,在海南省内实行相对独立的、与国际规则衔接的离岸金融制度,等离岸金融业发展到一定程度和规模时,再建立离岸人民币金融中心,构建高效的金融管理体制。

(五)法治体系改革

高度法治是自由贸易港建设的基本要求和重要保障,应深入研究、积极探索与海南自由贸易港相适应的法治体系。坚持法治创新,制定《海南自由贸易港法》,构建海南自由贸易港法律法规体系,这在我国立法史上是全新的创举,意味着通过创新性的授权立法,赋予海南省人大及其常委会就贸易、投资及相关管理活动制定法规的权力,具体构建包括投资便利化法律制度创新、贸易便利化与贸易监管法律制度创新、金融监管法律制度创新、事中事后监管法律制度创新、营商环境法律制度创新、多元化纠纷解决机制法律制度创新、生态环境保护法律制度创新等方面。同时,以服务海南商贸发展为核心,创新司法体制,通过建立多元化国际商事纠纷解决机制,创建海南自由贸易港专业法庭,设立商业仲裁机构等举措,整体配置司法资源,提升司法效率。

(六)行政区划改革

在推进行政区划改革创新过程中,要素配置、城乡关系是首先需要解决的问题，从而使彼此之间相互适应，实现全岛资源优化配置。在全国，海南率先开展省域"多规合一"改革试点，这是一项重大改革创新。海南以实行统一土地资源利用、统一基础设施建设、统一产业布局、统一城乡发展、统一环境保护、统一社会政策为重点，按照"大格局不变，局部地区微调"的路径推进行政区划体制和行政体制改革。海南以"六个统一"为重点的行政体制改革，响应了中央"多规合一"的改革号召，在协调区域利益、强化统筹安排的同时，调动发挥下级单位的积极性，形成稳定合力，明显提高了政府行政效能。"六个统一"的实施和"多规合一"的改革，为全国其他地区行政区划改革提供了更多可推广、可复制、可借鉴的经验。

三、海南自由贸易港建设是扩大对外开放的战略选择

海南是我国的"南大门"，也是我国面向太平洋和印度洋的重要门户，海南自由贸易港建设不仅关乎海南的发展，而且关系我国高水平对外开放政策的落实。海南自由贸易港将被打造成我国更高水平的开放平台，成为"21世纪海上丝绸之路"上连接中国与世界的桥梁和枢纽，在"一带一路"倡议及其机制化建设中发挥重要的战略作用。

在国内层面，通过自由贸易港深层次的制度设计和制度创新，在供应链环节和市场供求方面不断开放探索，促进供应链效率的提升和市场结构的优化；在泛南海区域内依托服务贸易和海洋产业，建立南海自由贸易区网络，构建连接中国与区域贸易伙伴海洋经济的大走廊；对接粤港澳大湾区和长三角经济带，形成海陆联动、南北互济的经济发展格局。在国际层面，加强与"一带一路"沿线国家和东南亚国家开展多层次、多领域的务实合作，推动与"一带一路"沿线国家在海洋产业、海洋技术、临港经济、海洋环保、海洋旅游、海洋资源开发、海上互联互通等领域深度合作交流、互动融合，为经济增长找到新发力点，通过整体设计和系统推进，在诸多产业和要素调节中统筹协调，尤其是在新一轮技术革命背景下，加快与"一带一路"沿线国家的产业合作、技术互动，实现互利共赢。

　　同时,挖掘海南服务业潜力,将海南自由贸易港打造成面向全球的国际服务贸易中心。海南背靠14亿人的消费市场,面朝东南亚近6亿人的新兴消费市场,要争取吸引世界各地的消费市场,形成国际旅游中心,释放巨大的消费潜力;发展旅游业、现代服务业、高新技术产业,对标高标准的服务贸易和投资协定,完善与服务贸易发展相适应的市场化政策,为形成国际服务贸易中心做好制度安排及产业布局;在自由贸易港建设过程中推动服务业市场有序开放,形成现代服务业聚集中心,在全球服务贸易竞争中占据一席之地。与此同时,把握新一轮技术革命与产业革命的历史机遇,促进科技创新与现代服务业深度融合,建成符合国际标准、具有海南特色的国际服务贸易中心,为中国未来服务贸易发展发挥先导作用。

2

他山之石：
自由贸易港建设经验镜鉴

　　1547年意大利在西北部热那亚湾建立雷格亨自由贸易港,世界上第一个自由贸易港由此诞生。第二次世界大战后,世界范围内各种类型的自由贸易港如雨后春笋般出现,促进了世界经济发展。随着经济全球化的发展,自由贸易港的功能逐步完善,数量不断增加。国际知名的自由贸易港如迪拜港、马赛港、新加坡港、鹿特丹港、中国香港港等已成为世界著名的贸易中心、交通枢纽和货物集散地,这些自由贸易港不仅带动了当地经济发展,而且对世界经济稳定繁荣起到了重要作用。我们需要在学习借鉴这些自由贸易港的成功经验的基础上,把握自由贸易港建设的基本功能和发展规律,建设好海南自由贸易港。

第一节　迪拜港:海湾明珠

一、基本概况

　　迪拜是"两洋五海三洲"的重要节点,不仅是连接亚、欧、非三大洲的交通枢纽,通往波斯湾沿岸地区的要塞,更是中东地区著名的全球性商业大都市和欧亚经济活动的中心。迪拜港在世界港口中以转口贸易发达而闻名,是中东地区最大的自由贸易港,也是世界集装箱吞吐量最大的港口之一。

　　迪拜拥有许多世界著名的自贸园区,最具代表性的就是迪拜自贸港,作为全球首个通过ISO 9000国际认证的自贸区,其总面积达135平方千米。在自由贸易港内有企业约7 000家,贸易额约为整个迪拜区域的1/4。有着"总部经济"之称的迪拜,依靠其充足的外资、技术、高素质人才等资源,成为世界的金融、科技、物流和旅游文化中心,被许多知名企业视为开拓中东北非的重要支点。

二、发展特征

（一）港口建设

迪拜港一共有 4 个集装箱码头，其中 1 号集装箱码头（T1）建有 15 个泊位，并配有 51 个码头起重机，为海岸与船之间的装卸作业提供了极大的便利，提高了港口的工作效率，该码头的设计能力高达 900 万 TEU；2 号集装箱码头（T2）的设计能力较 T1 少，为 650 万 TEU，配有 8 个泊位和 32 个码头起重机，T2 拥有港口最先进的环保技术，码头碳排放较之前减少了 30%；为满足新兴市场持续增长的需求，3 号集装箱码头（T3）的设计能力 2017 年扩容至 400 万 TEU，成为全球最大的半自动化码头，拥有 5 个泊位、19 台自动码头起重机和 50 台自动轨道式龙门平台起重机，有着先进的半自动化技术和卓越的货物处理能力，能够处理超过 1.8 万 TEU 的超大型集装箱船。T3 增强了自贸港的服务水平，巩固了其作为枢纽港的地位。在建的 4 号集装箱码头（T4）旨在满足当前和未来市场的需求，建成后港口吞吐量将达 2 240 万 TEU。

迪拜港的吞吐量位居全球集装箱港口前列，连续 24 年获得"中东最佳海港"称号。迪拜港 2017 年上半年吞吐量为 772 万 TEU，增长率为 4.3%，2018 年上半年吞吐量达 773.8 万 TEU，同比增长 0.2%。

（二）转型升级

阿联酋是中东地区非常有影响力的国家，迪拜港建立的初衷是为寻求经济多样化发展。迪拜最初的发展主要依靠向全球各地区出口石油等能源，但随着国际原油价格的波动、《巴黎协定》的签订以及国际市场对新能源需求的上升，以单一能源出口作为经济支柱将难以跟上时代发展的潮流，因此迪拜逐渐改变发展策略，致力于发展本地商业和旅游业，促进国家发展转型升级。

2017 年初，迪拜国家控股公司 Meraas 开发"迪拜港"项目，该项目位于朱美拉海滩住宅区与朱美拉棕榈岛之间,占地面积 0.2 亿平方英尺①,是中东和北非地区的最大码头,每次可接待 6 000 名游客,在创造许多就业机会的同时吸引了大量的投资,对毗邻物业的价值产生了较大的增值效应。

三、经验借鉴

(一)立法先行奠定法制基础

阿联酋政府先后通过两项联邦法令为迪拜建立自由贸易区提供法制保障和法律支持,通过三项地方立法确立金融自由区具体的法律框架和司法体系;在法治建设上突出顶层制度的前瞻性和可预见性,及时修法以有效应对因制度创新、空间拓展而产生的法律困境。② 迪拜法律明确规定外资可 100%持股,资金可自由进出,有多元化的争端解决机制并使用英美法则。这些法制基础为迪拜自由贸易港在金融、贸易、航运、物流和科技等方面的发展提供了相应的保障,推动了这些行业的快速发展。

海南自由贸易港建设中强调政策先行,目前已出台多条政策支持海南发展,但法制方面还未出台适用于自由贸易港的法律框架,而迪拜港立法先行奠定法制基础的举措为我们提供了一定的探索思路。

(二)实行政府与企业协同管理的运营模式

阿联酋政府高度重视迪拜港的规划与开发、港口集装箱基础设施建设、土地出租等各个环节,为了港口的有效管理和长远发展,1985 年成立了杰贝拉里自贸管理局,实行政企合一的运营模式。中央政府授权、地方政府管理、港区执行决策职能,以市场为导向,利用综合服务网络,为企业提供一站式服务,为港口的快速发展营造了一个极佳的宏观环境。海南自由贸易港实行政企合一的

---

① 1 平方英尺 ≈0.09 平方米,余同。
② 叶霖嘉.迪拜、新加坡经验对海南自由贸易、自贸港建设的启示[EB/OL].(2019-11-05)[2021-01-10].中新网.

运营模式有待探索,但可以借鉴迪拜港的管理模式,由政府发挥主导作用,相应地放权和授权给企业,采取政府与企业协同管理的运营模式。企业是海南自由贸易港发展的主要推动力,海南可学习杰贝拉里自贸管理局为企业提供一站式服务的做法,由政府向投资者直接颁发营业执照,提供行政管理、工程建设、能源供应等多种高效服务,减少行政审批环节,提升办事效率,与企业建立良性互动,共同推进海南自由贸易港的发展。

（三）独特的发展模式

迪拜的 1 个自由贸易区融合 N 个产业特色城的发展模式,成功实现了自由贸易港与产业链的协调发展,在自由贸易区的外围构建金融、五金、网络、媒体等城市圈,能够极大弱化行业之间的发展界限,最大限度地释放自由贸易港的制度红利和辐射效力,以点带面,有利于将其打造成工贸结合型港口,形成自由贸易港与腹地经济之间的综合性功能网络。海南自由贸易港通过设立或建设多个特色产业城(园),譬如海垦红明红荔枝现代农业产业园、崖州湾科技城、文昌航天城、南天温泉国际旅游城、高新区金融城等,实现自由贸易港与产业的协调发展,形成综合性经济网络。这种发展模式与迪拜港的“1+N”模式有一定的相似之处,特色产业城(园)充分发挥了人才、资本、技术的集聚作用,实现特色产业的高速发展。迪拜的杰贝拉里自贸区主要以实现贸易自由化,与其他特色产业城融合发展为模式,形成经济辐射,而海南自由贸易港借鉴了这种发展模式,北部以“海澄文”经济圈为中心,南部以“大三亚”经济圈为中心,探索实行“前港+园区(中区)+后城”的产业模式,走出了一条新型自由贸易港与产城融合发展之路。

（四）完善的配套政策

①优惠的税收政策。政府实行了开放型的港口发展政策,建立迪拜港自由贸易区,为世界各地的贸易发展投资商提供了更自由的发展空间。迪拜港通过实施减免进出口关税优惠政策吸引外商投资,在税目方面,在规定的年限内企

业可以免缴企业所得税和营业税;在征税方面,将存储、贸易、加工制造等排除在征税环节之外。税收优惠政策大幅降低了自贸区内企业的税收负担,从而在一定程度上降低了企业的资金流压力。

②高度开放的金融制度。阿联酋对港口、自由贸易区、海关实施了"三位一体"的管理模式,放开了对大部分商品的进出口限制,允许其进入自由港(区),同时采取了一系列有利于提高货物运输效率的措施,实施多项创新举措,突破原有的"保人"制度,提供各种个性化服务,外资100%独资,不受阿联酋《商业公司法》中规定条款的约束和限制,实现了贸易园区金融的高度开放,放开外汇管制,货币可以自由兑换,在整个自由贸易港中资本和利润均可自由汇出。

③较低的成本束缚。迪拜港未设置最低工资标准以及必须雇用当地居民工作的强制要求,在企业用工方面,政府给予自贸区充分的政策自由度,使自贸区内企业的用工成本进一步降低,大力缩减了企业发展成本。

第二节　马赛港:法国东方门户

一、基本概况

马赛港地处罗纳河三角洲东侧,东南方向濒临地中海,不仅是法国的商业港口,更是地中海沿岸最大的海港,在欧洲地区具有重要的地位。马赛属于亚热带地中海气候,没有强劲的潮汐和海流,拥有广大的腹地。马赛港航道安全,被定位为欧洲北部湾口的南部替代品,是进入法国和欧洲市场的重要桥梁,也是东方货物运往西方的重要通道。

马赛港区分为老港区和新港区。老港区建于1839—1844年,东西长800米,南北宽250米,巷道水深8米,以杂货、修船、集装箱装卸和客运为主,是欧洲最大的客运港,年客运达100万人次。新港区在老港区的西北方向,1845年建成第一个码头,港区共长 70 千米,主要以集装箱的装卸运输为主,货运量达到 1 亿吨[1],为法国对外贸易最大门户。马赛港与世界 500 多个港口有航运服务,服务于全球近 160 个国家,港口有 40 家航运公司,包括 11 家集装箱运输领域的世界领先企业。

当前的马赛港包含 8 大港池,有效港口水域面积约达 240 万平方米,码头线总长约 20.5 千米,沿线分布各种码头泊位 150 多个。马赛港的码头泊位主要用于处理客货运输、杂货中转、天然气输送、矿产资源和汽车装卸等业务,而专用转运码头则主要用于处理与城市经济相关的业务。马赛港最多可以处理 600 万吨货运量。

二、发展特征

马赛港作为法国境内最大的港口,始建于 13 世纪,是欧洲地区最重要的航运枢纽,凭借着工业革命和殖民扩张得到了迅猛的发展,18 世纪中期—19 世纪中期,马赛港的发展达到了巅峰,港区迎来了大规模的基础设施建设,建造了许多型仓库,以供海洋运输与铁路运输中转使用,为港区经济的发展提供了有力的硬件基础,但随着 20 世纪 70 年代经济危机的爆发,马赛港的发展遭受重创,欧洲地区传统工业企业也被迫转型升级,港区原有的发展模式难以适应全球经济的发展,因此马赛港在欧盟基金的支持下进行了商业化升级,以实现多样化发展。

（一）物流配套齐全

马赛自由贸易港务局对马赛港的投资主要集中于物流领域,并将其作为该地区最独特的服务行业,在港内建立了第一座物流中心。之后,马赛自由贸易港务局在东港区的莫里潘集装箱码头附近新建第二座物流中心,占地约 0.6 平方千米。两大物流中心的建立,使自贸港地区进出港货物的增值物流服务从存

---

① 1 吨 = 1 000 千克,余同。

储、装配到包装、配送得到快速发展。配送港由于临近 Evian 工厂，同时具备水、铁、陆路多式联运网络，吸引了法国主要货运商——戴农，被用作向南欧地区出口矿泉水的基地。马赛港发达的物流设施及高效的物流配送，很大程度上弥合了欧洲集装箱港口分割的局面，大大提高了南欧乃至整个地中海区域的配送效率。

（二）旅游业繁荣

为了进一步促进港区经济的发展，马赛市政府大力推进旅游业发展，试图以旅游业的发展进一步推动该地区商业、饮食服务业等的发展，以点带面，最终促进港区部分行业的发展。马赛港凭借着优越的地理位置，紧邻普罗旺斯等度假胜地，吸引了大批游客前往。2007 年，摩根大通收购马赛码头仓库打造出马赛"马头村"，该区域距离马赛圣母玛利亚大教堂和凯旋门等标志性建筑物的直线距离均约为 500 米，为该区域旅游业的发展奠定了坚实的基础，2016 年，该地区获得了"最佳购物中心奖"。同时，为了更好地联合社会各界力量发展港区的邮轮旅游业，马赛港在马赛政府的倡议下成立了马赛-普罗旺斯俱乐部，各个邮轮公司通力合作，建造了邮轮辅助设施，港区逐渐形成了竞合、双赢的发展趋势，成为全球第二大邮轮市场，马赛港区域的邮轮旅客人数急速上升，乘客人数超过 130 万人，为港区邮轮业的发展注入了活力，马赛港由此成为法国最大的邮轮干线港。

（三）基础设施完善

马赛港在进行大规模的基础设施建设过程中，完美融合了商业、文化、休闲娱乐等配套设施，为港区经济的发展打造了一个全方位的平台，这样的平台不仅树立了马赛良好的法国大都市形象，而且对港口经济的发展和港区就业提供了充分的保障。在实施港区基础设施建设的工程时，马赛港将经济文化等休闲活动的建设作为其发展的重点，致力于服务众多游客，最终成为商业一体化的综合型港区。

（四）国际合作畅通

21 世纪初期，马赛港将其发展重心由化工原料转向了集装箱货物吞吐与物流增值服务。同时，马赛自由贸易港务局在新加坡、上海、东京等地建立代表处，为其转型升级营造了良好的国际环境。马赛港不断提升自身港口设计能力，大规模修建港口设施，为了进一步提升港口的工作效率，港区实施了昼夜通航制度，吸引了大批量的集装箱航线与海外港口间的货物运输。除此之外，为了更好地服务于德国与意大利北部等区域的运输航线，港区专门成立了与铁路运输合营的企业，大力促进港陆联运等配套业务的发展，进一步拓宽港口发展空间。2017 年年末，由旅法华商投资、马赛市政府重点扶持的马赛国际商贸城建成使用，促进了马赛港的经济发展，使马赛港有望成为地中海沿岸重要的贸易中心。

三、经验借鉴

（一）实行两级管理体制

马赛港作为法国最大的港口，实行两级管理体制，以自治为主。由于港口基础性建设资金的 60%～80% 由国家补贴，因此两级管理体制能很好地监督建设资金的流向，对自治港的发展和管理起着重要的领导和监督作用。

马赛港的两级管理体制有利于该地区经济的发展。一方面，马赛港作为自治港，有着很大的经营自主权，自负盈亏，配合有效的监督机制，形成了港口建设的良好循环反馈过程，能很好地激发马赛港地区发展的积极性和活力，基础设施建设的精准投入也将进一步为该地区创造就业机会，吸引更多人才；另一方面，政府在港口的建设和经营过程中起着重要的引导作用，对其发展起着坚实的保障作用。马赛港的这种体制从根本上克服了港口公营存在的不足，有效发挥了港口经济的市场经营效率，同时，辅之以政府的社会性，以其国际影响力和丰富的旅游资源，吸引更多的物流、人流、技术流、资金流等外来资源，达到以港兴市的目的,促进港口及周围城市的协调发展。

海南自由贸易港目前的管理体制是非自治的,并受国家直接管理,要建成具有国际化、特色化、法治化及高度开放的自由贸易港,在管理体制上可以借鉴马赛港的两级体制。国家在管理体制中发挥顶层设计、统筹决策、批准预算等作用,不直接参与海南自由贸易港的日常运营。同时,实行自治管理体制,保持港区发展的独立性,保持港内经济合理竞争,依法享有财政自主,形成一种正向反馈。

(二)拥有发达的交通体系

马赛港水深港阔,腹地广阔,地理条件十分优越。法国拥有欧洲最长的公路网,高速公路总长在欧洲位居第二。法国铁路总长将近 3.2 万千米,四通八达,遍布各个城市,年货运量超过 1 400 亿吨,满载集装箱的高速列车穿梭于法国境内各处,铁路在鹿特丹港到马赛港南北动脉上扮演着重要角色,负责将各类集装箱运输至仓储枢纽地区。法国也拥有庞大的河运网络,将欧洲城市的内河相连,发达的交通网络将马赛港与法国各大城市连接在一起。马赛港逐渐形成集公路、铁路、水路于一体的相对完善的输运体系,将来自陆路、海陆的集装箱发往欧洲各处。

海南交通基础设施网络正在逐步完善。初步形成以环岛高速铁路、高速公路为主干,港口机场为支撑,跨海轮渡为补充的综合交通网络,实现了纵贯南北、横穿东西、环岛运行、内外联通。随着海南自由贸易港的建设,"四方五港"格局基本形成,海口美兰、三沙永兴、三亚凤凰、琼海博鳌等机场功能定位和结构进一步优化,综合交通枢纽的现代化水平进一步提高。

(三)注重对外合作交流

马赛港作为法国的东方门户,是外国企业进行投资和贸易往来的重点场所。法国政府历来重视和其他国家的贸易往来,采取了一系列措施鼓励国家之间的贸易投资。中法两国签有海运协定、航空运输协定、长期经济合作协定、避免双重征税协定、投资保护协定、知识产权合作协定等,促进了两国的经济合作。21世纪初,马赛自由贸易港务局在新加坡、东京、上海等地设立代表处,加强对外合作。经过港务局的多年努力,马赛与上海已成为友好城市,两个城市在航运方面的合作蒸蒸日上,经贸往来与日俱增。

第三节　新加坡港：全球航运枢纽

一、基本概况

新加坡于1965年独立,到现在仅发展56年就获得了辉煌的成就。这种成就的取得基于两个原因,一是新加坡充分利用了自己的位置优势和地理环境,二是新加坡政府以自由贸易政策为基础,吸引了无数国内外的投资者。

新加坡贸工部经济数据显示,2019年新加坡货物贸易进出口总额约1.02万亿新加坡元,服务贸易进出口总额约5 509亿新加坡元。新加坡于1969年制定了《自由贸易区法》,并在裕廊码头内建立了第一个自贸区。到目前为止,新加坡共设有7个自贸区,其中樟宜机场自贸区以空运为主,由新加坡民航局负责运营;其余6个自由贸易区均以海运为主。

自20世纪70年代开始,新加坡就着力建设集装箱专用泊位和码头,迅速发展成集装箱国际中转中心,港口吞吐量稳居世界前列。现如今新加坡仍然是世界最大的转运中心。

二、发展特征

（一）自由贸易政策

政府为大力支持新加坡港的建设,提供了多种有利于贸易开展的政策。新加坡和许多国家签订了自由贸易协定,包括美国、日本、加拿大等国家。新加

的贸易便利化水平位于全球经济体的榜首,主要体现在两方面:贸易结算自由,
自 1978 年起新加坡全面取消外汇管制,建立了多边结算体系;投资者的资金可
以自由地流进流出,贸易企业能够自由选择贸易结算的货币,可以开设美元、港
元、新加坡元等多种货币账户。

(二)准入门槛宽松

在新加坡,企业注册的手续简单且费用低,这吸引了大量的跨国企业和外
商来新加坡进行投资。任何国籍的成年人士(年满 18 岁),只需提供新加坡注
册地址,委任一名新加坡董事、一名当地秘书,并提供以下 5 项:公司名称(必须
是英文)、公司章程与细则、身份证明书(护照及身份证复印件)、公司注册地址
及办公时间报告表,即可在 3 个工作日内完成公司注册工作。[①] 新加坡商业注
册局是企业注册的唯一主管机构,除了银行、金融、证券等行业的注册需向政府
申请许可外,所有企业都是在新加坡商业注册局申请注册的。在新加坡,公司
的注册资本最低只要 10 万新加坡元,金额低于大多数的国家。

(三)投资自由便利

新加坡除了国防这种特殊的行业,在外资的进入方面没有限制。商业、贸
易、电子信息等行业无限对外开放,但金融、银行等行业需要政府管理部门批准
许可之后才可进入。新加坡的经营业务没有范围,在合乎法律的基础下,企业
在零食类、电子信息类、服务类等行业都可以开展经营,并且可以根据自身发展
的情况和投资的能力改变经营范围,不需要额外申请许可。

除了对外资准入方面宽松,新加坡政府也极力鼓励本国的企业到其他国家
进行投资。新加坡政府制定了一系列的政策支持国内企业对外投资,如海外企
业奖励计划等。新加坡政府还为对外投资的企业提供了信贷方面的支持,解决
其在海外投资企业投融资困难的问题。

---

① 商务部国际贸易经济合作研究院课题组.中国(上海)自由贸易试验区与中国香港、新加坡自由港政
策比较及借鉴研究[J].科学发展,2014(9):5-17.

（四）金融开放

新加坡港内的金融开放程度比较高，并逐步放宽外汇管制，资金可以自由流入或流出，外汇的兑换也可以自由进行。外资进入投资时可以向国内的银行或者其他金融机构贷款，企业所获得利润的汇出没有限制，不征收相应的税费。

新加坡还在区域内设有离岸金融中心，把金融市场分割为境内和境外两部分，账户分开设立和管理，离岸金融和在岸金融的分开避免了国际资本对新加坡经济的冲击，从而有助于其经济稳定发展，如在 1997 年的东南亚金融危机中其就成功地稳住了本国的金融市场。

（五）监管高能

新加坡实施"一线彻底放开、二线安全高效管住、区内货物自由流动"的贸易监管机制，推出了电子数据交换系统贸易网，[①]该网络具有海关、税务、安全等逾 35 个部门的功能，[②]与进出口贸易或者中转货物有关的手续只需要在电脑上进行审批。进出口审批、通关检验、检疫等程序在一个平台上操作就可以完成，减少了通关所需要的手续，对进出口商品没有规定的配额限制，对进出口的数量也没有特殊的要求，除了武器等管制商品需要向政府申请之外，其他商品均可以自由流动。

（六）零关税

新加坡对国内企业和外资企业的征税政策一致，不会为了保护民族企业而对外资企业额外加征税费。新加坡一直实行低关税甚至零关税的政策，现在超90%的进口货物都不用缴纳关税，只有烟、酒、汽车等商品需要缴纳关税。对和进出口贸易有关的装卸货物等服务也是采用零关税的政策。进口的货物或转运经新加坡港口的货物都无须缴纳关税。

---

① 海南省外事侨务办公室调研组.新加坡自贸港发展策略探析[J].今日海南,2018(5):30-33.
② 王孝松.世界主要自贸港的发展经验与中国自贸港未来发展策略[J].人民论坛,2020(27):42-45.

（七）重视人才

新加坡的发展离不开人才的引进和培养,同时新加坡把教育和职业相结合来提高人才的素质。人才培养机构会输送大量的人才,政府通过提供各种高新技术岗位和优越的报酬吸引外来的优秀人才。新加坡有世界一流的教育机构和科技研发机构,为其发展提供了高端技术人才和科学技术成果。

另外,新加坡的工作签证种类多样,能够满足不同的签证需求,可以根据技术水平和自身的学历来选择合适的签证,人才流动无门槛,没有复杂的手续,方便周边国家不同层次、不同行业的人才为新加坡的建设添砖加瓦。

三、经验借鉴

（一）发掘自身优势

新加坡是亚洲著名的海港城市,利用自己天然的地理优势,分设多个航空运输区和海运物流区,成为全球重要的集散中心和转口贸易港。海南省虽四周临海,但航线和海上运输的基础设施都不完善,海南自由贸易港需要大力推进物流基础设施的建设,充分利用海港优势合理规划航线和海运线路的布局,科学分工,建设成国际化特色港口。

（二）促进金融业开放及同等对待外资企业

新加坡港的繁荣依赖于其高度发达的金融业和对外企开放的公平环境。海南自由贸易港要长远发展,一方面需开放金融业,放宽外汇管制,支持自由汇兑,放松各国货币资金进入和流出的要求,同时增设离岸金融区避免国际资本对自贸港内经济的冲击。另一方面,在保护国内或省内企业的同时,也要同等对待外资企业,国内外企业缴纳的税收应该在同等水平,不对国外的企业多征收税费,公平对待所有企业才能吸引各国的企业来海南投资建设。政府应降低国外企业投资的门槛,银行或其他金融机构可以对国外企业在海南投资提供相应的信贷支持;出台相应的政策支持鼓励国内的投资者走出国门,为其在海外投资提供信贷和担保支持。

（三）以人为本，重视人才

新加坡得以持续发展，与其源源不断地对人力资本的投入有非常大的关系。一方面，大力吸引高端精英人才，专门成立揽才机构"联络新加坡"，以"一人一策"的待遇引进行业尖端人才；另一方面，重视本土人才培训，投入大量的培训资源和制定相关培训政策，通过本土高水平的科教机构培养并输送大量的高技术人才，尤其是在重点领域如金融、航空、海运、城市管理等进行了大量的培训投入。同时新加坡本土又能提供相应的高技术就业岗位，为人才的可持续发展提供支持。

第四节 鹿特丹港：欧洲贸易中心

一、基本概况

鹿特丹港位于西欧，是荷兰最大的工业中心和贸易金融中心，欧洲第一大港口，也是国际物流中心。荷兰鹿特丹港位于莱茵河与马斯河河口交汇处，西与北海相连，濒临海上运输繁忙的多佛尔海峡，是西欧海陆运输的核心枢纽。港口长 40 千米，码头长 89 千米，总泊位 656 个，航道最大水深 24 米，最大可泊 54.4 万吨超级油轮，有 500 多条航线通往世界各地。鹿特丹港经过几百年的发展，汇聚了多个国家或地区的航空线路、西欧的公路运输网络等，贸易基础设施完善，临港产业发展迅速。鹿特丹港是港城融合最出色的案例，是欧洲最重要的石油、化品、集装箱、铁矿、食物和金属的运输港口。

二、发展特征

（一）实行高效的政策

鹿特丹港之所以能成为欧洲最大的港口，得益于它的高效政策。鹿特丹港有 75% 的货物都是转口货物,为了方便货物保存、代销、转寄,设立了保税仓库,货物在仓库期间,只收取存储费,免关税、增值税、消费税。进口货物在海关监管下运输到最终目的地之前都免缴关税和增值费。进口的原料或半成品进入欧盟内再加工后出口免缴关税。一般而言原料进口关税较高,原材料免关税对于医疗行业的发展有一定的促进作用。

鹿特丹港海关简化了入关的程序,缩短了进口货物经营者的申请时间,对所有合乎法律的货物不限制进口的数量,吸引了各国货船的停靠,促进了进口贸易和转口贸易的发展。

(二)完善的信息网络

鹿特丹港面对全球的信息网络化趋势,加强了自身的电子信息建设和通信技术,对港口进行了全方位的管理。首先是推出了"货运信息卡",记录货车司机的姓名、年龄、性别、货运司机隶属的公司等信息,还登记了货物的种类和货物的来源地和生产公司、货物即将发往的目的地、船舱号等有关信息,实现了凭借一张卡就可获取信息,节省了通关的时间和成本。港内建设了无纸化通关系统、船舶和货运信息申报系统等,通过电子数据交换系统连接货运商和港口,信息的传递都通过计算机进行。

鹿特丹港还建立了国家级信息服务平台,信息服务应用于运输指令、装运通知、国际铁路的运输单、货物进入本国或出口到其他国家的情况,大大提高了服务的效率。装卸货物采用电脑控制,整个装运货物和卸下货物的过程是全自动操作的,管理设施和装卸操作都采用了高新技术,货物分散且量大的货船装卸工作也只需要 2~3 天就能完成。

(三)成熟的物流运营体系

鹿特丹港集装箱吞吐量在西欧乃至全球位居前列。集装箱运输方式多种多样,主要是水上运输、公路运输和铁道运输。港口集装箱的装卸采用全自动的方式,只要在电脑上操作控制即可,为物流的运输带来了便利。

鹿特丹港拥有成熟的物流运输系统,物流中心规模庞大,物流服务便利化。

鹿特丹建立了 3 个物流专区,埃姆物流园区、博特莱克物流园区和马斯莱可迪物流园区,专注物流的拆箱和装箱、保存,货物的再包装、组装、报关、向本国乃至欧洲各地准时配送货物等,拥有连接港口和物流专区的专用运输渠道,为各国提供增值服务和其他办公服务。

(四)发达的临港产业

鹿特丹港城融合的模式推动了港口附近的工业区发展。鹿特丹港目前拥有 7 家大型的造船企业,还有集炼油、化工和造船为一体的工业带,主要包含炼油、石油化工业、船舶的建造和修理、港口机械制造、食品加工等行业。

鹿特丹港每年有上万只远洋船舶挂靠,500 多条航线连接世界各地的港口。石油化工业靠近河流,产业带有 5 万米长,鹿特丹港是欧洲的油气管道运输枢纽,连接欧洲国家的管道运输,是世界三大炼油基地之一,吸引了各种大型石油跨国企业来此建设炼油基地。

食品加工业是鹿特丹港主要的工业,港口拥有先进的冷冻冷藏设施和食品生产物流链,食品的进出口贸易、储藏、加工和物流运输都集中在港口内。

(五)合理的运营模式

鹿特丹港采用“地主港”的运营模式和绿色清洁港区建设相结合的模式,创建了经济和环境保护协同发展的自贸港口。“地主港”运营模式中,政府拥有港区的产权,委托经许可的经营机构代表国家拥有自贸港的土地和基础设施的产权,统一进行开发和经营管理。

政府还将码头和基础设施设备租赁给国内或者国外的经营机构,实行产权和经营权分离的模式,只对经营机构收取租金,租金用于港口的开发建设和滚动发展。但政府对港口租赁机构的选择、港口的管理机制、自贸港的规划等有较大的话语权,对投资港口的企业进行有针对性的选择,与现有的企业形成优势互补、符合港口长期发展的企业才会被选择进驻自贸港内。

临港工业区内,石油化工业是主要的工业,石油化工企业带来高收入的同时也会带来较大的污染,港口土地资源缺乏且全球气候变暖的情况使港区迫切需要寻找清洁能源。鹿特丹港是世界最重要的能源生产和供给的自贸港,其在不断挖掘新能源和可循环利用的、清洁的、获取方式简单的绿色能源。荷兰是一个集中使用风能的国家,因此鹿特丹港也采取风能作为能源,鹿特丹政府还和高校合作成立了开发清洁能源的实验室,鼓励研发新能源。

(六)政策优惠驱动

鹿特丹港结合了国内的情况,为满足发展的需要,制定了科学的外汇管制、金融开放、投资利率、税收优惠的政策措施。

海外企业在荷兰注册公司门槛较低,注册程序简单,注册等待的时间短。政府为外资的进入扫清了许多障碍,国外企业进入荷兰不需要审批,不限制行业。跨国企业在荷兰和其国内企业享受同等的待遇,能参加政府的公共事业的招标、政府购买以及政府鼓励的项目等。

政府提供了多种服务,税务部门可以提前根据企业的情况预设税金缴纳的范围,给跨国企业提供税收成本的可靠信息。海关部门可以提供上门咨询的服务,免费为跨国企业规划优惠又省时的报关流程。

政府放宽了对外汇的管制,企业的利润、合法收入、投资者的分红可以汇出到其他国家,无须缴纳税金。外国的投资者可以自由选择贸易结算的货币种类,可以在荷兰开设外汇账户。

外国企业在荷兰享受同样的融资政策,可以参与主板市场和其他板块或者指数的投资和公开融资上市,银行还可以为其提供信贷支持,比如抵押贷款等非公开融资方式。鹿特丹银行给企业期货的贷款利率最低,低于其他国家的一半,贷款成本低,吸引了各国的投资商来荷兰贷款,荷兰一度成为全球最大的债权国家。

鹿特丹政府设计了税收优惠政策,采用直接税收和间接税收相结合的优惠政策,比如企业投资能进行相应的税收抵扣、亏损企业可以获得补偿、企业加速折旧等,为工业、贸易、服务的发展提供了便利。

三、经验借鉴

（一）着力建设特色产业

借鉴鹿特丹港的临港工业区的建设经验,海南自由贸易港也需要合理规划临港产业区的建设,支持港航业的发展,着力打造我国面向太平洋和印度洋的重要开放门户。在自贸港外,与广东、广西海岸建立密切的联系,实现航线的合理布局,同时也要建立与东盟国家的来往航线,提升港口的贸易量。在自贸港内,结合公路运输、铁路运输、河流运输的物流运输系统的建设要加快,降低海南内部的运输成本,提升海南物流运输上的竞争力。

目前海南自由贸易港运营分属 33 家经营主体,"四方五港"由海南港航控股有限公司等 8 家经营主体负责运营,港口产业布局不集中,要加快资源整合的进度,打造港口的石油化工业、造船业、服务业的产业集群,同时也要融合娱乐行业和地产行业,以海口市为重点,发展游艇旅游产业,打造多元化高端商务休闲、旅游度假城市和现代服务业,打造宜居宜发展的海南自由贸易港。

（二）健全监管体制和法律体系

结合海南自由贸易港的性质和中国的特色,政府可以在港口内的科技园区和物流园区设置一个运营机构,由获得许可的特定机构管理,政府控股掌握机构的绝大部分股权,土地产权归政府所有,机构负责园区的产业规划、基础设施管理、土地租赁等。政府还可以聘请专业的管理团队进行管理,设置权威的管理机构进行监管。

同时,海南还需要完善涉及港航业发展、解决商事争端的法律体系,解决港航业发展中暴露出来的法律问题,明确港航业法律体系的法律主体、内容、服务范围,打造一个在法律监督下的规范产业区。

（三）打造信息化、智能化的自贸港

加快建设拥有电子信息网络和信息技术的智能化自贸港,借鉴鹿特丹港的

信息化经验,树立数字经济理念,科学地规划港口的布局。采用大数据和人工智能等新型技术,发展海南的数据交换和共享系统。政府可以成立一个公共信息平台,主管货运商和海关之间的信息传递。货物的运输指令、装运通知,国际铁路的运输单、货物进入本国或出口等信息都能通过公共平台传递给货物经营者。

注重对科学技术的应用,在港口装卸货物程序中采用先进的无人操作系统,自动识别货物的信息,集装箱的装卸也可采用自助的形式,节省时间成本。实行一卡通模式,在卡里录入货物的所有信息,比如货运司机的年龄、性别、工作年龄、隶属公司的信息,货物的种类、来源地、发往的目的地等信息,大大提高物流运输效率。

第五节 中国香港:远东航运中心

一、基本概况

香港地处中国的东南部海岸,在珠江口的东面,与深圳隔河相望。其全境由香港岛、九龙、新界等组成,其中位于香港岛与九龙半岛的维多利亚港是世界三大自然良港之一。作为珠江内河与南海交通的咽喉,香港以中国内地为腹地,面朝南海,成为中国内地与东南亚国家贸易的重要枢纽之一。

香港能成为远东贸易重要运输中转站,一方面在于其坐落于亚洲与世界航道要冲的优越地理优势,另一方面在于其拥有完善的海、空、陆联动的交通网络。第一,香港拥有世界三大良港之一的维多利亚港,港内水域辽阔且深,航道无淤积,可以保证远洋巨轮全天候进出港区。作为中国的南大门,每天都会有大量的货物通过香港转运到世界各地。2019 年,香港港口完成集装箱吞吐量1 836.4万 TEU,其集装箱吞吐量在世界港口吞吐量中排第八。第二,香港位于东亚中心与珠江入海口，可以在 4~5 小时的机程内覆盖到亚洲各大商业城市。香港拥有世界级的国际机场，根据香港国际机场提供的数据，截至 2020 年 5 月，约有 120 家航空公司在此营运航线，往来全球约 220 个城市，每天超过 1 100 班航班往来香港国际机场。根据香港机场 2019 年的报告，香港国际机场货运量为 480 万公吨，占香港外贸总值的 42%，自 2010 年以来，连续十年成为全球最繁忙的货运机场。第三，香港目前共有 8 条主要陆路过境通道，6 条为道路过境通道（包括港珠澳大桥香港口岸），另外 2 条是铁路过境通道。其中莲塘口岸于 2020 年 8 月 26 日开通，预计通关旅客能达到 30 000 人次／日，车辆 17 850 辆次／日。在 2018 年 9 月广深港高铁香港段投入使用后，香港正式接入国家高铁网络。

二、发展特征

从 1841 年香港成为自由贸易港至今，随着 4 个阶段的演化，香港自由贸易港成了全世界最自由、最开放并且功能最多的自贸港。

（一）第一阶段——单一的转口贸易型自贸港（1841—1952 年）

在 1841 年，查理·义律为推动香港贸易的发展，宣布香港成为自由港，允许商船可以免征关税自由进出香港。随着 1860 年南九龙被英国占领后，香港当局占有了维多利亚港，同时香港的人口在原来的基础上增加了 25%，为香港提供了丰富的廉价劳动力。以上这些条件为香港转口贸易型自贸港的形成奠定了基础。一些内地商人从内地运来洋商需要的丝绸、茶叶等，同时又从这些洋商手中购买胡椒、棉布等。1890 年，中国进口货物的 55%、出口货物的 37% 都是经香港转运的。

在第二次世界大战时，香港经济几乎处于停滞状态，但战后香港很快便恢复了原来转口港的地位，并且对外贸易额超过战前水平。香港能迅速恢复经济的重要原因，一是 1946 年后内地大批的资金和人口流入香港，二是中华人民共和国成立,急切需要加强对外经济联系,香港企业家抓住了这个机会,扮演了中外经济联系的经纪人,使香港对内地贸易额大幅上升。

（二）第二阶段——加工贸易型自由港（1952—1970 年）

香港本土资源缺乏,不仅没有矿产,连农副产品都不能自给自足,甚至连饮用水都不够用,一直以来只能靠优越的地理位置和港口条件成为转口港。1950年朝鲜战争爆发,1951 年英国跟随美国对中国实施禁运,切断了香港与中国内地的贸易往来,这使香港战后刚恢复的转口贸易一落千丈。与中国内地的贸易被迫切断,香港只能扩大与其他国家和地区的贸易。同时香港在其原有的资金、劳动力和技术的条件下,开始初步建立以纺织业为中心的工业基础。20 世纪 40 年代末开始,香港进口棉花加工制成成品和半成品后,转销到西方国家和东南亚地区。而恰好在这一个时期,世界市场对成衣的需求飞速增长,因此香港的纺织业发展很快。在纺织业的带动下,其他制造业也在飞速发展。20 世纪60 年代,制造业已经发展成为香港的支柱产业,从根本上转变了过去一百多年的转口贸易结构,转向以出口为导向的轻工业加工的经济结构。

（三）第三阶段——综合型自由贸易港（1970—1997 年）

进入 20 世纪 70 年代,中国香港的工业产品出口领先于世界大多数国家,但随着东南亚国家也逐渐采取出口导向的经济发展模式,中国香港产品的出口总量减少,于是中国香港谋求转型,开始推行经济多元化方针。一是产业升级,开始生产高增值商品;二是产业多元化,不再单纯依靠制造业作为其支柱产业,房地产业、旅游业、金融业蓬勃发展,香港逐步成长为地区性的国际金融中心。20 世纪 80 年代,在中国内地改革开放的背景下,香港的制造业开始"北移",资本流向内地,与内地的贸易额飞速增长。内地快速发展对香港的金融业和对外贸易发展有显著影响,并且对维护其国际航运中心、国际金融中心、国际旅游中心也有着积极的影响。

（四）第四阶段——跨区域综合型自由贸易港（1997 年至今）

香港回归之后,成为我国极为重要的离岸集资中心。根据《2019 中国统计年鉴》,2018 年香港仍是内地最大的外商投资来源地。金融服务方面,香港是首个境外人民币结算中心。为了减少对金融业和地产业的依赖,香港特区政府创建了 6 个新的"支柱产业"以促进经济长期增长。跨区域发展方面,在国际上,香港是 WTO(世界贸易组织)的初始成员之一,是亚太经合组织的积极参与者,在国内,香港是粤港澳大湾区中心城市之一,这都为香港自贸港的继续发展创造了条件。

三、经验借鉴

(一)自由的进出口贸易政策

香港是世界上开放程度最高的自贸港之一,其自由贸易政策体现在以下 3个方面。

第一,不对进出口贸易进行管制。除了对危险药物、枪支器械、肉类以及家禽等物品进出口进行管制外,对其他如商品种类、商品价格进出口市场的选择等都不设限制,进出口贸易享有极其广阔的空间。

第二,政府部门不干预。香港进出口手续非常简便,除少数管制商品需要申请并获准才能进出口外,一般商品进出口不需要报批,只需要在 14 天内填写报关单即可;外来船舶进港不需要办理和申请海关手续,关检和卫生检查的手续简便,物流体系非常通畅。

第三,不设置关税壁垒。一般而言,除了烟草及香烟、酒类、甲醇、碳氢油类要缴纳进出口关税外,其他货物的进出口不需要缴纳进口税或关税,因此香港的进出口贸易的成本很低。

(二)优越的营商环境

在世界银行发表的《2020 年营商环境报告》中,香港在最便于营商的环境的排名中位居第三,较上一年排名提升了一位。其优越的营商环境体现在以下5 个方面。

第一,政府办事效率高。投资者想在香港设立企业,手续非常简便。香港公司注册处推出了一种电子注册服务,电子注册用户最快可在一个工作日内即可完成注册,即使是在选择加急注册的条件下同样仅需一个工作日即可办妥。

第二,企业享受国民待遇。无论资金来自本地还是海外,都不会因此受到偏袒或歧视,营商的环境十分公平。

第三,税收政策更优惠。香港主要征收三种直接税:利得税、薪俸税和物业税。对进入香港市场的资本,不需要征收资本增值税和对红利进行预扣,而是直接对来源于香港的利润和收入征收利得税。而且有限企业的税率在16.5%,非有限企业在15%,这对于世界上大多数的国家和地区来说都是相当低的。根据普华永道和世界银行联合发布的《2020年世界纳税报告》,中国香港的税收营商环境在190个国家和地区中排名第二。

第四,政府采取积极不干预政策。在香港,商品价格的调节、资源的配置都是通过市场这只"无形的手"进行调节的,香港特区政府较少采用经济政策对资源进行调控。其通过"无形的手"将世界市场中香港所需要的资源进行调节和配置,可以非常有效地将资源配置到需求非常强烈和效率最高的生产部门,使企业可以自由竞争,优胜劣汰。

第五,企业进入和经营的门槛极低。一方面是对投资领域的限制。在香港,除去一些非法行业,其余任何在香港的投资都不受限制,政府也并未出台"负面清单"一类的条例对投资进行限制。另一方面体现在企业的注册资本上。香港的法律并未要求企业注册资本的金额,企业只需要缴纳0.1%的厘印税即可,并且不需要验资,即到位的资金没有限制。而且企业可以在召开股东大会后任意增加注册资本,然后将决议案、指定格式的表格和适当费用递交给香港公司注册处即可。

(三)发达的金融体系

香港作为世界知名的国际金融中心,其发达的金融体系为其自贸港的转型提供了必要的条件。香港能发展成为国际金融中心,有以下3点因素。

第一，区位优势。由于世界大多数国家都实行 8 小时的工作制，因此在全球的 3 个时区分别设置一个金融中心就可以保证金融能在全天 24 小时不间断交易。而香港、伦敦和纽约刚好处于 3 个时区，可以在时间上相互衔接。纽约下班，香港上班；香港下班，伦敦上班；伦敦下班，纽约上班，这样全球的金融活动就可以实现 24 小时的联动。

第二，香港采取自由汇兑制度，即允许外汇自由汇兑，完全放开对黄金和外汇的管制。香港采用的是联系汇率制度，这是一种与美元浮动联系的汇率制度。联系汇率制度虽然减少了香港特区政府对货币进行调节的自主权，但对于香港这种高度开放和外向型的经济体系来说，这种汇率制度很好地保持了港币的稳定，这对于香港的经济发展更加重要。

第三，由于香港的货币拥有稳定性，在国际投资者对人民币资产需求日益增长的背景下，大量的国际资金通过香港进入内地。作为世界五大离岸金融市场之一，香港是国际资金流入中国内地的主要门户和全球离岸人民币业务的枢纽。香港凭借着连接内地市场的沪港通、深港通、债券通，让国际投资者能更灵活便捷地投资内地资本市场。同时，随着粤港澳大湾区的发展，香港将推出双向跨境的理财通计划，方便在大湾区生活的香港居民跨境使用金融和银行服务。

（四）离岸贸易政策

在香港将其制造业转移至内地和港口运营成本高昂的背景下，作为其支柱产业的转口贸易的发展陷入停滞，因此离岸贸易开始迅猛发展。与传统的货物需要经过港口进行转运的转运贸易不同，离岸贸易虽然涉及转口和转运，但其最核心的业务是业务资金的结算。在进行离岸贸易时，由于货物流与资金流是分离的，实施离岸交易的机构需要提交相应的报关单和外汇核销单，以此进行外汇收入的结算。而拥有高度发达金融体系的香港为离岸贸易的发展提供了强有力的支持。

在离岸贸易的模式下，香港的贸易模式从货物型贸易转向服务型贸易。服务贸易的存在可以促进与贸易有关的服务的外包和集成，而这些服务的外包和集成又可以反过来促进香港服务业的转型。在离岸贸易的推动下,香港的贸易额不断上升,进一步提升了其亚太贸易中心的地位。其对业务资金结算的贸易模式使人民币大量流向香港,进而推动了香港作为离岸人民币结算中心的建设。

(五)完善的法律体系

为了保证市场可以正常运行,香港十分重视经济立法。在香港的成文法中,与经济相关的法律大约占了 45%,其在一定的程度上可以保证市场上有完善的规则,为自由公平的竞争提供强有力的保障。自贸港在健全的法律体系下,无论是金融行业、贸易相关行业或运输业都有法律来保障其权益和对其进行约束,从而创造一个公平的经济环境。

不仅是法律制度,香港的产权制度、会计审计制度、信用制度、信息披露制度等的完善,也极大地推动了自贸港的转型和发展。

(六)便捷的交通枢纽

自贸港能繁荣,其交通枢纽一定是发达的。一般来说,自贸港都要具有"港"的元素,这个"港"既可以指空港,也可以指海运的港口。便捷的交通,可以为自贸港的物流、人流、资金流和信息流的通畅提供保障。而香港的成功,离不开其发达海运港口和空港。

在空港物流方面,香港国际机场的空运货物交由两个空运站处理,可以保证全天 24 小时作业,以处理运达和运出香港的几千吨货物。在海港物流方面,目前香港的货柜码头主要集中在葵涌-青衣码头。而在香港特区政府不干预的政策之下,私营企业需要通过公开招投标的办法从政府企业中获得经营权。因此各企业之间也形成了竞争关系。为了能够更多地吸引国际物流公司和满足其需求,企业需要对港口的基建不断升级,同时还要提高服务质量。

便捷的交通枢纽不仅有利于货物的流动,更有利于人员的流动。为了促进香港旅游业和贸易的发展,香港入境处对到香港旅游、从事商务活动的访客以及香港居民都采取了宽松的出入境签证措施。

3

集成创新：
自贸港建设的制度设计

2020年6月，《海南自由贸易港建设总体方案》正式颁布，标志着海南自由贸易港建设正式进入实施阶段。《总体方案》指出："在海南建设自由贸易港，是推进高水平开放，建立开放型经济新体制的根本要求；是深化市场化改革，打造法治化、国际化、便利化营商环境的迫切需要；是贯彻新发展理念，推动高质量发展，建设现代化经济体系的战略选择；是支持经济全球化，构建人类命运共同体的实际行动。"可以说，海南自由贸易港的建设是新时期国内国际形势变化发展的迫切需要，是提升制度安排的效率，营造良好的制度环境的重要举措。

在国内层面，改革开放以来，我国主要依靠要素和商品开放实现了经济的腾飞，但是随着我国经济总量的提高和对外开放程度的加深，改革开放进入新阶段，仅仅依靠工业制成品的传统对外贸易形式难以适应我国发展的需要。我国进入改革开放深水区，为了适应新时代发展需求，需要进一步高水平开放，高质量发展，实现从商品、要素的流动性开放到制度、规则、标准等制度型开放的转变，需要从改革开放之初的边境外开放逐渐走向边境内开放，这就意味着我国需要充分与国际市场接轨，实现高标准的制度对标。党的十九届四中全会明确提出"推动规则、规制、管理、标准等制度型开放"，深化改革与对外开放是相互联动的过程，"海南要站在更高起点谋划和推进改革，下大气力破除体制机制弊端，不断解放和发展社会生产力"，也就是说，海南自由贸易港的建设需要在推进商品和要素流动型开放基础上，全方位、大力度推进制度层面的改革创新，加快推动高水平开放，打造国内高水平对外开放的新高地。

在国际层面，世界面临百年未有之大变局，全球政治经济秩序进入剧烈的变动转型期，经济全球化进程遭到严峻挑战。面对逆全球化浪潮，尤其是在中美战略竞争的大背景下，我国需要坚定不移地坚持和平和发展理念，扩大开放，把握全球化发展的大势，塑造新的战略机遇期。在这一要求下，海南自由贸易港肩负引领中国对外开放示范区的作用，其主要任务是按照国际规则并结合中国的具体情况，全方位对外开放，对标国际高水平经贸规则，聚焦贸易投资自由化便利化，建立相应的政策制度体系，实现制度整体集成创新，打造引领我国新时代对外开放的鲜明旗帜和重要开放门户,这也标志着中国与世界进入深度互动的新阶段。

总而言之,作为新形势下扩大对外开放的重大举措,海南自由贸易港的建设无论对国内改革,提高经济高质量发展需要,还是应对国际环境的变化,进一步把握和塑造战略机遇期、赢取发展红利都具有重要意义。作为先行示范区,海南自由贸易港的建设需要我们新一轮地解放思想,而关键就在于制度创新。制度创新既包括自由贸易港作为一种新型制度的引入和学习国际先进经验,把握自贸港建设规律的过程,同时也需要在适应中国国情、符合海南优势的基础上进行本土化创新。以制度型开放加快推动和建立高水平开放型经济新体制,是海南自由贸易港制度创新的重大任务。这就要求我们通过制度创新,尤其是集成创新,不断探索自贸港发展的途径和模式,进而形成可复制、可推广的经验,融入中国参与经济全球化和全球经济治理体系的过程中去。所以,本章聚焦海南自由贸易港的制度创新,根据制度创新的来源、方式、路径等方面,全面阐释海南自由贸易港的制度意义及其合理性。

第一节　制度创新：海南自由贸易港的内在属性

一、制度创新的理论基础

创新是一个民族进步的灵魂,是国家兴旺发达的不竭动力。创新包括理论创新、制度创新、技术创新、知识创新及其他各方面的创新。而制度创新既为知识创新和技术创新提供环境,同时,其本身也会成为知识和技术创新的一部分。在创新体系中,制度创新和技术创新之间相互促进,相辅相成,制度创新对技术创新有重要影响,管理、技术、组织创新都离不开制度创新。从生产力与生产关系的角度看,知识创新和技术创新是生产力发展的结果,而制度创新则是生产关系的调整,需要适应生产力发展,为知识创新和技术创新提供环境保障,使技术创新能够被转化和应用以促进经济发展;同时,制度创新对知识和技术创新具有反作用,技术创新需要制度激励和约束,通过制度的合理化,推动和激励技术和知识的创造,技术创新、知识创新需要和制度创新协调,否则制度不合理、治理结构不明确、管理混乱,创新也就难以转化为现实成果。可以说,制度创新在整个创新体系中居于保障地位,为国家经济、社会发展保驾护航。

从学术意义上讲,制度创新属于制度经济学理论中的制度变迁理论的重要内容。制度创新是制度变迁的一个重要形式,也是高级形式,突出针对现有的制度进行新制度安排,强调制度的互补性和进步性。诺思将制度区分为制度环境和制度安排,制度创新主要指制度安排的变化。不过制度安排的变化,对于其他因素而言,构成了制度环境的改变,二者存在高度相关性。而制度变迁强调制度变化的过程,突出制度为何变、如何变的问题,强调制度变迁的客观过程。"创新"的概念和创新理论最早由熊彼特提出。在《经济发展理论——对利润、资本、信贷、利息和经济周期的探究》一书中,熊彼特对"创新"的概念界定主要集中于产品创新、技术创新、组织创新和市场创新等。美国经济学家戴维斯和诺思在继承熊彼特创新理论的基础上,研究了制度变革的原因和过程,并提出了制度创新模型,补充和发展了制度创新学说。[①] 弗里曼、纳尔逊和伦德瓦尔等人主要探讨技术创新与制度创新的关系问题,并把技术创新与制度创新融合起来,构建了国家系统创新理论。[②]

新制度经济学者认为,当现存制度不能使人们的需求得到满足时,就会发生制度的变迁,制度变迁的根本推动力是对效率的追求。制度是改善社会福利的自我实施的均衡,通过制度可以纠正市场失灵,解决信息的不对称,减少交易

① 兰斯·E.戴维斯,道格拉斯·C.诺思.制度变迁与美国经济增长[M].张志伟,译.上海:格致出版社,上海人民出版社,2018.
② 樊春良,樊天.国家创新系统观的产生与发展——思想演进与政策应用[J].科学学与科学技术管理,2020,41(5):89-115.

成本等,①同时制度可以减少利益冲突,形成合作规范;②制度变迁的成本与收益比是制度变迁发生的关键因素,只有在预期收益大于预期成本的情形下,行为主体才会去推动直至最终实现制度的变迁。制度变迁主体包括企业、国家等所有有意识推动制度变迁和创新、施加影响的个体或者组织。制度变迁的方式有多种不同分类,从变迁速度上看,可以分为渐进式变迁和突进式变迁。③ 诺思认为,变迁过程主要是渐进式的。渐进式变迁是指交易双方为在交易中获取某些潜在收益而再签约,④渐进式变迁过程相对平稳,没有引起大规模的社会震荡,新旧制度过度平滑,衔接较好,但是这种变迁需要较长的时间。突进式变迁也称为激进式变迁或革命式变迁。

从变迁的主导力量看,存在诱致性变迁和强制性变迁。诱致性变迁指的是现行制度安排的变革,或是新制度安排的创造,是由个体或群体在响应获利机会时自发倡导、组织和实行的。强制性变迁则由政府、国家强制力执行。诱致性变迁必须由在原有制度安排下无法得到获利机会引起。⑤ 强制性变迁一般由政府命令、法律引入和实现,其变迁主体是国家。国家的基本功能是提供法律和秩序。作为垄断者,国家可以用比竞争性组织低得多的费用提供一定的制度性服务。国家在制度供给上除规模经济这一优势外,在制度实施及其组织成本方面也有优势,国家为个人和团体创新提供了外在制度环境的支持或约束。诺思在对比个人、团体和政府三种创新的利弊的基础上,指出国家推动的制度创新是经济增长的基本动力。国家推动的创新有两个优点:第一,可以避免"搭便车"现象。由社会或是市场推动的制度创新不可避免地会出现"搭便车"问题,从而削弱个人或团体的积极性。而国家对暴力的垄断和统治者在社会中所处

① COASE R H. The nature of the firm[J]. Economica, 1937,4(16):386-405.
② AXELORD R, KEOHANE R O. Achieving cooperation under anarchy: Strategies and institutions[J]. World Politics, 1985, 38(1):226-254.
③ 黄少安.现代经济学大典:制度经济学分册[M].北京:经济科学出版社,2016:47.
④ 道格拉斯·C.诺思.制度、制度变迁与经济绩效[M].杭行,译.上海:格致出版社,上海三联书店,上海人民出版社,2008.
⑤ 黄少安.现代经济学大典:制度经济学分册[M].北京:经济科学出版社,2016:47.

的近乎垄断的地位,可以避免这一问题。第二,国家推行的创新在一定条件下可以大大降低创新成本。有两个条件促成了这一结果。一是一旦一个政府性安排为人们所接受,由于国家对一定区域的控制特征,因此可以大大降低推广的政治成本。二是已经建立的官僚组织,可以执行不同的制度创新,减少建立新组织的成本。

制度创新的形式按创新的来源可分为创设式变迁和移植式变迁两种。创设式变迁是指变迁目标基本上是依赖于自我设计和自我建构制度的制度变迁。这种性质的制度安排或制度结构基本上没有先例,所以,制度变迁论证分析在很大程度上是依据理论的预期分析。制度变迁主体根据目标函数和对制度变迁的预期,有可能创设一套更具效率的制度,也有可能创设一套更缺乏效率的制度。这种制度变迁初始成本较高、预期可信度较低,具有较大的风险,摩擦成本较大而动力较弱,在进行这类制度创新时需要统筹规划、慎重行事。移植式变迁是指模仿、移植他方创设并被实践证明有效的制度。换言之,移植式变迁是制度模仿的过程,学习经过实践证明有效,其初始成本、风险性和摩擦成本较小,创新的动力较大,可以在比较大的制度空间里进行理性的选择。而创设式变迁则更多属于建立新制度,需要在模仿的基础上进行主动学习,发挥创造力,促进制度融入引进方的具体实际。因此,尽管我们对制度变迁做了多种不同维度的分类,但是在现实中的制度变迁可能是各种形式的结合,在渐进式变迁中有突变,诱致性变迁中存在一定强制,创设式变迁和移植式变迁并存等,采取何种形式实现制度变迁需要因地制宜,寻找最优方式。

二、从经济特区到自由贸易港:渐进式与突变式结合的制度创新实践

海南从最早的一批经济特区,到如今的自由贸易港,可以说是中国不断深化改革、扩大开放的缩影,海南经济特区始终是重要的开放前沿阵地。一方面,中国改革开放过程是"摸着石头过河"的渐进式改革,在对外开放的区位选择

上，从海南等小范围试点开始，由点及面，在取得一定经验的基础上再复制推广到全国。在改革深度上，循序渐进，由浅入深，进一步将海南经济特区建成自由贸易港。另一方面，渐进式改革需要保持不断开拓的精神和保持改革的动力，需要一定的突变式改革措施加以推动，国家政策无疑起到了这样的推动作用，因此，海南自由贸易港的发展和建立本身就是制度不断创新，渐进式和突变式改革共同作用的结果。

（一）20世纪80年代，通过开办经济特区，打开国门，通过突变式改革实现了对外开放的目标，为国家经济战略转型奠定基础

1979年，邓小平首次提出要开办经济特区，五大经济特区成为改革开放初期中国对外开放的最重要窗口。经济特区的建设意味着我国逐渐放弃高度集中的计划经济体制，转向建立中国特色社会主义市场经济，这是一次巨大的突变，是根据我国发展要求做出的重大转型，是以政府力量推动的强制性变迁。

20世纪80年代初，我国率先在深圳等4个港口城市成立经济特区，改革开放正是从这4个点开始的。到了20世纪80年代中期，国家再次开放沿海14个港口，建立14个国家级开发区。我国通过经济功能区推动对外开放进入了探索发展时期。而这一阶段，我国对外开放区域也由点连成线。1988年4月13日，第七届全国人民代表大会表决通过了《关于设立海南省的决定和建立海南经济特区的决议》，海南正式建省同时建立经济特区，成为中国第一个试点建设社会主义市场经济体制的地区，成为我国对外开放沿线的重要阵地。当年，海南率先提出基本建立社会主义市场经济体制，并率先进行省级机构改革试验，实行省直管县体制，探索"小政府、大社会"管理架构；1991年，率先实行粮食购销同价改革，率先推行全民所有制企业股份制试点，全面推进企业股份制改革；1992年，率先实行省级统筹的社会养老、失业、工伤、医疗保险制度，初步建立新型的社会保障体系框架；1992年3月，率先设立由外资成片开发的洋浦经济开发区，国家赋予洋浦经济开发区最优惠的政策。可以说，在改革开放初期，海南作为改革开放前沿，通过制度突变和转型，对我国对外开放、实现制度创新做出

了许多有益探索,提供了很多经验与启示。

（二）经济特区成功试点推动中国对外开放的步伐逐渐加大，开始渐进式的扩大开放

1992 年邓小平同志南方谈话之后,我国中部、东部许多省府设立了国家级高新技术开放区,对外开放也就从沿海一条线扩大到面。20 世纪 90 年代,国家设立保税区。保税区在保税物流、保税加工、商品展示等方面具有重要功能。设立初期,保税区主要集中在沿海开放地区。保税区也开始成为中国对外贸易的前沿阵地。随着我国加入世贸组织,为进一步推进对外开放,我国先后设立了 60 多个出口加工区,以及保税物流园区、保税港区。出口加工区除享有保税区的优惠政策之外,还享有出口退税政策。保税物流园区具有"保税区+港区"功能,具有"区港联动"优势。而保税港区则更进一步,具备了"保税区+出口加工区+保税物流园区"的功能。2007 年开始,我国设立综合保税区。综合保税区集出口加工区、保税区、保税物流园区等多种外向型功能于一体,能够与国际惯例深度接轨,形成开放层次更高的新形态。而 2007 年 9 月,洋浦保税港区获准设立,成为全国第 4 个保税港区。目前,洋浦经济开发区已成为正在崛起的临海工业基地。

（三）面对 2008 年全球金融危机的考验，我国并没有停止对外开放政策，而是不断推进中国融入世界经济体系

自由贸易试验区(以下简称"自贸区")在更为积极开放的环境下应时而生,其建立初衷是构建与全球经济一体化相适应的开放型经济新体制,获取可在其他地区复制与推广的战略经验。自 2013 年开始,国家在上海成立第一个自由贸易试验区,此后又陆续在广东、天津、福建,以及辽宁、浙江、河南、湖北、重庆、四川、陕西成立自贸区,形成"1+3+7"、东中西协调、陆海统筹的高水平对外开放新格局。当前,我国对外开放已经进入新的阶段,海南自由贸易港建设意味着最高层次的对外开放正式启动,自由贸易港涉及了自由贸易区从未碰到和尚未实现的一系列金融、税收问题,以及离岸贸易、离岸金融等新业态。这是

我国对外开放的重大一跃,意味着在世界范围内全球化转型与重塑的背景下,我国继续坚持自由贸易、不断扩大开放、深度与世界对接的姿态。从制度创新角度看,这是我国对既有制度的渐进式创新的结果,同时也是对世界普遍的逆全球化政策浪潮下的一种突围。

三、自由贸易港建设：从制度学习到制度创新的演化模式

我国对自由贸易港的建设并没有太多经验,而自由贸易港建设是一个从制度学习到制度创新的过程,在建设过程中需要分步骤、有计划地进行。从理论上看,制度学习的一种常见方式是借用或移植其他区域的制度安排,而最初级的制度学习就是制度模仿。模仿是制度学习过程中一种相对低成本的行为,只要遵循已有经验直接移植即可,但是制度模仿不一定成功,因为制度的有效运行需要一定的制度条件,一套制度不可能完全适应不同国家、地方和组织的具体情况,所以,制度学习还需要将制度本土化,这也是从简单模仿到创新的过程,通过制度创新,使其适应本土环境,实现制度效率的优化。因此,在自由贸易港的建设过程中,我们应该把握制度模仿—制度本土化—制度创新的过程。

首先,海南自由贸易港建设需要借鉴国际经验,制度学习是实现制度创新的基础。在海南自由贸易港设立之前,世界上已经有130多个自由贸易港或自由港,包括中国香港港、新加坡港、迪拜港等,另外还有2 000多个与自由贸易港的内涵和功能相似的自由贸易区。自由贸易港从第一代"航运中转型"、第二代"加工增值型"、第三代"资源配置型"到第四代更加综合性的自由贸易港,[①]都给海南自由贸易港制度学习提供了重要启示。尤其是进入21世纪后,贸易自由化、运输网络的整合以及信息技术的发展使港口功能的增值性和服务性逐步提升,越来越多的国家尤其是亚太地区国家为促进区域内的经济发展在港口及其腹地建设自由贸易港区。比如说香港由转口贸易型自由港、加工贸易型自

---

① 胡凤乔,李金珊.从自由港代际演化看"一带一路"倡议下的第四代自由港发展趋势[J].社会科学家, 2016(5)：95-99.

由港向综合型自由港和跨区域综合型自由港的演化,是区位市场、运行机制、政策框架、要素投入等内部动因与国际经济环境、政治环境等外部动因相互作用的结果。①而在欧洲,随着欧盟一体化加速,欧洲自由贸易港的红利逐渐消失,德国汉堡自由港制度也被纳入更广泛的关税同盟政策之中。由此可见,尽管自由贸易港定位不同,功能各异,发展阶段和成效也不尽相同,但是必须首先抓住自由贸易港促进贸易、投资的自由便利化,减少交易成本的基本功能,把握自由贸易港建设的普遍性规律,这也是制度模仿或者说是移植式创新的过程;同时,需要从自由贸易港的发展历程总结制度经验,坚持高起点谋划、高标准建设,对标世界最高水平经贸规则,充分学习借鉴国际自由贸易港的先进经营方式、管理方法和制度安排,提升全球资源配置能力和全球服务能力,率先在海南探索实施"零关税、低税率、简税制",营造国际一流营商环境,全面实施自由企业制度,严格知识产权保护,构建与国际接轨的多元化纠纷解决机制。

其次,在自由贸易港建设过程中也需要发挥自主性和能动性,既要坚持制度学习,也要坚持底线原则,牢牢把握中国特色社会主义制度,保持制度自信。从制度层次角度来看,海南自由贸易港在宏观体制机制上与其他自由贸易港不同。一是坚持党的领导。针对海南自由贸易港,国家建立了"中央统筹、部门支持、省抓落实"的工作机制,中央层面专门成立了推进海南全面深化改革开放领导小组,并将建立专门的工作协调推进机制,省内由省委全面深化改革委员会、自由贸易试验区(自由贸易港)工作委员会直接领导指挥。二是在具体的制度层面上,探索更加灵活高效的政策体系、监管模式、管理体制,这就需要保持治理制度高度的灵活性和创造性。国务院明确指出,其他自由贸易试验区施行的政策,凡符合海南发展定位的,海南均可按程序报批后在自贸试验区进行试点,相当于举全国之力支持海南建设,体现了我国巨大的体制优势,强化了海南与其他省份之间的联动,以形成具有国际竞争力的开放政策和制度,加快建立开

---

① 陈会珠,孟广文,高玉萍,等.香港自由港模式发展演化、动力机制及启示[J].热带地理,2015,35(1):70-80.

放型经济新体制,增强区域辐射带动作用,打造我国深度融入全球经济体系的前沿地带。而对于黄赌毒等与社会主义核心价值观相悖的业态,在海南自由贸易港则被严格禁止。

最后,海南自由贸易港建设应该在制度学习基础上发挥本土优势,因地制宜,实现制度创新和本土化,建成符合海南特点、具有中国特色的制度集成创新的自由贸易港。从移植式学习到本土化创新,是制度学习的飞跃,也是海南自由贸易港获得成功的必由之路。从海南目前的发展状况看,其经济总量和贸易投资规模在国内尚且不占优势,因此采取差异化竞争政策尤为重要。在《总体方案》中,国家对海南自由贸易港建设提出了"应当重点发展旅游业、高新技术产业、现代服务业"的要求,紧紧围绕国家赋予海南建设全面深化改革开放试验区、国家生态文明试验区、国际旅游消费中心和国家重大战略服务保障区的战略定位,以发展旅游业、现代服务业和高新技术产业为主导,打造全新的现代化产业体系。

一是海南处在中日韩与东盟经济板块的中心位置,坐拥太平洋与印度洋之间的重要海上走廊,背靠粤港澳大湾区和北部湾,具有联动东南亚和东北亚地区的区位优势。海南自由贸易港以建立重要的对外开放门户为目标,通过经济合作,促进东亚区域内生产要素和商品服务的自由流动,以自贸港为平台,促进区域经济合作的深化,"打造东亚区域和21世纪海上丝绸之路沿线国家和地区海洋经济合作的新机制、新平台和新典范"。[1]

二是发挥海南自然优势,利用海南优美的自然风光与气候条件,探索发展现代旅游业,打造旅游业的品牌,应当利用其独特的旅游资源,开发出更为多样化的旅游产品,保证游客的旅游体验,加快旅游服务业的发展,学习国外相关旅游岛的成功经验,延伸旅游业的产业链,打造覆盖东亚地区飞行经济圈和空中丝绸之路的经济走廊。

---

① 迟福林.策论海南自由贸易港[M].海口:海南出版社,2020:4.

　　三是依靠海南天然的离岛优势,重点发展以离岸金融为核心的现代服务业。海南自由贸易港将在对外极大开放的同时,保持国内经济纽带的发展,保证人流、物流、资金流畅通,"集聚高端服务贸易要素和海洋生产要素,实行贸易和投资高度自由化、便利化政策,打造泛南海金融创新合作中心,带动区域内服务业和海洋产业合作发展",①充分发挥好内地与国际、内贸与外贸的枢纽桥梁作用,统筹利用国际国内两个市场、两种资源,依托海南独特的生态优势、区位优势、资源优势,探索现代服务业的发展路径。

　　四是利用海南区位优势和自贸港的政策优势,抓住新科技革命和数字经济发展契机,吸引高新技术企业进驻,并加大政策扶持力度,提高国际通信便利水平,成为区域信息汇集中心,建设互联网交换中心和大数据服务输出地,打造海南中心,辐射全国,甚至是整个东亚地区的信息港,使海南成为 21 世纪海上丝绸之路的信息产业枢纽。

　　总而言之,海南从建立经济特区到自由贸易港的成立,既是循序渐进的对外开放的过程,也是在重要的历史节点下的突变式制度创新,是渐进式改革与突变式制度创新结合的重要体现。在新时代下,我国面对新的国内外形势,需要建设开放型经济体制,实现高质量发展,在国家推动和政策引导下,需要通过不断扩大对外开放和深化对内改革实现经济社会的全方位发展。只有自贸港的建设是制度创新的过程,既要学习国外自由贸易区、自由贸易港等相关制度的经验,又要把握好政治红线,进一步将自由贸易港制度本土化,实现创造性地学习,形成符合海南自身特色的集发展休闲旅游、高端服务业和高科技三大产业为一体的自由贸易港。这一制度创新过程是以高效率的政府主导的强制性变迁和以利益驱动的市场为导向的诱致性变迁的结合,体现了渐进式与突变式改革方式的灵活运用。要通过海南整体性的制度创新,突破既有体制障碍,按照海南自由贸易港的发展定位,打造高水平对外开放示范区。

---

① 迟福林.策论海南自由贸易港［M］.海口:海南出版社,2020:4.

尽管面临全球化重塑过程中的较大风险,但是海南自由贸易港通过政府政策激励实现带有突变性质的创新,以高水平的开放促进贸易、投资等领域的便利化和自由化,并以制度创新促进社会和市场主体的参与,使市场各要素充分涌流,避免陷入制度的路径依赖,保持了对外开放条件下制度创新的活力,这无疑是深化改革,实现高水平开放的强心剂。

第二节　集成创新：海南自由贸易港建设的使命

海南自由贸易港的建设要从制度学习到制度创新,建设的过程不只是单一制度的改革与创新,还应该实现制度系统的集成创新的飞跃,这是海南自由贸易港建设的使命,也是我国不断扩大对外开放的新探索,更是高水平开放的内在要求。

一、制度集成创新的基本内涵

当前,我国对外开放的重点是制度型开放。制度型开放是高水平开放的体现,包括规则、规制、管理、标准等与制度相关的开放,不同于货物、服务商品以及劳动、技术和资本要素的流动型开放,其强调知识产权、竞争中性和技术转让等边境内措施,以区别以关税和非关税壁垒的边境开放措施,[1]建立自贸试验区、设立自由贸易港、建设粤港澳大湾区都是制度型开放的重要抓手。[2] 制度型开放的过程是整体性、综合性的开放,需要对现有制度加以改革,高标准对标国际,对于国内而言,关键就是要形成深化国内制度的改革,多维度、多层次地整体联动和创新,也就是形成制度集成创新。

"集成创新"这一说法源自技术创新,"集成"(Integration)是指将某类事物

---

[1]　戴翔.制度型开放:中国新一轮高水平开放的理论逻辑与实现路径[J].国际贸易,2019(3):4-12.
[2]　钱克明.更加注重制度型开放[J].对外经贸实务,2019(12):4-6.

中各个好的、精华的部分集中、组合在一起,达到整体最优的效果。集成创新是指围绕一些具有较强技术关联性和产业带动性的战略产品和重大项目,将各种相关技术有机融合起来,实现一些关键技术的突破甚至引起重要领域的重大突破。集成创新的目的是有效集成各种要素,寻求优化组合,达到创造最佳效益的集成效应。通过借用技术集成创新语汇,将集成创新运用于制度和治理之中,其核心目标是一致的,即通过"集成"提高效益,而且集成本身也是一种创新,其目标也就是要在制度层面集大成,从宏观层面对制度进行系统性考察并加以融合与创造,以形成制度创新的放大效应,进而实现在治理层面的创新,以保障开放的有效与畅通。

二、海南自由贸易港的制度集成创新特征

制度集成创新是海南自由贸易港政策制度体系最鲜明的特点。《总体方案》指出,"以贸易投资自由化便利化为重点,以各类生产要素跨境自由有序安全便捷流动和现代产业体系为支撑,以特殊的税收制度安排、高效的社会治理体系和完备的法治体系为保障,在明确分工和机制措施、守住不发生系统性风险底线的前提下,构建海南自由贸易港政策制度体系。"海南自由贸易港的制度创新,要"坚决破除各方面体制机制弊端;让一切劳动、知识、技术、管理、资本的活力竞相迸发,让一切创造社会财富的源泉充分涌流;让发展成果更多更公平惠及全体人民"。因此,《总体方案》做了一系列制度安排:海南自由贸易港要建立以贸易和投资自由便利为重点的政策与制度体系,打造我国新时代对外开放新高地。

(一)政治保障

尽管集成创新经常被看作企业行为,但是海南自由贸易港的制度集成创新是国家政府推动、促进市场形成的结果。国家在海南的建设和发展过程中始终起着重要的主导作用,政府的推动行为具有政治保障作用。国家的制度、法律、

规则等本身就是国家为个人和团体创新所提供的制度环境，法律或政治上的某些变化可能影响整个制度环境。因此，通过国家政策的保障与协调促进效率的提高和分配的合理化是建设自由贸易港制度环境的根本目标，需要高度统筹和集成，深化制度改革和制度间联动。在此基础上，国家通过对企业、个人和团体创新加以支持，实现国家与市场、社会力量的联动，规定任何个人和团体所推动的制度创新必须在这种环境中进行，通过制度激励，"使某些集团实现一种再分配或趁机利用现存的外部利润机会成为可能"。需要注意的是，政府行为有可能由于某些压力集团的影响，常常出现某些短期行为而忽略长远收益，关注局部而损失总体利益的政策，可能扼杀或阻止制度创新行为，这就需要国家从更高的层面审慎决策，及时评估政策效果，确保制度改革与创新的成效。

（二）有机集成

社会制度是一个系统，是由多个不同领域、不同层面的制度共同构成的，制度之间存在互补、重叠、镶嵌、冲突等不同的关系。海南自由贸易港以全岛为整体进行建设，是全世界面积最大的自由贸易港，从制度层面看，要实现制度的集成创新，就是要处理好不同领域制度间的关系，这个问题的关键在于多个制度的集成，实现制度间的联动，以互相支撑、互相补充，使制度系统形成一个有机整体，既要避免单个制度孤立地存在，也要避免多个制度之间存在制度的磨损和消耗。那么，为了让制度能够更加高效地运转，就必须对既有制度系统进行整合，通过减少制度之间的冲突和重叠，减少制度运行成本；通过增加制度之间的互补和兼容，提高制度效率，在复杂的社会制度系统中找到制度间的均衡解。因此，海南自由贸易港的建设既是一个制度学习和创新的过程，也是整个社会各种制度的联动，即打破旧有制度壁垒，解决制度中的固有矛盾，实现国内制度的整合、国内国际制度的对接。

（三）特色创新

自由贸易港制度在国际上已有很多成功的典型，这些自由贸易港在自由贸易港的制度基础上,结合自身特点形成了迥异的样态,如以中国香港、新加坡为代表的整体型自由港,以德国汉堡、韩国釜山为代表的自由贸易港区,以阿联酋迪拜为代表的工贸结合型自贸区以及以荷兰鹿特丹为代表的物流型自贸区等。① 因此,海南自由贸易港在学习并对标国际自由贸易港、坚持传统自由贸易港高度开放、促进贸易自由便利的基础上,必须坚持海南的自身特点,建设符合海南定位和要素优势的自由贸易港,发挥主动性,实现特色创新。这就需要充分发挥海南自然资源丰富、地理区位独特以及背靠超大规模中国市场和腹地经济等优势,"抢抓全球新一轮科技革命和产业变革重要机遇,聚焦发展旅游业、现代服务业和高新技术产业,加快培育具有海南特色的合作竞争新优势"。② 一是服务贸易将成为未来发展的重要领域,海南自由贸易港以现代服务业作为突破口,重点发展以旅游业、医疗业为代表的现代服务业,以抢抓国际贸易结构转型。二是新技术革命带来经济形态的革命式变化,由以往有形商品的交换发展到数字产品的贸易,海南应实施"互联网+"政策,加快新基建,吸引高新技术行业的聚集,促使海南在新一轮技术革命中占据有利地位。

(四)动态包容

制度具有层次性,诺思、林毅夫等人将制度划分为制度环境和制度安排,或是制度结构。制度环境往往比制度安排层次更高,具有更稳定的特征,制度的稳定性是形成人们行动预期的基本保证。但是这并不意味着制度静态僵化,一成不变,在法律制度层面应该有所完善和修正;同时,在制度安排层面应该保持更大的弹性,这是制度集成创新的主要领域,需要博弈参与,实现动态均衡。尤其是在海南自由贸易港建设的过程中,恰恰要寻求制度稳定性与制度动态包容度之间的平衡,这就意味着既要坚持制度原则,从更深层次把握制度原则和目

---

① 余淼杰,徐竹西,祝辉煌.逆全球化背景下我国自由贸易港建设的动因与路径[J].江海学刊,2018(2):108-113.
② 中共中央,国务院.中共中央 国务院印发海南自由贸易港建设总体方案[EB/OL].(2020-06-01)[2021-01-10].中国政府网.

标，又要拓展具体制度的包容空间，在实践过程中需要动态地调整制度间的摩擦，实现制度的有效联动和润滑。

（五）高度开放

推进海南自由贸易港建设，需要主动适应国际经贸规则重构等新趋势。海南自由贸易港在全国以服务贸易为重点，对标世界最高水平开放形态，打造制度型开放新高地。从传统的要素流动型开放到制度型开放，意味着我国对外开放进入一个新的阶段：一是实现制度、规则、管理和标准与世界先进水平接轨，吸收国际自由贸易港建设的先进经验，提升全球资源配置能力和全球服务能力，并率先在海南探索实施"零关税、低税率、简税制"。二是借鉴并率先实施国际最新投资贸易协定的相关条款，尽快开展电信、环保、劳工、政府采购等领域的先行先试。引入发达经济体服务业管理标准与人才互认标准，在服务贸易、数字贸易等重点领域加快探索形成高标准"中国版"经贸规则。三是培育国际一流营商环境。全面实施自由企业制度，保障市场主体实现在负面清单外自主注册、自主变更、自主注销、自主经营；建立严格的产权保护与知识产权保护制度，构建与国际接轨的多元化纠纷解决机制，为全世界投资者、创业者打造开放层次更高、营商环境更优、辐射作用更强的开放新高地。[①]

（六）分配合理

自由贸易港的建设强调通过贸易自由化和便利化实现资源要素的充分流动进而实现效率的提高。改善制度效率是制度创新的基本出发点，建立海南自由贸易港需要促进要素的充分涌流，但是不能仅关注效率的优化，还要在做大蛋糕的同时分好蛋糕，提高制度效率的同时兼顾公平，提高制度分配层面的公平性，制定明确的法律法规，实现收益的普惠性。

---

① 迟福林.加快建立海南自由贸易港开放型经济新体制[J].行政管理改革,2020(8):4-9.

第三节 海南自由贸易港：制度设计的路径

海南自由贸易港建设是在政府主导和推动下,充分发挥市场力量,实现市场要素充分涌流的过程,需要政府和市场共同推动才能实现。那么,从制度设计的路径来看,海南自由贸易港需要处理好政府与市场之间的关系;从纵向来看,要理顺政府内部的不同层级及权责关系;从横向来看,需要建立健全市场体制机制,从贸易、投资到金融、产业全面覆盖,尤其是重点发展领域,将服务业、高新技术产业等重点完善;确保国家与市场、社会健康的互动关系,建成制度网络,打通堵点,真正实现制度的集成创新。

一、纵向：从系统顶层设计到基层细化落实

制度集成创新要在纵向层面处理好不同层级的政府间关系,包括中央的政策和推动,实现省级政府的具体方案和基层政府细化实施之间的联动,确保政策不走样,打通制度中存在的障碍、堵点。在纵向制度创新上,顶层设计是制度集成创新的关键。系统集成要兼顾整体性和重点性,用系统化思维进行顶层设计时要关注整体效益,建立广泛参与的管理工作架构,设计相互补充的制度体系。① 海南自由贸易港是在适应经济全球化重塑的新形势和我国扩大对外开放新要求的条件下,按照"三区一中心"的战略定位,打造的我国最高水平的开放平台、开放门户,为探索实现人类命运共同体提供示范。

海南自由贸易港的建设是从国家层面制定和推动的,我国扩大对外开放的重要举措,需要自上而下的推动和落实,提升政府治理能力和理顺治理权责,如通过建设法治政府和服务型政府,营造公平竞争的市场环境,吸引人才和资金的流入。这就需要加强纵向联动,围绕制度创新过程和链条,把各环节组合成

---

① 田原.把握好制度集成创新的关键点[N].经济日报,2020-06-18(11).

一个有机整体，为每项试验任务明确制订时间表、责任人和路线图，形成工作联动推进的责任链和措施链，并通过联动机制发挥实效。在具体领域要做细做实基础工作，即切实落实试验任务和创新举措。只有在要素完善、资源充足的基础上进行有机融合，才能实现系统集成。具体而言，包括以下几项措施：一是要建立高效的行政管理体制，提高政府治理效能，厘清各级政府责任边界，明晰权责，精简机构，合并同类项，全面清理审批事项，减少繁冗手续，清理非公共服务职能；二是更好地发挥政府公共服务和社会治理职能，加强政府在教育、医疗、就业、分配等方面的职能，发展社会组织，尤其是行业协会等承接政府职能下放的行业管理和社会服务组织，完善法治和治安环境，打造人居安全的自贸港；三是强化市场监管职能，创造公平竞争环境，保护好个人财产权，建立"一线放开，二线管住"的有效监管体制，采用先进技术手段实现"智慧监管"，提高系统化和专业化水平。

二、横向：从贸易自由便利到整体风险防控

海南自由贸易港的建设，仅依靠政府的推进是不够的，更重要的是要充分发挥市场对资源配置的基础性作用，使各种要素充分涌流，发挥市场主体的主动性和基础性。在制度层面，则要完善市场内部制度，加强横向协同，推动不同制度创新主体之间及创新主体与外部环境之间的各种要素的有机整合。

构建海南自由贸易港政策制度体系，是在明确分工和机制措施、守住不发生系统性风险底线的前提下，以贸易投资自由化、便利化为重点，六大方面联动的制度安排：一是在贸易自由便利方面，对货物贸易，实行以"零关税"为基本特征的自由化、便利化制度安排。对服务贸易，简单地说就是"既准入又准营"，实行以"既准入又准营"为基本特征的自由化、便利化的一系列政策举措。二是在投资自由便利方面，大幅放宽海南自由贸易港市场准入，强化产权保护，保障公平竞争，打造公开、透明、可预期的投资环境，实行"非禁即入"制，进一步激发各类市场主体的活力。三是在跨境资金流动自由便利方面，坚持金融服务实体经

济,重点围绕贸易投资自由化、便利化,分阶段开放资本项目,有序推进海南自由贸易港与境外资金自由便利流动。四是在人员进出自由便利方面,针对高端产业人才,实行更加开放的人才和停居留政策,打造人才集聚高地。在有效防控涉外安全风险隐患的前提下,实行更加便利的出入境管理政策。五是在运输往来自由便利方面,实行高度自由便利、开放的运输政策,推动建设西部陆海新通道国际航运枢纽和航空枢纽。六是在数据安全有序流动方面,要在确保数据流动安全可控的前提下,扩大数据领域开放,培育发展数字经济。① 在贸易、投资、金融、数据流动等领域制定有效措施的同时,建立相应的防控风险机制,提升风险预警、快速反应和监管能力,使各机制之间有效联动,有针对性地防范和化解生态及公共卫生等领域的重大风险。

三、联动:从发挥市场活力到政府治理改革

制度集成创新不仅包括政府内部自上而下的通畅联动,市场各个维度的自由联动,还要求政府与市场之间联动畅通,互相推动与促进,以实现制度的有效性与治理的合法性。这就意味着制度集成创新涉及面广,要增强制度创新系统性、协调性,必须精准施策、协同推进,以协同理念推进系统集成。"通过制度集成创新推动发展,需要谋划顶层设计、落实创新举措、协同平衡推进、营造生态环境,四者是有机整体,应当准确把握、全面推进。"②只有通过纵向联动、横向协同,系统集成中各项创新举措才能形成更大合力,推进制度创新取得整体性、实质性成效。

一是要以制度型开放为重点,充分激发市场活力。市场活力不足、市场主体薄弱,是海南经济实力弱的突出矛盾。制度创新要获得成功需要多种条件,其中很重要的一点是"必须存在制度创新的第一行动团体或者制度创新企业

---

① 中共中央,国务院.中共中央 国务院印发海南自由贸易港建设总体方案[EB/OL].(2020-06-01)[2021-01-10].中国政府网.
② 田原.把握好制度集成创新的关键点[N].经济日报,2020-06-18(11).

家"，海南自由贸易港的建设需要在政策指引的基础上，建立激励机制，充分发挥企业家主体的自主性，尽快集聚一批具有较强竞争力的市场主体，进一步激发各类市场主体活力，在市场准入承诺即入制、投资自由制度、公平竞争制度、产权保护制度等方面探索符合自由贸易港发展的制度安排。

二是以市场需求推动建设从高效率政府为重点的行政体制改革，营造良好的营商环境。在立法和执法层面，在遵循宪法和法律、行政法规基本原则的前提下，支持海南充分行使经济特区立法权，立足自由贸易港建设实际，制定经济特区法规，建立多元化商事纠纷解决机制，完善国际商事纠纷案件集中审判机制，提供国际商事仲裁、国际商事调解等多种非诉讼纠纷解决方式。在行政体制层面，进行制度创新，建立"结构优化，运转高效"的行政体系。一是理顺行政格局，按照"全岛一个大城市"的思路推进行政区划调整，改善行政建制；二是简政放权，加快推进法治政府、服务型政府的建设，积极探索经济社会治理和行政管理的协调，加快向行业协会、社会组织下放、转移相关职能，形成政府与社会治理的良性互动。

三是要将自由贸易港的开放政策、税收政策等政策优势与行政制度改革结合起来，促进制度集成创新，实现政府与市场、社会关系的和谐运转。例如，以贸易自由便利为重点的海关监管制度创新；以大幅放宽市场准入为重点的投资自由便利制度创新；以扩大金融开放为重点的跨境资金自由便利制度创新；以加快开放的人才政策为重点的人员进出自由便利的制度创新等。同时，建立以《海南自由贸易港法》①为基础，以地方性法规和商事纠纷解决机制为重要组成的自由贸易港法治体系，营造国际一流的自由贸易港法治环境。制定并实施《海南自由贸易港法》，以法律形式明确自由贸易港各项制度安排，为自由贸易港建设提供原则性、基础性的法治保障。

_____

① 2020 年，《海南自由贸易港法（草案）》提请第十三届全国人大常委会第二十四次会议审议。

专栏 3.1　海南发布自由贸易试验区第六批制度创新案例

根据省委统一工作部署,按照"首创性、已实施、效果好、可复制"原则,并通过第三方机构评估和专家论证,现发布第 6 批共 11 项营商环境类制度创新案例。

一是发行首单国有土地承包金资产支持证券。海南海垦集团创新设计发行以国有土地承包金合同债权为底层资产的证券产品,释放了国有土地的价值,探索出土地资产化、资本化、证券化的成功路径。2019 年 11 月 6 日,"工银瑞投-海垦控股集团土地承包金资产支持专项计划"在上海证券交易所成功上市发行,总规模 5.5 亿元,其中优先级 5.2 亿元,仅 9 个工作日,就达成近 8 亿元的认购额,超额认购 1.5 倍。

二是创新不同品种保税油品同船混装运输监管模式。洋浦经济开发区根据企业需求,创新非加工贸易项下保税油品同船混装运输监管模式,实现面向海外市场精准输出相应标号油品的供给能力提升,大大提升了企业国际市场竞争力。2019 年 11 月 16 日,中石化(香港)海南石油有限公司顺利完成首单非加工贸易项下 7 100 吨燃料油和 500 吨柴油"保税油品同船混装运输"业务,并将货值 2 130 万元的低硫燃料油销到香港。

三是搭建会计师事务所准入和会计师引进"直通车道"。海南省发布《海南经济特区注册会计师条例》,进一步降低会计审计机构和专业人才准入门槛,加速国际化、高质量会计审计资源在海南集聚。截至目前,已有 1 家特殊普通合伙会计师事务所、2 家个人会计师事务所在海南设立;引进 70 名注册会计师到海南会计师事务所执业。

四是创设"立、审、执"一体化涉外民商事法庭。经最高人民法院批准,海南省于 2019 年 9 月在全国率先设立省级跨区域集中审理涉外民商事案件的法庭,仅两个多月就已快速立案 105 件,审结 16 件,案件涉及多个法域、多种类型，覆盖美国、新加坡、韩国等国家及我国香港、台湾等地区。

五是与平台企业信息共享，实现税收征管"一次不跑、一步到位、一站办结"。为鼓励互联网平台经济新业态的健康发展，海南省税务局、澄迈县人民政府自 2019 年 7 月 1 日起在澄迈试点信息共享税收管理模式。截至 2019 年 11 月底，澄迈区域内平台自由职业者符合享受小微企业优惠政策条件的人次数达到 49 万人次，共计享受减免税 5 100 余万元；平台企业缴纳各项税款 1.1 亿元，代征自由职业者个人所得税 1 432.3 万元。

六是创新"不征不转"等土地利用制度保障建设项目快速落地。海南省创新土地利用管理制度，对符合条件的项目采取"只征不转""不征不转"方式，按照土地现状用途进行管理，无须再办理农用地转用手续，大大提高了项目落地效率，缓解了土地供需矛盾，完善了土地利用管理制度，保障了农民长远生计。

七是创建临床急需国内未上市进口药品监管模式。海南省在博鳌乐城国际医疗旅游先行区首创临床急需进口药品管理审批与监管制度，使患者不出国门就可以便捷使用到国际上最先进的药品，享受世界一流的医疗健康服务。截至 2019 年 12 月，海南省药监局已批准博鳌超级医院、博鳌恒大国际医院临床急需进口药品共 16 个批次、7 个品规，共用于 39 名患者。

八是创新会计审计专业服务政府采购管理模式。海南省于 2019 年 1 月 28 日印发《关于改善海南省会计审计服务营商环境的指导意见》，创新会计审计等专业服务政府采购管理模式，全面清理政府采购专业服务领域妨碍公平竞争的规定和做法。截至目前，已有 75 家会计师事务所通过这一制度创新为海南提供了专业服务，平均每个项目节约时间 120 小时、节约成本 1 万元。

　　九是推行更广泛容缺办税。2019 年 11 月,海南省税务局在海口市试点推行"承诺制"全面容缺办税,深化落实"最多跑一次"税务改革,以高效专业服务优化全省营商环境。该服务推行至今已成功容缺办理涉税业务 1.07 万笔,减少"来回跑"次数 1 万余次。

　　十是实施琼港澳游艇自由行。海南省于 2019 年 6 月 18 日出台《中国(海南)自由贸易试验区琼港澳游艇自由行实施方案》,对港澳游艇在自贸试验区进出、航行、停泊、旅游等方面推行便利化监管措施,真正实现港澳游艇"进得来""手续简""管得住""游得动"。政策实施后,入境只需提前 1 天从网上申报一次;无须换领驾驶证书;各口岸部门实行联合查验,查验时间压缩至 1 小时以内。截至目前,出入境港澳游艇同比增加 25%。

　　十一是率先建立帆船运动旅游管理专项制度。海南省于 2018 年 6 月 27 日率先出台《海南省帆船运动旅游管理暂行办法》(以下简称《办法》),填补了国内帆船运动旅游发展的管理空白,破解了监管部门对企业组织开展帆船运动旅游经营不予认可等困境,为帆船运动旅游发展提供了有力法律保障。《办法》出台至今,全省新增运动帆船 78 艘;2019 年 1—10 月,全省帆船出海达 2.91 万艘次和 20.65 万人次,分别增长 119.5% 和 142.3%。

资料来源:海南自由贸易港官网,2019-12-23.

第四节　海南自由贸易港建设的制度创新意义

　　探索建设海南自由贸易港是中共中央着眼于国内国际两个大局、深入研究、统筹考虑、科学谋划做出的战略决策,制度创新是海南自由贸易港建设的使命,为实现国际国内"双循环"新格局、国家治理与全球治理良性互动,正确处理国家、市场与社会之间的关系提供了中国实践。

一、普遍经验与中国特色的结合

海南自由贸易港建设必须是自由贸易港制度的普遍经验与中国特色社会主义制度的结合，如在电信、环保、劳工等领域的标准，可以引入成熟的管理标准与认证标准，在服务贸易、数字贸易等重点领域加快探索形成高标准的"中国版"经贸规则。同时，把握制度创新的层次性，保证制度环境的稳定性与开放性，增强制度安排的包容性和联动性。这就要求一方面要坚持中国特色社会主义制度，在始终保持制度自信的基础上，解放思想，实事求是，在具体的制度层面打通制度堵点，促进制度创新，扩大开放，保证制度畅通，与国际对接。

二、国内制度与国际制度的互动

打造制度集成创新的高地，制度型开放的过程是国内制度与国际制度的互动过程，一方面可学习国际制度促进国内制度改革，进一步扩大开放；另一方面可完善国内制度与国际制度对接，在国际合作中增强中国的话语权，并为国际合作提供更加广阔的平台。海南自由贸易港是以加强与东南亚国家交流合作为重点打造的重要开放门户。在亚太区域政治经济格局某些重要变化的特定背景下，应充分发挥海南自然环境、区位、政策等优势，全面加强与东南亚交流合作，加快区域更紧密经贸合作关系协定的落实，增强区域辐射带动作用，为稳定并促进我国与东盟合作关系发挥特殊作用。海南自由贸易港也是以实施全面深化改革和最高水平开放政策打造的我国深度融入全球经济体系的前沿地带。在我国发展面临的外部环境更加不确定不稳定的背景下，开展海南自由贸易港建设，使海南成为我国深度融入经济全球化、开展更高层次区域经贸合作竞争的重要平台，并在促进国内市场与国际市场双循环发展新格局中发挥重要枢纽作用。

三、深化改革与扩大开放的融合

　　海南自由贸易港作为我国先行先试的示范区,其本身就是我国改革开放进入新时期的制度创新成果。想要扩大贸易的自由化、便利化,放开投资与金融领域,我国制度的改革必然要适应开放的新形势,以促进国家治理能力现代化。经过3~5年的建设和高水平开放及制度创新,海南自由贸易港要形成不低于中国香港、新加坡的营商环境标准,要在平台功能上凸显"国家战略重要支撑"的关键角色,以"平台经济""蓝色经济""离岸经济"为核心,以"海南智慧即为国家智慧"为目标,精准探索我国深化改革和扩大开放的可靠路径,贡献海南方案。

4

商贸繁荣：
自贸港贸易自由便利

第一节　海南贸易状况分析

　　改革开放以来,海南省由于经济特区的独特地位,再加上中央给予其大量政策优惠,对外贸易发展迅速。尤其是近十年来,在国家政策支持和市场机制完善的共同作用下,海南逐渐扩大对外开放力度,提高贸易的自由化和便利化程度。本节将从海南自由贸易港贸易总体发展情况、市场结构、区域结构和产品结构 4 个方面进行具体分析。

一、贸易总体发展情况分析

　　在出口方面,2010 年来,受到 2008 年金融危机影响的外贸出口得到恢复和发展,海南出口总额不断增长;尽管 2015 年、2016 年出口总额有所下降,但是随着中央和海南先后出台了一系列稳增长、调结构的政策,海南各口岸出口、进口通关时间分别减少 33.3% 和 39.2%,贸易便利化水平不断提高,2017 年以来,海南外贸出口实现大幅反弹;2018 年海南自贸试验区成立,推动了海南外贸出口的增长,2019 年,海南省全年出口额为 343.71 亿元,比 2018 年增长 15.4%。这也是海南出口额有史以来突破 300 亿元大关,达 343.70 亿元。总体而言,2010—2019 年,海南出口额由 2010 年的 163.26 亿元增加到 2019 年的 343.70 亿元,增加了 1.11 倍。可以预见,未来随着海南自由贸易港开放水平进一步提高,外贸出口额将会进一步增加(表4.1)。

　　2010—2019 年,海南进口额出现先增后减再增加的趋势。具体来看,从 2010 年的 575.27 亿元增加到 2013 年的 709.10 亿元,增长 23.26%。随后有所下滑,主要原因在于中国经济进入新常态,经济发展下行压力加大,大宗商品进口增速放缓,价格大幅下跌。2018 年以来,为支持海南自贸区发展,国家对大量进口产品免征关税,刺激进口大幅增加;2019 年,海南离岛免税政策的效应使大

表 4.1 2010—2019 年海南进出口贸易数据

单位:亿元

年度	出口额		进口额		进出口总额		贸易顺差	
	当年出口额	比上年增减	当年进口额	比上年增减	当年进出口总额	比上年增减	当年贸易顺差	比上年增减
2010	163.26	25.68%	575.27	20.03%	738.53	21.24%	−412.01	17.93%
2011	168.32	3.10%	676.32	17.57%	844.64	14.37%	−508.00	23.30%
2012	198.01	17.64%	704.79	4.21%	902.80	6.89%	−506.78	−0.24%
2013	233.10	17.72%	709.10	0.61%	942.20	4.36%	−476.00	−6.07%
2014	271.33	16.40%	702.92	−0.87%	974.25	3.40%	−431.59	−9.33%
2015	232.43	−14.34%	636.67	−9.43%	869.10	−10.79%	−404.23	−6.34%
2016	140.51	−39.55%	610.81	−4.06%	751.32	−13.55%	−470.30	16.34%
2017	295.65	110.41%	407.06	−33.36%	702.70	−6.47%	−111.41	−76.31%
2018	297.76	0.71%	550.42	35.22%	848.18	20.70%	−252.65	126.77%
2019	343.70	15.43%	562.20	2.14%	905.90	6.81%	−218.50	−13.52%

资料来源:根据《海南统计年鉴 2019》和《2019 年海南省国民经济和社会发展统计公报》整理所得。

注:从 2015 年起,进出口数据均以人民币为单位,为了便于比较,本文将 2008—2014 年以美元计价的数据根据当年人民币兑美元平均汇率进行了转化。

量消费品需求增加,对外进口消费品增长 69.1%,达 161.6 亿元,占海南自由贸易港进口总额的 28.7%。未来,随着我国构建双循环新发展格局,以及海南自由贸易港政策红利的释放,海南的对外贸易将保持稳中向好的发展趋势(图 4.1)。

二、贸易市场结构分析

从出口市场结构看,2019 年海南主要向亚洲各国出口,总额达 224.18 亿元,占海南全球出口的 65.22%,其中最大出口国为新加坡,达 50.43 亿元,占海南全球出口的 14.67%,其次是菲律宾,出口额为 45.13 亿元,占海南全球出口的

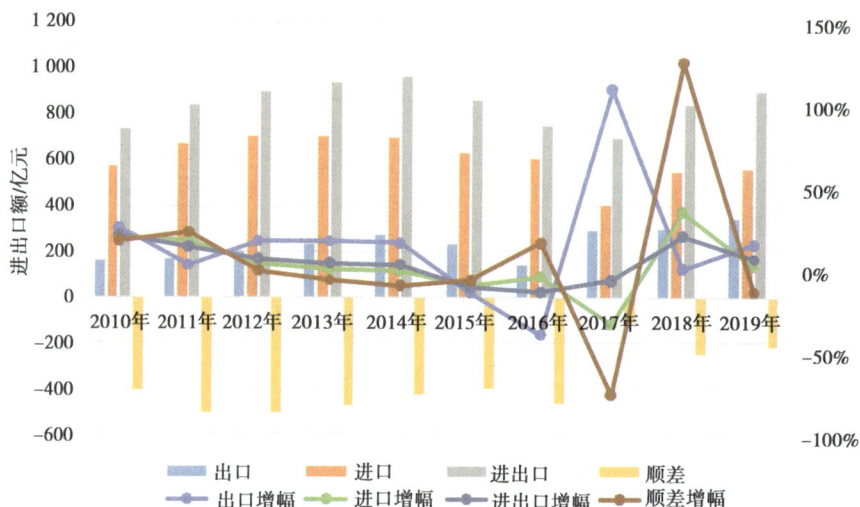

图 4.1　2010—2019 年海南进出口贸易发展现状

资料来源:根据《海南统计年鉴 2019》和《2019 年海南省国民经济和社会发展统计公报》整理所得。

13.13%,排在第三位的是越南,出口额为 39.65 亿元,占海南全球出口的 11.53%;之后是大洋洲(34.96 亿元)和欧洲(34.92 亿元),各占 10% 左右。值得注意的是,2019 年,海南对大洋洲和北美洲出口增幅较大,对大洋洲增幅为 137.50%;对北美洲增幅为 58.80%。在出口幅度增加方面,向荷兰、越南、印度尼西亚出口的增幅最大,分别增加 1 038.00%、220.60% 和 143.70%(表 4.2)。

从进口市场结构看,2019 年海南全年进口额为 562.15 亿元,比上年增长 2.10%。在全球的六大洲中,海南对外进口最多的是亚洲,为 218.28 亿元,占海南对外进口的 38.83%;其中越南达 29.93 亿元,占海南对外进口的 5.32%;新加坡为 26.65 亿元,占比达 4.74%。同时,亚洲国家也呈现了较大进口增幅,其中日本增幅最大, 达 156.10%;新加坡和中国香港也分别达到了 37.90% 和 28.10%。北美洲是海南进口的第二来源,总额达 138.23 亿元,占海南进口额的 24.59%;第三名是欧洲(124.69 亿元),占 22.18%。欧洲和北美洲则出现了负增长,尤其是北美洲减少了 28.50%,荷兰和美国都出现了较大幅度的下降,进口分别下降 76.60%、32.10%。主要原因可能与 2018 年开始持续升级的中美贸

表 4.2 2019 年海南与不同区域的贸易情况

单位：亿元

区域	出口额			进口额			进出口总额			贸易顺差		
	当年	占比	增幅	当年	占比	增幅	当年	占比	增幅	当年	占比	增幅
大洲												
亚洲	224.18	65.22%	5.00%	218.28	38.83%	12.30%	442.46	48.84%	8.48%	5.90	-2.70%	-69.15%
欧洲	34.92	10.16%	26.50%	124.69	22.18%	-4.80%	159.61	17.62%	0.65%	-89.76	41.09%	-13.16%
非洲	8.91	2.59%	-39.60%	11.84	2.11%	55.30%	20.76	2.29%	-7.27%	-2.93	1.34%	-141.06%
拉丁美洲	11.66	3.39%	32.50%	33.66	5.99%	303.20%	45.32	5.00%	164.31%	-22.01	10.07%	-5 004.52%
北美洲	29.07	8.46%	58.80%	138.23	24.59%	-28.50%	167.31	18.47%	-20.95%	-109.16	49.97%	-37.63%
大洋洲	34.96	10.17%	137.50%	35.16	6.25%	122.70%	70.12	7.74%	129.84%	-0.19	0.09%	-81.91%
国家和地区												
美国	27.16	7.90%	62.10%	122.57	21.80%	-32.10%	149.72	16.53%	-24.10%	-95.41	43.68%	-41.74%
日本	9.38	2.73%	-26.00%	23.38	4.16%	156.10%	32.76	3.62%	50.24%	-14.00	6.41%	-494.64%
新加坡	50.43	14.67%	33.00%	26.65	4.74%	37.90%	77.08	8.51%	34.65%	23.78	-10.88%	27.91%
中国香港	28.57	8.31%	-25.90%	9.34	1.66%	28.10%	37.90	4.18%	-17.31%	19.23	-8.80%	-38.49%
中国台湾	2.93	0.85%	-4.10%	3.83	0.68%	-1.70%	6.76	0.75%	-2.75%	-0.90	0.41%	7.03%
越南	39.65	11.53%	220.60%	29.93	5.32%	-3.90%	69.58	7.68%	59.90%	9.71	-4.45%	-151.72%
印度尼西亚	4.57	1.33%	143.70%	23.64	4.20%	24.80%	28.21	3.11%	35.52%	-19.06	8.73%	11.72%
菲律宾	45.13	13.13%	34.70%	2.80	0.50%	-55.00%	47.92	5.29%	20.66%	42.33	-19.38%	55.15%
荷兰	16.20	4.71%	1 038.00%	1.51	0.27%	-76.60%	17.72	1.96%	124.55%	14.69	-6.73%	-391.37%

资料来源：海南省统计局，国家统计局海南调查总队.2019 年海南省国民经济和社会发展统计公报[R/OL].(2020-03-03)[2021-01-10].海南省人民政府官网.

说明："-"表示贸易逆差，即占我国顺差的比重为负。

易摩擦有关,不过美国进口额仍达到了 122.57 亿元,占了整个海南对外进口的 21.80%;而拉丁美洲和大洋洲增幅较大,分别增长 303.20% 和 122.70%,成为海南进口转移的新方向(图 4.2、图 4.3)。

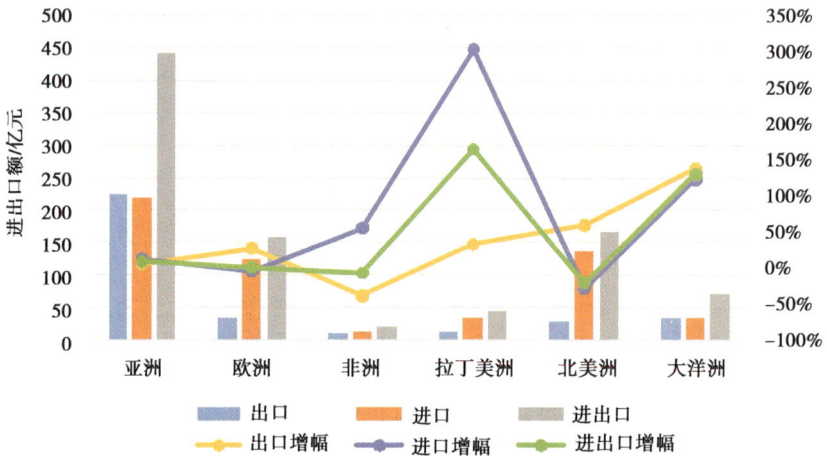

图 4.2　2019 年海南省与不同大洲的贸易情况

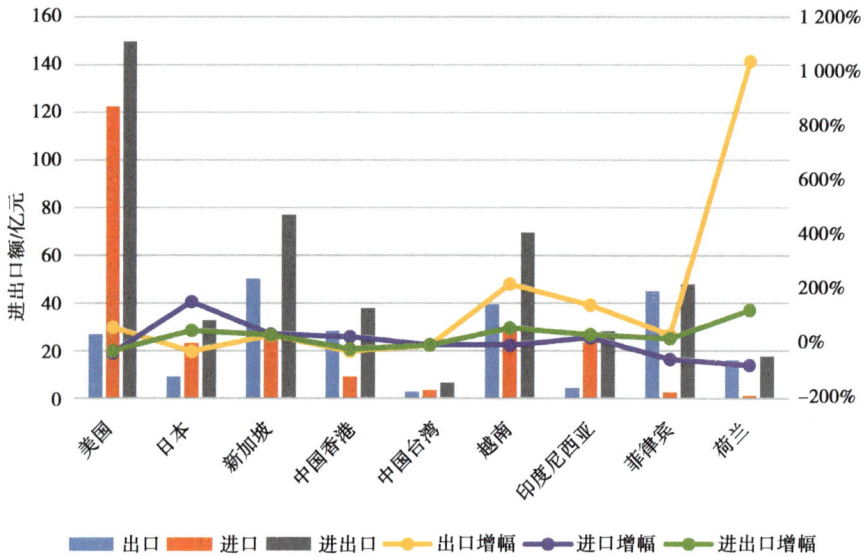

图 4.3　2019 年海南省与不同国家和地区的贸易情况

三、贸易区域结构分析

海南由海口、三亚、三沙、儋州等 4 个地级市以及 15 个省级直管县组成，地势四周低平，中间高耸，山地、丘陵、台地、平原构成环形层状地貌，梯级结构明显。这也导致海南东部、西部平原地区经济较为发达，中部山区经济发展相对落后。不同区域的经济发展水平不同，在对外贸易中扮演的角色也不尽相同，其中西线以出口为主，东部沿海地区进口占比较大，而中部山区对外贸易开展较少。

2018 年海南出口主要集中在西部地区，西部地区的出口额占整个海南出口总额的 70%以上；其次是东部地区，其出口额占海南出口总额的 1/5 左右；中部地区的出口额较少，仅占海南出口总额的 3.66%。具体来看，西部地区主要集中在儋州地区和澄迈县。2018 年儋州地区出口额为 201.03 亿元，占整个出口额的 67.51%。东部地区主要集中在海口市、三亚市和文昌市，2018 年这 3 个市县出口额分别为 67.27 亿元、3.87 亿元和 5.32 亿元，占比分别为 22.58%、1.30%和 1.79%。而中部仅有定安县出口额较为突出，其 2018 年的出口额为 3.66 亿元，占比为 1.23%，与上年相比增加 5.83%。

2018 年海南的进口区域以东部沿海地区为主，其中海口市和三亚市 2018 年的进口额分别为 273.96 亿元和 59.03 亿元，占海南当年进口的 49.77%和 10.73%，同比增长 77.01%和 30.38%。西部地区进口较多的市县主要是儋州地区和澄迈县，其 2018 年的进口额分别为 196.34 亿元和 6.83 亿元，占海南进口总额的 35.67%和 1.24%，中部地区进口额一直较少，2018 年仅有定安县有少量进口，仅为 0.17 亿元，占 0.03%（表 4.3）。

表 4.3 2018 年海南主要市县贸易情况①

单位:亿元

区域	市县	出口额			进口额			进出口总额			贸易顺差		
		当年	占比	增幅	当年	占比	增幅	当年	占比	增幅	当年	占比	增幅
东部地区	海口市	67.24	22.58%	21.24%	273.96	49.77%	77.01%	341.20	40.23%	62.30%	-206.72	185.56%	108.15%
	三亚市	3.87	1.30%	-17.99%	59.03	10.73%	30.38%	62.91	7.42%	25.81%	-55.16	49.51%	36.01%
	文昌市	5.32	1.79%	8.28%	1.16	0.21%	-21.19%	6.48	0.76%	1.49%	4.16	-3.73%	20.88%
	琼海市	0.36	0.12%	-15.46%	0.04	0.01%	-81.02%	0.40	0.05%	-38.08%	0.32	-0.13%	57.57%
	万宁市	0.32	0.11%	-5.74%	0.87	0.16%	58.84%	1.19	0.14%	34.30%	-0.55	0.22%	161.08%
	陵水县	0.43	0.14%	50.16%	11.60	2.11%	-13.95%	12.02	1.42%	-12.62%	-11.17	10.03%	-15.34%
中部地区	定安县	3.66	1.23%	5.83%	0.17	0.03%	2 905.36%	3.82	0.45%	10.53%	3.49	-3.13%	1.08%
西部地区	儋州地区	201.03	67.51%	-3.24%	196.34	35.67%	7.16%	397.37	46.85%	1.63%	4.68	-4.20%	-80.93%
	东方市	3.70	1.24%	-55.66%	0.35	0.06%	-73.92%	4.05	0.48%	-58.19%	3.35	-3.01%	-52.16%
	澄迈县	10.47	3.52%	7.40%	6.83	1.24%	2.37%	17.30	2.04%	5.36%	3.65	-3.27%	18.63%
	乐东县	0.01	0.00%	-44.19%	0.06	0.01%	85.62%	0.06	0.01%	46.50%	-0.05	0.02%	184.12%

资料来源:海南省统计局,国家统计局海南调查总队.海南统计年鉴 2019[M].北京:中国统计出版社,2019.

说明:"-"表示贸易逆差,即占我国顺差的比重为负。

① 海南省东部地区是指海口、三亚、文昌、琼海、万宁、陵水 6 市县,中部地区是指五指山、定安、屯昌、琼中、保亭、白沙 6 市县,西部地区是指儋州、东方、澄迈、临高、乐东、昌江、洋浦 7 市县。五指山、屯昌、琼中、保亭、白沙 2018 年进出口数据缺失,昌江 2018 年进出口数据缺失,临高 2017 年进口数据缺失,所以无法讨论。洋浦属于儋州地区,统计上与儋州重合,为方便起见,仅分析儋州地区。

四、贸易产品结构分析

从出口产品的结构来看,2018年海南对外出口的产品主要有以下几类:成品油、机电产品、原油、高新技术产品和冻鱼。具体来看,2018年海南成品油、机电产品、原油、高新技术产品和冻鱼的出口额分别为122.52亿元、35.34亿元、20.36亿元、15.97亿元和25.46亿元,分别占海南出口总额的41.15%、11.87%、6.84%、5.36%和8.55%。高新技术产品、机电产品和医药品与2017年相比增幅较大,分别为200.56%、56.98%和55.05%。尽管高新技术产品和医药品目前占比较低,但是作为重点发展产业,近年来增速较快,未来发展前景较好(表4.4)。

从进口产品的结构来看,2018年海南进口的产品主要是机电产品和高新技术产品,无论是额度还是占比都远远超过了其他产品,其次是医药品、成品油和原油。具体来看,机电产品和高新技术产品进口额分别为252.88亿元和229.85亿元,分别占2018年海南进口总额的45.94%和41.76%,其次是医药品和成品油,进口额分别为34.64亿元和30.34亿元,分别占进口总额的6.29%和5.51%。与2017年相比,在进口额最多的前4种产品中,医药品、高新技术产品和机电产品增幅较大,分别达165.63%、108.87%和91.62%。同时,对成品油的进口有较大幅度上升(增加21.18%),而对原油的进口则出现较大幅度减少(下降41.60%),这也充分说明,海南经济目前正处于转型结构优化升级,石油加工制造等高污染行业将会被逐步淘汰(图4.4)。

表 4.4 2018年海南主要产品的贸易情况

单位:亿元

产品	出口额			进口额			进出口总额			贸易顺差		
	当年	占海南出口比重	增幅	当年	占海南进口比重	增幅	当年	占海南进出口比重	增幅	当年	占顺差比重	增幅
成品油	122.52	41.15%	-3.42%	30.34	5.51%	21.18%	152.86	18.02%	0.63%	92.18	-36.48%	-9.47%
机电产品	35.34	11.87%	56.98%	252.88	45.94%	91.62%	288.22	33.98%	86.57%	-217.54	86.10%	98.74%
原油	20.36	6.84%	-51.58%	21.88	3.98%	-41.60%	42.24	4.98%	-46.88%	-1.52	0.60%	-133.17%
高新技术产品	15.97	5.36%	200.56%	229.85	41.76%	108.87%	245.82	28.98%	113.09%	-213.88	84.65%	104.22%
冻鱼	25.46	8.55%	-3.11%	1.34	0.24%	-27.29%	26.79	3.16%	-4.69%	24.12	-9.55%	-1.29%
汽车零件	0.50	0.17%	38.23%	1.95	0.35%	-14.69%	2.46	0.29%	-7.42%	-1.45	0.57%	-24.64%
医药品	2.37	0.80%	55.05%	34.64	6.29%	165.63%	37.01	4.36%	154.05%	-32.28	12.78%	180.40%
塑料制品	0.45	0.15%	5.27%	0.84	0.15%	89.13%	1.30	0.15%	47.96%	-0.39	0.15%	2 239.99%
纺织制品	2.81	0.94%	-11.50%	0.41	0.07%	-25.27%	3.23	0.38%	-13.54%	2.40	-0.95%	-8.62%

资料来源:海南省统计局,国家统计局海南调查总队.海南统计年鉴2019[M].北京:中国统计出版社,2019.

说明:"-"表示贸易逆差,即占我国顺差的比重为负。

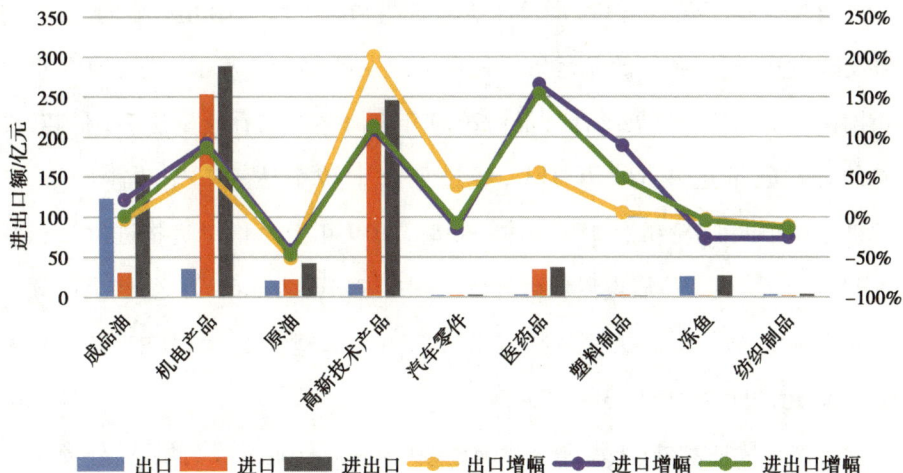

图 4.4 2018 年海南主要产品的贸易情况

第二节 海南自由贸易港与国内四大自贸区的比较

中央对海南自由贸易港的定位是高水平的中国特色自由贸易港，高标准、高质量的自由贸易试验区。为了更好地了解海南自由贸易港的发展情况，有必要将海南自由贸易港与国内最发达的上海、天津、广东、福建等四大自由贸易试验区的基本情况、发展优势、主要困境进行分析和比较。

一、国内四大自贸区概况

（一）上海自由贸易试验区（自贸区）

上海自贸区是中国第一个自贸区，成立于 2013 年 9 月 27 日，最初由外高桥保税区、外高桥保税物流园区、洋山保税港区、浦东机场综合保税区 4 部分组成，成立之初面积仅为 22.76 平方千米。2015 年 3 月增加陆家嘴金融片区、金桥开发片区以及张江高科技片区，面积增至 120.72 平方千米。上海得天独厚的地理位置和高度发达的经济为上海自贸区的发展打下了良好的基础。

上海位于长三角入海口,是长江航运东西和海上航运南北运输的交汇点,水陆交通发达,得天独厚的航运条件为自贸区发展奠定了基础。据《2019 年上海市国民经济和社会发展统计公报》,2019 年上海港货物吞吐量达 7.2 亿吨,集装箱的总吞吐量达 4 330 万 TEU,经过上海中转率达 48.3%,国际中转占 10.8%,接待国际邮轮靠泊 259 艘次。同时,2019 年上海口岸货物进出口总额为 8.43 万亿元,继续位居世界城市首位,其中,进口额为 3.55 万亿元,出口额为 4.88 万亿元。全年上海关区货物进出口总额为 6.35 万亿元,其中,进口额为 2.62 万亿元,出口额为 3.73 万亿元。

除自然环境便利外,上海还是我国金融中心,对外贸易极为发达,外商投资企业众多,具有建立自贸区强大的市场基础。据《2019 年上海市国民经济和社会发展统计公报》,2019 年上海市货物进出口总额为 3.40 万亿元,其中,进口额为 2.03 万亿元,出口额为 1.37 万亿元。从进出口来源地看,上海 2019 年对欧盟进口额为 4 905.14 亿元,出口额为 2 370.55 亿元;对美国进口额为 1 735.37 亿元,出口额为 2 793.71 亿元;对东盟进口额为 2 893.38 亿元,出口额为 1 808.00 亿元;对日本进口额为 2 351.38 亿元,出口额为 1 357.95 亿元。尤其值得一提的是,上海与"一带一路"沿线国家的贸易往来也十分密切,占到了其贸易总额的 22.4%。除了贸易外,上海在吸引投资方面也十分亮眼,2019 年 FDI 到位总额达 190.48 亿美元,在 2018 年的基础上增加 10.1%,其中"一带一路"沿线国家的投资占到了 8.2%。这一系列数据充分表明,上海在吸引外商直接投资方面表现优异,外资的引入有助于自贸区的发展壮大。

(二)天津自由贸易试验区(自贸区)

天津自贸区是北方第一个自贸区,是在吸收上海经验的同时探索天津地方特色,打造的京津冀协同发展高水平对外平台、中国改革开放先行区和制度创新试验田、面向世界的高水平自由贸易园区,并依托"一带一路"服务带动环渤海经济。①　目前,天津自贸区占地面积为119.9平方千米,涵盖天津港东疆片区、天津机场片区、滨海新区中心商务片区3个片区。

天津自贸区航运条件优越,环渤海区域有着由60多个大小港口组成的功能齐全的港口群,与全球160多个国家数以百计的港口有着货物贸易往来,是中国对外开放口岸集聚程度最高的港口群。2019年其货运量为56 940.61万吨,其中,水运8 954.91万吨。集装箱吞吐量为1 730.07万TEU,增长8.1%。自2019年深入实施口岸降费提效、优化环境专项行动后,进出口整体通关时间较上年分别压缩54.6%和58.5%。全年天津口岸进出口总额为13 845.06亿元,其中来自京冀的货物比重达到32.0%,比上年提高1.8%,极大地增强了滨海新区对内陆地区的服务辐射带动作用,有效推进了北方国际航运基地的建设,在我国沿线港口服务辐射内陆地区中起到了引领的作用。

同时,天津制造业基础雄厚且发展势头良好,拥有明显优势,且天津是中国最大工业集聚区,主要重化工业、装备制造业及高新技术产业中心。近年来,天津进行了三次产业结构调整,增加了第三产业比重。2019年全市工业比上年增长3.6%,规模以上工业增长3.4%,比上年加快1%。从行业的角度来看,在所有的39个行业大类中有20个行业实现了增长,在主要制造业中,汽车制造业增长13.7%,医药制造业实现增长8.8%,电气机械与器材制造业增长10.9%,石油和天然气开采业增长1.7%。2019年第二产业投资增长17.4%,其中食品制造业增长64.5%,医药制造业增长88.6%,计算机通信和其他电子设备制造业增长57.9%。天津的先进制造业依托滨海新区的高速发展,近年来其优势得到显现,装备制造、石油化工、生物医药等优势支柱产业占全市工业比重超过90%,环保节能、高科技、高端装备制造等战略性新兴产业实现了迅猛增长。

（三）广东自由贸易试验区（自贸区）

广东省是中国早期对外开放的试验田,通过积极主动地对外开放,成为全

---

① 邢乐. 天津自贸区之路探索及思考[J]. 当代经济, 2016(24):38-40.

国外向型经济最为发达的地区。广东自贸区于 2014 年 12 月 31 日经国务院正式批准设立。广东自贸区的战略定位是依托港澳、服务内地、面向世界,将自由贸易试验区建设成为粤港澳深度合作示范区、21 世纪海上丝绸之路重要枢纽和全国新一轮改革开放先行地。广东自贸区目前总面积为 116.2 平方千米,主要涵盖南沙新区、前海蛇口、横琴 3 个片区。

广东是我国对外开放的前沿阵地,具有先行先试的优良传统和锐意进取的创新精神。面对粤港澳三地不同的法律体系,南沙片区设置了广州海事法院自贸区巡回法庭,组建了航运、金融和知识产权等专业性的仲裁机构来突破目前内地和港澳地区适用的不同法律体系造成的障碍。这在我国法律仲裁史上是首次。横琴片区实施澳门单牌车便利进出,一次备案、综合管理、信息监管、免交担保,车辆通关时间平均节省 20 分钟。深圳海关在前海蛇口片区实施"深港陆空联运改革""跨境一锁",将香港机场空运打板理货服务前置到前海湾保税港区,使深港跨境贸易的时间和成本分别节约 1/4 和 1/3。这些举措为国内其他自贸区建设提供了经验。

珠三角地区有庞大的制造业体系,其中深圳是著名信息产业和高科技产业基地,以华为、腾讯、中兴等企业为代表;惠州是中国重要的彩电制造业基地;珠海、中山、顺德、江门,以生产家用电器和五金制品为主;广州、佛山、肇庆,以生产汽车、钢铁和电气机械为主。上述产业集聚带动了珠三角制造业的快速发展,构筑了庞大的制造业体系,而且随着高科技产业的发展和产业的不断升级,珠三角地区的制造业体系实现了迅速的转型与升级。《2020 广东统计年鉴》的数据显示,2010—2019 年,广东 GDP 由 45 944.62 亿元增加到 107 671.07 亿元,年均增速达 13.4%。高新技术制造业比 2018 年增长 7.3%,占规模以上工业增长值的 32.0%。其中,医药制造业增长 0.5%,电子通信设备制造业增长 8.3%,航空、航天器及设备制造业增长 17.1%,医疗仪器设备制造业增长 16.0%。

(四)福建自由贸易试验区(自贸区)

福建自贸区成立于 2014 年 12 月 31 日,其目标是经过三到五年的时间,把福建自贸区建成贸易便利、体系健全、监管高效的自由贸易园区。目前福建自贸区占地面积为 118.04 平方千米，涵盖福州、厦门和平潭 3 个片区。

海上丝绸之路的重要东方起点有助于拓展自贸区与东南亚和印度洋沿岸国家贸易投资。福建是国际上公认的古代海上丝绸之路的起点，自唐代以来到近代，福建都是海上丝绸之路最主要的参与和见证者。在宋朝，福建泉州被誉为"东方第一大港口"，福建的漳州在明朝中后期开始成为中国对外最大的贸易港口。近代中国的五口通商，福州和厦门就占其二。同时，福建长期以来与东南亚海上丝绸之路国家有着密切的经济联系。因此，我国要加快建设福建自贸区，拓展与东南亚国家的经贸合作，扩大与印度洋沿线国家的贸易，支持企业在海上丝绸之路沿线国家投资。

对台地缘优势有利于福建自贸区与台湾加强经济交流与合作。福建自贸区设立的目标之一就是服务两岸经济发展，促进大陆与台湾的经济交流与合作。[1] 近几年海峡两岸经济合作与交流取得了较大进步。2019 年福建对中国台湾地区进出口总额为 748.52 亿元，其中，出口额为 332.90 亿元，比上年增加 4.5%，进口额为 415.62 亿元。2019 年，中国台湾地区对福建投资 22.55 亿美元，比 2018 年的 22.20 亿美元增加了 1.58%；与福建签订投资合同 1 382 个，比 2018 年的 1 316 个增加了 66 个；在福建注册企业 9 137 个，比 2018 年的 8 049 个增加了 13.51%。未来，福建自贸区可以充分吸收台湾地区较为先进的服务和管理经验，发挥对台地缘优势，通过先行先试来探索经验，以互信互利实现经济发展的互惠互利。

二、海南自由贸易港与国内四大自贸区的比较

从经济发展现状而言，根据《海南统计年鉴 2020》，2019 年海南地区生产总值为 5 308.94 亿元，按可比价格计算，比上年增长 5.8%。人均地区生产总值为

---

[1]　单玉丽. 福建自贸区的战略定位[J]. 学术评论, 2015(1):7-9.

56 507 元,按可比价格计算,比上年增长 4.7%,折合 7 971 美元。2019 年海南货物进出口总额为 905.9 亿元,比 2018 年增加 6.8%。其中出口额增加 15.4%,进口额增加 2.1%。可见,与上述四大自贸区相比,无论是进出口总量、国民生产总值,还是基础设施建设、社会管理水平等,海南都有一定的差距,但是海南自由贸易港具有自身独特的优势。

第一,海南自由贸易港的实施范围是海南岛全岛,覆盖面积巨大,实现海南全地域开放,超过了国内 21 个自贸区面积总和,是上海自贸区面积的 141 倍,同时也分别是中国香港港、新加坡港的 32 倍、49 倍,这将成为全球面积最大的自由贸易港。同时,海南作为我国第二大岛,形成的巨大天然屏障优势将帮助海南自由贸易港大幅减少要素自由流动的风险。

第二,与国内四大自贸区相比,海南自由贸易港的开放力度更大。与四大自贸区相似的是,强调"五大便利",即投资自由便利、贸易自由便利、跨境资金流动自由便利、人员进出自由便利和运输来往自由便利。但就自贸区而言,虽然其具备一种自由化程度比较高的国际贸易形式,但仍然被限定在综合保税、出口加工,以及有限的金融服务等特定功能范围内,只有特定的生产要素实现了跨境自由流动。自贸港则可以在划定的地理范围内实行全生产要素的跨境自由流动,除贸易自由外,还包括投资自由、资本自由、雇工自由、经营自由等,对国际人员的进出和外国资本设立公司经营也给予更大的自由度。

第三,作为全面深化改革开放的标杆,海南自由贸易港还肩负制度创新,尤其是制度集成创新的历史使命,主要表现在以制度创新为目标,探索构建防控金融风险的资本自由流动金融体制,建立人员自由流动体制,构建简单财税安排体制,以及完善自贸港法律法规机制。多重战略定位和政策上的倾斜将会成为海南自由贸易港最大的后发优势,其既可以汲取全国其他自贸区发展过程中创造的优秀经验,也需要充分结合自身比较优势,充分发挥开放优势和政策的自主权。

第四,海南从自由贸易试验区走向自由贸易港,服务贸易将成为重要突破口。随着新一轮经济全球化的深度调整,全球产业链的深入分工和加速融合,大数据、区块链、人工智能、物联网和互联网等信息技术的快速发展,服务贸易占全球经济的比重不断增加。服务贸易在全球价值链中的占比日益加强,地位日益凸显,将会成为新一轮自由贸易发展的重点方向。海南自由贸易港以服务贸易为主导,在金融服务、健康医疗服务等新兴领域大有可为,有能力有条件在服务市场创新发挥示范引领作用。

第五,海南作为国际旅游岛,在旅游观光、发展海洋经济方面都具有较大优势。随着人们消费需求的不断上涨,海南得天独厚的旅游资源仍具有巨大的潜力,应抓住自贸港建设的契机,提供与国际旅游岛和国际旅游中心相适应的服务和配套供给,满足消费升级的各类需求,实施如"消费品免税区""进口免税区"等举措,打造国际旅游岛和国际消费中心。与此相伴的是健康服务业的发展,要让"健康岛"成为海南的一张"王牌",为国际消费中心和国际旅游岛建设提供国际化品牌,形成海南发展新优势。

第六,上述四大自贸区作为国家对外开放的试验田,其主要立足于辐射国内,具有以点带面的作用,而海南自由贸易港以国内为依托,是制度型开放的先行先试的示范区,是国内国际制度接轨的前沿,辐射范围更加广阔。海南自由贸易港背靠中国经济最具活力的珠三角地区和粤港澳大湾区,同时面向东南亚,是"一带一路"建设的关键节点,2019年其对"一带一路"沿线国家进出口总额为352.29亿元,比上年增长10.6%,占货物进出口总值的38.9%。其中,对东盟进出口总额为277.69亿元,增长42.3%,占30.7%,呈现了良好的发展潜力,自贸港的建设在未来将对这些区域的发展起到重要的撬动作用。

第三节　提高海南自由贸易港贸易自由便利化的重点举措

实现贸易自由化和便利化是海南自由贸易港建设的重要目标,主要体现在货物贸易"零关税"、服务贸易"既准入又准营"、降低贸易环节制度性成本 3 个方面。

一、货物贸易"零关税"

"零关税"是海南自由贸易港进一步扩大开放的重要特征。"零关税"包含两个方面:一是海南自由贸易港在全岛封关之前,对一些进口的商品免征进口关税、进口环节增值税以及消费税;二是待整个自贸港封关之后,对除了进口征税商品目录之外并允许进口的商品免征进口关税。由此可见,"零关税"的实质内涵是"进口环节税制为零",除目录所载明的进口商品以外,将原进口环节需要征收的关税、进口环节增值税、进口环节消费税全部降为零,即对整个进口环节税制实施免征。不过,"零关税"并非简单的税收优惠。对于部分受管制的目录商品仍然保持原进口环节关税、增值税和消费税,但其计征模式会有极大改进。现存的消费税按照价内税税率在 1%~56%,增值税按照价外税征收的多种税率模式将一并简化,遵循"低税率、简税制"的原则,要逐步建立起符合国际高水平自由贸易港要求的税收制度。简而言之,"零关税"的制度是自贸港税制体系的大变革,税制简化和税率降低,势必进一步降低企业的交易成本,并推动营商环境优化和极大提高贸易便利性。

"零关税"使税制"简并",税率降低,将直接大幅降低税收,增强我国自贸港国际竞争力,为实现货物进出自由、投资自由、人员流动自由消除了税收障碍。包含增值税、消费税、企业所得税、个人所得税的整体税收制度改革方案完全符合自贸港税制优惠的国际惯例。海南自由贸易港的"零关税"政策是我国税制创新的里程碑事件，对全球自由贸易、吸引和利用海外资本、引领亚太经济发展等方面发挥积极作用。

二、服务贸易"既准入又准营"

随着服务贸易在全球价值链地位的日益凸显，推进服务业下的自由贸易有利于促进服务业的发展，提高相关产业的现代化水平及附加值，形成以服务性消费为主的产业格局，弥补海南在产业发展上相对落后的局面。服务贸易的创新发展主要实施"既准入又准营"的政策。"既准入又准营"是指国外的服务提供商在进入海南的时候享有国民待遇。也就是说，只要按照投资准入到海南来投资、设立机构，其经营的业务范围和要求与当地服务提供商具有同等待遇。"既准入又准营"是高水平的服务贸易自由便利的重要体现，所有合法资本可平等地进入市场，开展相关的业务，进行相关投资等。海南自由贸易港在服务贸易和服务市场融合并举相互协调下，逐步实现全面开放，为内地服务业发展提供了借鉴和压力测试。

海南自由贸易港的建设，在顺应服务业开放创新趋势，注重服务业核心部分的深度开放的同时，应着力推进新兴服务贸易的稳步发展，创新服务业开放模式，包括放宽跨境自然人流动及执业限制等，尤其是对特定外国技术专家人才聘用可实施灵活的政策。参考国际上通行的一般准则，取消外国投资商建设工程设计企业外籍技术员的比重限制；进一步推动港澳台和外国律所在自贸区设立分支机构，推动海南自由贸易港与港澳台合伙开办律师事务所，推动中外律师事务所联合运营；推动在线教育、远程医疗等新兴服务贸易跨境交付的便利性，促进经济全球化、科技全球化发展；大力鼓励国境内外的企业和商业机构联合开展航运保险、海运理赔与船舶租赁等高端服务；大力引进国外优质的医院来自贸港开展合作、开办高水平医疗机构和诊所；进一步放宽境内外合作办理医疗机构的限制条件。

此外,还需要构建面向全球的服务贸易合作平台,形成较强的产业关联和带动效应,比如顺应服务经济数字化趋势,培育一批基于互联网的人工智能、云计算、物联网、3D制造等新技术的创新平台,为跨国公司供应链创新提供产业支撑。要以服务贸易带动实体经济发展,充分发挥海南优势,通过电信、互联网、物联网、区块链等特定服务业市场推动数字经济、数字贸易、数字金融等领域的发展。

三、降低贸易环节制度性成本

政府与市场、社会之间的职责边界不清晰往往成为制约贸易自由化和便利化发展的重要制度性障碍,具体表现为前置审批手续烦琐、市场准入门槛过高、行政性垄断过多等。因此,制度型开放是海南自由贸易港的重要措施,应进一步厘清政府与市场的关系,推动"放管服"改革,减少制度环节,优化制度环境。

一是实行全面推进极简审批改革。海南自由贸易港要全力推动审批简化改革,大力践行"一枚印章审批",着力提升审批效率,大力压缩企业开办的时间,降低制度性交易成本,采用市场准入承诺即入制度,加强落实"非禁即入"的原则。努力推动"互联网政务服务",打造海南自由贸易港在线服务一体化平台,推动政府服务标准化的实现。

二是推动"非禁即入",原则上由政府取消审批。海南自由贸易港着力打造投资自由便利,实行"非禁即入",除非有强制性的标准和法律的禁止,原则上由政府取消审批,企业直接实行备案制、承诺制,符合条件就可以直接开展业务。投资环境越自由,在海南创业成功的概率就更大。"降低制度性交易成本,可以有效地激发企业活力,增强企业创新能力,提高供给质量与效率,改善供给结构。同时,也能减少政府对企业经营的干预,可以使市场在资源配置中起决定性作用。"

三是推进政务服务"一门、一网和一次"改革。在海南自由贸易港的建设中,要大力推进政务服务的改革,实现办事"一门、一网和一次",着力实现内部审批"目录化的"动态模式管理,提高"网上审批"的占比;加快推进关检业务深度融合,落实检验检疫单证电子化、关检申报项目整合等措施,减少非必要的作业环节和手续,降低通关成本;落实国家对企业的减税降费政策,继续实行涉企行政事业性收费、政府性基金目录清单公示制度;加强对港口收费的监督检查,整治不合理收费、乱收费行为,督促港口企业规范涉企收费,落实收费公示。

第四节　提高海南自由贸易港贸易自由便利化的实施路径

海南自由贸易港的建设的关键在于提高海南自由贸易港贸易自由化和便利化程度。《总体方案》提出了4条实施路径,主要包括实施"一线放开",加强"二线管住",实现"岛内自由"以及推进"服务贸易自由便利"等。

一、实施"一线放开"

根据国际经验,成熟的自由贸易港的核心是"一线放开"。所谓"一线放开",是指境外及港内的货物可以不受海关监管自由出入境,即自贸港与境外实现货物、资金和人员等要素自由流动。进一步放宽贸易管制,除法律、法规、国际公约规定禁止入境的少数货品外,绝大多数货品可自由进出自贸港,免予报关报检手续。自贸港内免征进口关税,进出货品不纳入贸易统计。

(一)"一线放开"的内涵

海南自由贸易港的"一线放开"主要是指允许除禁止和限制进口之外的货物自由出入,对进口征税商品目录之外的商品免征进口关税。在一线的准入和准出环节要加强安全监管工作,提高对海南自由贸易港口岸的安全卫生监管水平,加强对产品质量的监管。严格落实中国所签订的国际条约责任,按照要求制定海南自由贸易港限制或者禁止的物品目录,在这个目录外的商品可以出入自由,海关则依法进行监管。制定海南自由贸易港进口产品征收关税商品目录,目录以外的商品进出贸易港免征进口关税。经过海南自由贸易港采用了联运提单进行转运的物品不用加征关税也不进行检验。但是自海南自由贸易港离境的商品则需要按出口来管理。要加快实现便利快捷的海关监管制度,高质量建设对外贸易出口"单一窗口"。

(二)"一线放开"的具体实施办法

在自贸港建设中的"一线放开"主要是指在海南自由贸易港同中国海关关境之间的环节要放开,除开限制和禁止的物品清单外,大部分进口的货物在税收方面实施极简易的管理模式,以便国际人才和物流的往来。其要点主要有以下3个方面。

第一,按照所在国别或区域的规定被允许自由进入海南自由贸易港的商品,都可进入自由贸易港,而且不受数量、产地、关税等条件的限制,区域内的商品也可自由运出关境。

第二,进入海南自由贸易港的商品不需要缴纳进口关税和其他关税,也不需要办理海关手续,如果需要向海关提交单证检验,仅仅需要提供有表明货物主要项目的商业和官方的单证即可。

第三,海关部门对进入海南自由贸易港的商品,不要求提供担保凭证。海南自由贸易港目前借鉴国际上的一般做法,在一线放开的区域范围内实施贸易自由化和便利化的政策,由海关的特殊监管向自由贸易港监管转变。

为达到"一线放开"的效果,需要从以下8个方面着手:①对进出口商品的种类、价格和数量基本不设管制;管制类商品极少,清单一目了然;报关仅仅是备案性质,不需要海关批准;还有大量商品可以豁免报关。②电子政务发达,监管功能高度整合,如新加坡的 TradeNet、香港的"海易通",它们的电子数据系统非常发达,涵盖国际贸易的所有环节。③没有外汇管制,资金进出自由,贸易结算自由,离岸金融业务开展广泛。④除少数货物外,绝大多数货物无关税,无增值税;个人和企业所得税税制简单,税负较低。⑤实行开放的外资政策,除少数行业外,绝大多数行业外资可以自由进出。⑥政府基本不干涉企业经营活动,只对少数行业进行监管,大部分行业实现自我管理。⑦自然人流动便利。⑧争端的解决以国际仲裁为主。

二、加强"二线管住"

海南自由贸易港最大的特点是"一线放开,二线管住"。"二线管住"是指将从自贸港出入国境内其他区域的货物,纳入全国海关通关一体化,实行常规监管,征收相应的税收,并纳入贸易统计。"二线管住"加上"高效"两字,即对自贸港和境内其他区域之间进出货物,实行物联网、云计算、大数据、人工智能和区块链等智能化卡口、电子信息联网管理模式,最大限度地实现安全高效的管理。

(一)"二线管住"的内涵

海南自由贸易港的"二线管住"主要是指货物的进口从海南自由贸易港进入内地,按照进口规定办理手续,照章纳税。这里的"二线"主要是指在海南自由贸易港与中华人民共和国关境内的其他地区之间设立"二线"。通过"二线"进入内地的商品需按照规定缴纳关税和办理相关手续。

对那些鼓励类的企业在生产过程中不含进口料件,以及虽然含有进口料件但是在海南自由贸易港增加值达30%以上的产品,在通过"二线"进入内陆地区的时候免征收进口关税,但是按照有关规定进行监督管理,办理相关税务。对那些途经海南自由贸易港进入内地的交通运输工具,要大力简化进口管理流程中手续的办理。商品与交通运输工具经过内地到海南自由贸易港,都要按照国内的流通管理规定进行认真管理。在内地的商品通过海南自由贸易港转入内地的将不需要再进行报关手续的办理,但应该在海南自由贸易港海关的监管场域内进行装卸,与其他海关监管货物分开,并设立明显的标识。

(二)"二线管住"的实施办法

在做好"一线放开"的同时还要做好"二线管住",尤其是"二线"的优化高效管住,进一步提升海南自由贸易港的平台功能,涉及贸易监管方面的检验检疫、海事、外汇和税务等有关部门都应接入这个作业平台,由平台处理贸易许可、报关通关、资质登记、支付结算等,进一步对口岸监督执法进行优化,提高货物进出口通过的效率(图4.5)。

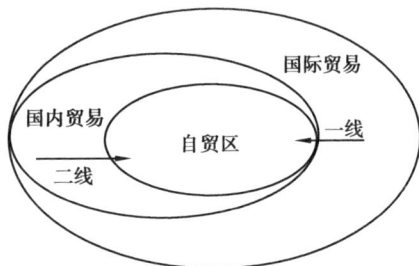

图 4.5 "一线放开"与"二线管住"示意图

为了实现高效的"二线管住"需要从以下 3 个方面着手。

一是要由管理货物向管理企业转变,由监管部门和海关检验检疫部门对企业的监管转变为企业自主管理。自贸港内的企业要对货物的进出提取、加工、重组和制造等按性质设立自主记账和销账的台账,台账应与海关部门的底单相一致。二是要由海关部门的备案制度向登记制度转变。当前"一线"和"二线"还处于重复监管的状态,要通过政策措施来实现诚信地先进去再申报,从而将备案制转为登记制。出关后交单的保税服务、保留物流和保税贸易的登记制,可为企业在园区的拼箱、包装和分拣创造有利条件。三是要由封关向信息围网转变。形成海关监管上的三个一次,包括"一次申报""一次查验""一次放行"。实现信息流和货物流相统一,通关管理和产业联网相统一,关区代码和贸易方式相统一。

目前"一线放开、二线管住"的货物进出境管理制度已经在海南自由贸易港的洋浦保税港区试行。其做法主要如下:对进出洋浦保税港区除了禁止进出口和限制出口的货物外,都采用国际贸易"单一窗口"来推动数据的协同化和标准化,实现物流信息和监管信息的全流程采集;将口岸部门的通关信息作为基础信息,整合作业信息,形成完整的通关物流综合信息库;加强口岸管理部门的执法合作,实施海事、交通、船舶证书信息的共享;扩大第三方检验结果采信商品和机构的范围;拓展进口货物单证制度适用范围。

三、实现"岛内自由"

(一)"岛内自由"的内涵

海南自由贸易港实施的"岛内自由"主要是指海关对企业及机构实施低干预、高效能的精准监管。货物在海南自由贸易港内的存储时间不受限制,可自由地选定堆放和存储地点,海关对那些实行"零关税"的物品不采用常规监管。对海南自由贸易港内的企业以及机构采取低干预和高效率地监管,以便达到海南自由贸易港内企业自由地进行生产的目标。若货物运输的起点在境外,经过海南自由贸易港进行分装和换装后再运到世界其他国家或地区的货物可简化办理手续(图4.6)。

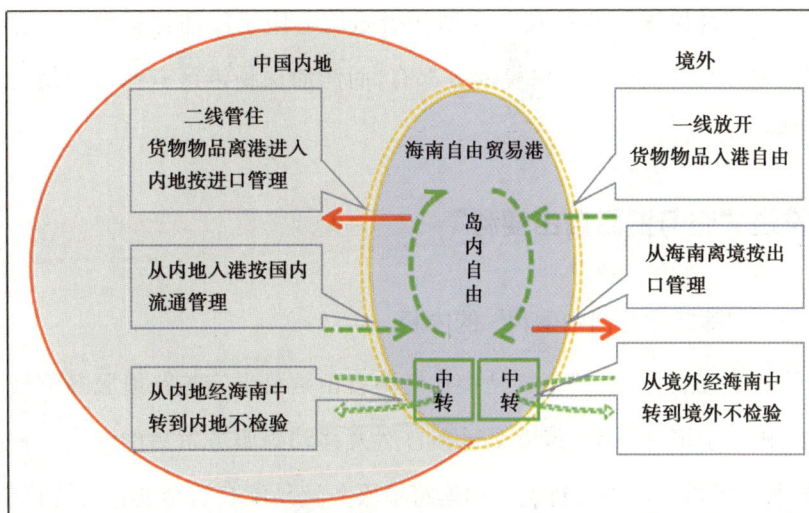

图 4.6　"岛内自由"具体示意图

（二）"岛内自由"的实施办法

目前,海南自由贸易港洋浦保税港区已经简化了一线申报的手续,同境外之间进出的货物除了需要经过检验检疫的货物之外,履行国际公约和条约协定,以及涉及安全管理之外的其他货物,企业无须申报,海关直接放行。同时,对保税港区与境外之间的货物进出不实行配额和许可证管理,只要不进出"二线",可最大限度地放宽"一线"进出。此外,突出区内自由,区内实行企业自律管理。一般情况下,在区内经营的企业无须办理海关手续,货物存储期限不限,海关取消账簿管理,免于办理海关核销等常规手续。保税港区内不禁止区内居住居民及设立营业性的商业设施。目前,保税港区内的免税消费业态试点方案正在与海关一同制定中。当前洋浦保税港区还开展了离岸新型国际贸易结算便利化试点、对外投资便利化综合试点、跨境服务贸易便利化试点等,一些全岛实施的自贸港政策都率先在洋浦保税港区内先行先试。

值得注意的是,《中华人民共和国海关对洋浦保税港区监管办法》还专门明确了一条:综合保税区政策及制度创新措施均适用于洋浦保税港区。也就是说,其他地方有的政策洋浦保税港区都有,而洋浦保税港区有些政策是全国独一无二的。

四、推进"服务贸易自由便利"

（一）"服务贸易自由便利"的内涵

"服务贸易自由便利"主要是指在海南自由贸易港实施跨境服务贸易的负面清单,破除了境外消费、跨境交付和自然人移动等服务贸易的壁垒。一律给予境外服务提供人员国民待遇。构建跨境服务贸易配套资金支付与转移制度,进一步规范影响服务贸易自由便利的国内规则。

世界贸易组织在服务贸易规则中采用正面清单,根据市场准入和国民待遇进行承诺,分为完全承诺和不完全承诺。不完全承诺就是不开放正面清单。但随着数字经济的发展，企业对服务贸易的诉求不断增加，目前大多采用负面清单的方式。不开放的部分列出来以后，其他部分都是开放的，这种负面清单对于企业而言它的透明度和可预期性都能很好地反映出来，实际上这个负面清单就是满足了数字化进程以后企业对服务多样性的需求。原来的企业只能从事一个服务业或一个业务，现在由于数字化服务平台的出现，可以从事多个服务业，并且知道哪些是不能做的。这符合了服务业数字化和服务贸易的发展趋势。在海关特殊监管领域，海南洋浦保税港区正在制定除禁止或者限制进出口需要检验检疫的货物外，对港区内进出口货物实行更加自由化和便利货物出入境管理制度方案。洋浦经济开发区制定了提高通关效率的 10 条措施。海南自贸试验区把通关物流状态综合信息库整合到国际单一窗口中，目前已上线并形成通关物流状态综合信息库。

（二）"服务贸易自由便利"的实施办法

服务贸易目前主要由商业存在、跨境交付、境外消费、自然人移动 4 种形态构成。而其中的跨境交付、境外消费和自然人移动又称作跨境服务贸易。对跨境服务贸易一定要制定服务贸易的负面清单。除了负面清单所列之外，这 3 种服务贸易将会被自由准入。服务贸易中的商业存在主要是指为当地服务，进入要达到准许经营的标准才可以准营，主要是涉及的技术要透明，符合监管上的要求。因此，要进一步规范，让商业的存在也自由便利，这即是"既准入又准营"的一般做法。

"服务贸易自由便利"的具体做法包括在负面清单范围内的跨境服务贸易将受到严格限制。而这个负面清单范围之外的领域将会全面放开。未来这会是海南自由贸易港制度集成创新的一个巨大亮点，这也会成为中国跨境服务贸易的首张清单。因此，要建立健全跨境支付相关制度，通过进一步营造良好的支付服务的市场环境，提升服务的效率，依法依规地推动跨境服务贸易的自由便利化。

5

投资涌动：
自贸港投资自由便利

海南省位于中国最南端,凭借其优越的地理位置和政策利好,吸引了许多投资者的目光。在"十三五"期间,海南省紧跟国家发展的步伐,全面贯彻落实《海南国际旅游岛建设发展规划纲要(2010—2020)》《国务院关于推进海南国际旅游岛建设发展的若干意见》以及进行省域"多规合一"试点等规划,在国家政策的指导下不断激发内在活力和拉动外来投资。相关数据显示,2020年海南省级建设重点项目达105个,总投资金额超过3 500亿元,计划年度投资670亿元左右。2020年第一季度,海南省的投资增速比全国平均水平高12%,仅4月份,海南省投资量相较于2019年同比增长了12.4%。从中可以看出,海南省的投资在2020年取得了十分辉煌的成绩。本章通过梳理海南投资政策和历史演进以及分析海南投资的现状,试图提出对海南投资发展有效的政策建议,提高海南自由贸易港投资高质量发展和便利化程度。

第一节　海南吸引外资及投资政策的演进与发展

海南在不同时期有着不一样的发展重点和发展要求,其吸引外资投资及相关投资政策也不尽相同。实际上,从海南建省前,当地的投资就开始萌芽,同时,政府也不断出台相关的政策吸引投资,促进当地经济发展。

一、海南投资及其政策的演进

(一)建省初期(1988—1992年)

海南以农业为主导,建省前投资主要聚焦于农业。1988年,国务院批准了《关于海南岛进一步对外开放加快经济开发建设的座谈会纪要》(以下简称《纪要》),指出对海南岛将实行特殊的经济政策,建立全新的经济管理体制,在不断完善各方面的规章制度后逐渐将海南建设成为全国最大的经济特区。在开发建设海南岛期间要大力吸收内地企业的投资开发和外商投资。详细规定如下。

①开发建设海南省,应积极吸收内地企业投资和外商投资,尤其是港澳资金,逐步与内地企业发展横向经济联合。对于港澳台及外国公司、个人来到海南开展经济合作,可以采用任何一种行之有效的方式;对于内地企业,鼓励他们开发岛内资源,并积极修建岛内基础设施。同时,涉及岛内基础设施的项目,政府会给予更多的税收优惠政策。

②对于在海南省投资的外商企业,依规定享有税收优惠待遇;对于先进技术企业和产品出口企业,按照规定享有一定的优惠。税收制度适用于任意群体,无论是外商还是内地企业,都平等竞争。

③海南省可以直接从海外筹借资金进行岛内的开发建设,也可以对外发行债券进行筹集资金。但上述两个方法需要符合国务院等相关规定。

④促进海南省大力发展出口贸易,岛内资源丰富,按照"工贸三农"的方针,大力发展有自己特色的出口产品,形成自身所特有的竞争优势。出口贸易需要在国家统一的方针政策的管理下进行经营。

⑤海南省拥有一定的自主权。当海南省有实际的生产需求时,可对所需的原材料、设备以及生产所需但紧缺的货物商品自行审批生产。生产装配线除外。

⑥对于出口产品来说,生产的国家限制性进口产品若使用了进口免税的原材料需经省级部门审批外,其余大部分产品拥有自主权进行内销外省,但该部分产品需按照退还生产过程中免除的优惠税。同时,对免税的或有一定税收优惠的进口产品限制在省内销售,个别需经有关部门批准后才能转销省外,并照章补税。

⑦鼓励海南省发展旅游业。海南省风景秀丽,气候宜人,对于发展旅游业具有天然的优势。加强岛内基础设施的建设,采用中外合资的方式共同开发旅游资源,并举办具有特色的活动,同时,政府授予海南省签证通知权和旅游外联权,形成发展旅游业的良好内外部环境。

（二）曲折发展时期（1993—2007 年）

1992 年，海南省地产泡沫破灭，经济发展进入低迷期。但是海南气候宜人，风景秀丽，是国内的度假胜地，海南的经济发展也更多地依靠旅游业的带动，此时海南省提出"一省两地"战略，通过多项措施促进旅游业的发展，从战略上更加重视旅游业发展。1993 年，出台了《海南省旅游发展规划大纲》，建设亚龙湾国家旅游度假区，批准建立 100 余个旅游开发项目，计划投资超过 100 亿元，同时新增 30 余条国内航线，支持旅游业的发展。旅游业在这段时期也逐渐发展起来。

1996 年 2 月，颁布了《海南省国民经济和社会发展"九五"计划和 2010 年远景目标纲要》，要求海南省各产业全面发展：以农业为基础，加强和提高第一产业；以工业为主导，加速发展第二产业；以旅游业为龙头，积极发展第三产业。努力把海南建设成为中国的新型工业省、中国热带高效农业基地和中国独家休闲旅游胜地，新型工业、热带农业和旅游业将成为海南三足鼎立的产业基石。海南的经济逐步走向正规，得到持续健康发展。2004 年的"双大战略"，标志海南新型工业体系的形成。

（三）国际旅游岛新阶段

国际旅游岛是 2008 年后提出的概念，国家及有关部门就国际旅游岛方案制定了相关的发展政策，在政策的实施下，旅游业以及与之相关的海陆空交运、免税业及彩票业等产业相继得到发展。在新的时期，海南省也有了新的定位（图 5.1）。在新定位的要求下，海南省的重点发展方向也发生了变化（图 5.2）。不仅如此，2020 年 6 月，在《总体方案》公布后，海南自由贸易港拥有了其发展的独特优势，主要体现在低税率、投资自由便利、跨境资金流动自由便利等。从低税率来看，在 2025 年左右海南全岛实施封关运作以前，对一负三正 4 张清单内的货物及物品实施零关税。同时，对在海南自由贸易港注册并实际经营的相关企业，按 15% 的税率征收企业所得税。与中国香港 16.5% 的利得税、新加坡 17% 的所得税率对标，海南企业所得税政策具有很强的国际竞争优势。

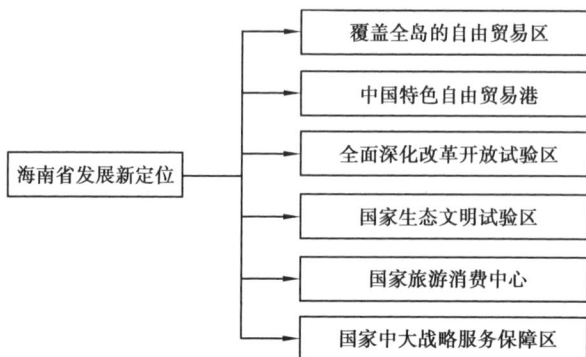

图 5.1　海南省发展新定位

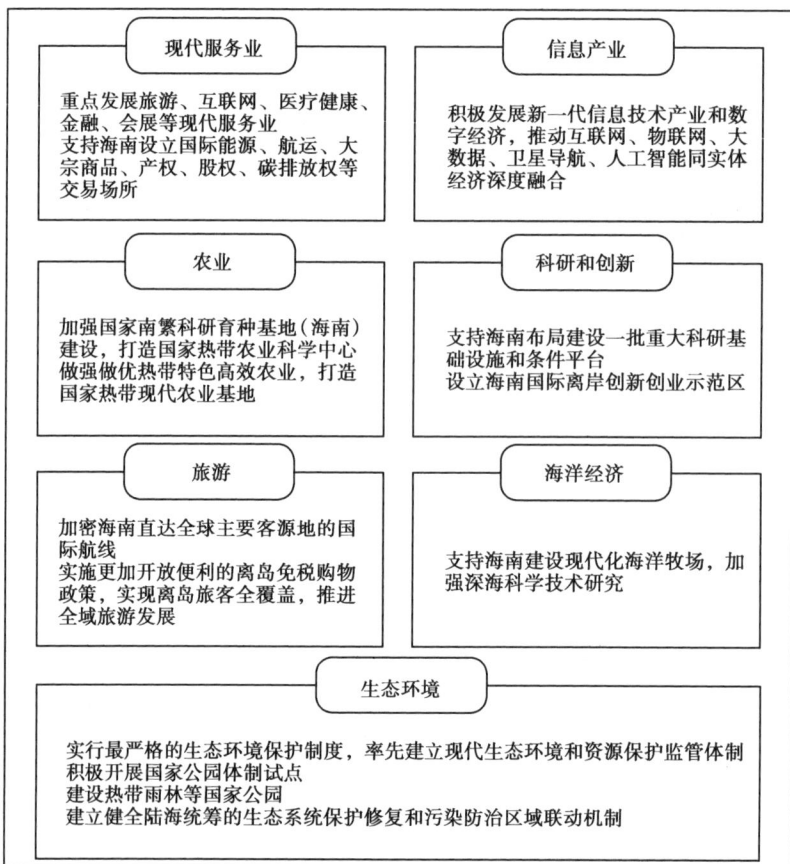

图 5.2　海南省发展方向

二、海南投资便利化指标测算

（一）投资便利化指标

投资便利化指标已经成为国内外学者讨论的热点话题。早期大部分学者将投资便利化的研究与贸易投资便利化体系的研究结合在一起，并未很好地区分二者，因此早期缺乏对投资便利化的相关研究。在20世纪末，逐渐有学者借鉴了世界经济论坛和世界银行的评价体系，建立起投资便利化的指标。国际上对投资便利化内涵的解释有所不同，对投资便利化指标的构建也有所不同。国外研究学者通常将行政效率、基础设施、投资开放、政策透明等指标纳入投资便利化体系中。例如，Kinoshita和Ure提出"投资开放"是投资便利化评价体系中最重要的一个指标，该指标也是评价外商投资能否进入东道国市场的重要标准。Shepherd和Wilson[1]对亚太经合组织的贸易投资便利化进行了分析，对港口基础设施、非标准支付和关税等变量进行了仿真分析。国外的学者们对投资便利化指标的定义认识有所偏差，而国内学者对投资便利化的研究主要是运用不同的赋权方法。客观赋权法和主观赋权法是赋权法的两大分支。客观赋权法涵盖了变异系数法和熵值法，主观赋权法包括银子分析法、层次分析法和主成分分析法。国内学者则大多数采用主观赋权法进行计算研究。彭羽和陈争辉[2]运用层次分析法构建中国上海自由贸易试验区投资贸易便利化的评价体系，使用市场准入、边境管理、交通和通信基础设施以及商业环境等指标建立投

---

[1]　SHEPHERD B, WILSON J S. Trade facilitation in ASEAN member countries：Measuring progress and assessing priorities[J]. Journal of Asian Economics,2009,20(4):367-383.

[2]　彭羽,陈争辉. 中国(上海)自由贸易试验区投资贸易便利化评价指标体系研究[J]. 国际经贸探索, 2014,30(10):63-75.

资便利化指标。崔日明、黄英婉[1]构建了包括 5 个方面在内的投资便利化指标体系来对"一带一路"沿线各国进行测度,分别是市场准入、营商环境、运输和基础设施、规制环境、边境管理,认为不同的投资便利化差异会影响未来的整体发展。马文秀和乔敏健[2]构造了一个全新的投资便利化的评价体系,主要包括宏观经济状况、基础设施、金融服务和制度环境 4 个指标。陈瑶雯、莫敏、范祚军[3]运用了主成分分析法,同样选取了基础设施、制度环境指标,此外,还加入了金融市场指标以及投资环境指标作为衡量投资便利化的一级指标,计算了东盟国家的投资便利化水平。

(二)海南投资便利化指标

建立海南投资便利化指标,需要从全方位的视角并参考其他自贸港的建设经验,结合海南具体情况进行综合考量。在《总体方案》证实公布后,对外经济贸易大学中国自贸区战略研究院首席专家李光辉指出,对于投资便利化,一方面要严格落实外商投资法,负面清单方面减少禁止和限制条款;另一方面要强调产权保护制度。具体来说,海南将实施"零关税"自由便利化的制度安排。因此,在构建海南投资便利化指标时,需着重强调以上方面。

衡量投资便利化的指标众多,可参考王素芹、邵占强[4]使用的指标,计算各个省份投资便利化水平。该投资便利化指标包括基础设施、制度环境、营商环境和市场准入 4 个方面相关的 12 个二级指标(表5.1)。

① 崔日明,黄英婉."一带一路"沿线国家贸易投资便利化评价指标体系研究[J].国际贸易问题,2016 (9):153-164.
② 马文秀,乔敏健."一带一路"国家投资便利化水平测度与评价[J].河北大学学报(哲学社会科学 版),2016,41(5):85-94.
③ 陈瑶雯,莫敏,范祚军."一带一路"背景下中国-东盟投资便利化水平测度[J].统计与决策,2018,34 (23):117-121.
④ 王素芹,邵占强.基于因子分析法的我国各省份投资便利化水平测度[J].华北水利水电大学学报 (社会科学版),2020,36(1):1-6.

表 5.1 投资便利化指标

一级指标	二级指标	一级指标	二级指标
基础设施	客运周转量	营商环境	政府行政效率
	货运周转量		融资便利度
	互联网客户端的数量		对外开放程度
制度环境	知识产权保护	市场准入	固定资产投资中外资占总投资额的比重
	法治水平		规模以上工业企业中外资企业数量所占比重
	政府干预程度		城镇非国企就业人数占城镇总就业人数的比重

从表 5.2 可以看出，各省之间投资便利化指标相差较大，东部投资便利化水平较高，其中，广东省投资便利化水平最高，江苏、上海等东部省市也是一直位居前列。相比之下，海南省投资便利化水平较低，但总体呈逐渐上升趋势，这说明海南省投资便利化水平虽然在不断提高，但仍然具有较大的发展空间。因此在未来的发展中，海南省要找准自己的发展短板，吸取其他省份的建设经验，结合自身实际，不断提高投资便利化水平。

表 5.2 各省投资便利化水平

省份	2010 年	2011 年	2012 年	2013 年	2014 年	2015 年	2016 年
福建	63	65	68	71	69	65	68
广东	100	100	100	99	100	100	100
浙江	83	83	84	84	82	80	81
上海	83	89	88	85	85	89	86
天津	60	61	63	65	62	62	61
北京	52	59	55	50	68	66	68
河北	36	36	38	40	40	39	40

续表

省份	2010年	2011年	2012年	2013年	2014年	2015年	2016年
山东	70	70	70	69	65	68	66
海南	25	28	35	40	32	40	39
江苏	89	92	96	100	95	93	91
河南	42	43	41	38	44	45	46
湖南	34	36	37	39	41	41	42
江西	38	39	40	39	40	41	40
山西	19	21	21	23	30	30	29
安徽	42	43	44	47	40	41	40
四川	37	37	39	34	40	41	42
重庆	42	42	47	49	46	47	47
新疆	10	10	10	10	18	15	15
陕西	25	25	23	28	32	33	33
贵州	24	21	24	23	29	21	21
宁夏	25	26	28	37	14	15	17
广西	25	26	28	31	28	27	26
甘肃	11	11	10	12	13	15	16
青海	12	10	12	20	10	10	10
内蒙古	25	26	25	26	24	24	24
黑龙江	25	32	26	27	31	28	27
辽宁	47	49	49	54	44	45	45
吉林	29	28	29	32	25	26	25

第二节　制约海南自由贸易港投资便利化的瓶颈

　　海南自由贸易港要吸引国内外投资，既需要从自身实际出发，也需要吸收国外自贸港建设的先进经验，在营商环境、配套设施、人才支撑和产业结构等方面进一步优化,促进投资自由化、便利化。

一、营商环境

营商环境是一个多维的概念,包括政务环境、市场环境、法治环境、人文环境等综合的外部环境和因素,海南投资便利化在法治化建设层面存在滞后性。

第一,海南自由贸易港立法权限不够明确。历史上海南省的产业结构较为单一,发展基础也较为薄弱,相关法规、制度建设较为滞后,同时,原先的法律制度对海南建设自由贸易港的基本特点认识并不到位,在面对一些事项时海南缺乏自主性,降低了办事效率,延长了办事时间。因此,完善相关的法律法规权限,明确权力的范围是当务之急。在海南自由贸易港的立法过程中,需要中央对海南自由贸易港的立法建立基本法律框架的同时,还应赋予海南更大的地方立法权。海南自由贸易港法律体系建设需要结合自身实际,因地制宜地制定适合地区发展的法律制度。同时,自贸港的建设具有形式多样、开放自由度高、海关监管便利和普遍的政策优惠等共同之处,海南也应该借鉴国际自贸港法律制度的成熟经验。

第二,现有行政制度对自贸港的基本特征体现得不够充分,行政手续烦琐,管理效率低,需要充分发挥市场的主动性。尽管海南也在推行“放管服”,但落实效果仍不尽如人意。例如,在引进人才管理的过程中,仍然存在程序烦琐、层层审批、行政效率低等问题,在实际中十分不利于海南自由贸易港的发展。因此需要根据自贸港的实际需要,降低行政管理权限,并不断加强服务。

第三,税制改革是海南自由贸易港必须推进的事项。自贸港具有人员货物资金自由、免征大多数商品关税的特点。例如,中国香港普遍实行自由贸易的政策,税制简单,税率低,被誉为“世界上最好的税收环境”。该举措最大程度地促进了贸易便利化和全球化程度,降低了交易成本。阿联酋迪拜制定了众多促进贸易自由化的措施,包括资本和利润可以自由汇出,不受任何限制。企业可享受免缴各种税收;厂房和设备可以长期租赁;没有最低工资,也没有雇用当地员工的要求。新加坡在金融服务、经营管理等方面的政策都十分完善。因此，海南自由贸易港需要结合自身发展特点，简化税收制度，进一步推进投资自由化和贸易便利化。

第四，反走私立法不完全满足符合海南省反走私斗争的需要。海南四周环海，这为货物走私提供了便利，反走私斗争压力巨大。但是，现行有关立法对进出口贸易管制、关税、反走私关税、反走私职权等方面的规定，不适应海南省反走私斗争的需要，不利于开展工作。因此海南应根据省内实际情况重新制定相关的法律法规，进一步建设一支强而有力的队伍，坚决打击走私行为。

二、配套设施

海南建立自贸港，意味着进入一个新的历史发展时期，对设施配套有着更高的要求。目前在海南国际旅游岛的建设过程中，公共服务设施配套出现偏差，具体表现在城市新区和城乡接合部缺少人们日常所需的购物场所，影响了人们的生活质量。特别是在一些度假胜地缺乏相应的配套设施，无法满足旅游度假人群的需要。以海口市西海岸片区为例，该区域广大，市政基础设施完善，高端住宅区、酒店林立，开发较为成熟，但是多年以来市政以及相关部门并未完善该地区的基础设施建设，甚至没有建立一家市场满足人们的生活需求。长此以往，必然影响居民们的生活品质，更影响购房者的购房决心，这也是当地有一大批空房存在的原因，极不利于当地的经济发展。香水湾、福湾、盈滨半岛、海口江东等开发区也存在大量类似情况。在现阶段，需要明确政府责任，建设服务型政府，使其在公共服务中肩负起对公共服务供给进行宏观调控和直接供给的双重责任。首先，充分发挥市场主体的作用，吸引各类企业参与其中，引入市场竞争机制是必然的选择。其次，加强政府公共服务的供给，强化规划引领。建议政府主管部门严格按照全省"一盘棋"的规划理念，贯彻落实《海南省人民政府关于促进房地产业持续健康发展的若干意见》《海南省新型城镇化规划（2013—2030）》，完善各类基础设施的建设。除此以外，政府应在市场"缺位"

时及时"补位"，出台相应优惠政策方案鼓励和引导社会资本积极在规模住宅区开设超市、农贸市场、商铺等商业配套设施，在吸引入住人口达到商业盈利规模后退出。

三、人才支撑

经济蓬勃发展和社会不断进步，都离不开人力资源。人才在海南自由贸易港的建设中同样占据着重要地位。全国各地都在争相引进高素质人才，也制订了不同的吸引人才方案。海南省制定并实施了《百万人才进海南行动计划（2018—2025 年）》及相应的人才安置政策和高层次人才配偶就业安置实施办法，同时也实施了各类关于人才的培养计划，引进了高素质人才 7 万余人。2018 年披露的《海南人才吸引与培养情况大数据分析报告》显示，海南当地的经济发展和城市建设水平成为吸引人才的主要短板，经济发展是就业者和创业者最关注的问题，生态环境成为吸引人才的主要因素。因此，想要从根本上解决人才问题，需要大力发展地方经济。

四、产业结构

在一段很长的时间里，海南以农业为主，工业和服务业的发展欠佳，主要原因在于其具有很强的气候优势，适合农业的发展，并且农业的发展历史较长，具有较强的农业基础，但由于区位因素和政策因素，其工业和服务业的发展较为滞后，一直居于中国甚至全球的末位。近十年以来，海南第三产业的占比一直位居前列，产业结构呈现"三二一"的分布，特别是近几年来，第三产业的发展势头迅猛。即便如此，海南的产业结构仍存在一些问题：跟中国和世界的产业结构相比，以农业为主的第一产业占比较大，第二、第三产业比重偏小，尤其是第二产业；第三产业中新型服务业发展较快，在过去，第三产业的内部层次不够丰富，在内部构造中，居主要地位的仍然是传统的交通运输、仓储和邮政业，但近十年以来金融行业、房地产行业发展较为迅速,新型服务业利润高,对海南整体经济带动能力强。在未来的发展中,随着海南旅游业的发展,住宿和餐饮业将成为未来产业发展的重点之一。

表 5.3　海南地区生产总值及三产增加值

单元:亿元

年份	地区生产总值	第一产业增加值	第二产业增加值	第三产业增加值
2019 年	5 308.93	1 080.36	1 099.03	3 129.54
2018 年	4 910.69	985.96	1 053.14	2 871.59
2017 年	4 462.54	962.84	996.35	2 503.35
2016 年	4 053.2	948.35	905.95	2 198.9
2015 年	3 702.76	854.72	875.82	1 972.22
2014 年	3 500.72	809.52	875.97	1 815.23
2013 年	3 177.56	736.03	797.39	1 644.14
2012 年	2 855.54	711.54	804.47	1 339.53
2011 年	2 522.66	659.23	714.5	1 148.93
2010 年	2 064.5	539.83	571	953.67

资料来源:国家统计局。

表 5.3 为海南省近几年来第一产业、第二产业和第三产业增加值情况以及地区生产总值的情况,从中可以得知,近十年国民生产总值在稳步提升,2019 年地区生产总值为 5 308.93 亿元,相比 2018 年,增加了 400 亿元左右。第一产业、第二产业和第三产业的增加值比例情况发生了些许变化。总体上第三产业增加值在近几年总居于首位,但增加值的比例却在不断地上升。相比第三产业增加值,第一产业的增加值和第二产业的增加值增长较为缓慢。2010 年,第一产业的增加值与第三产业的增加值相差并不大,但 2019 年,二者差距逐渐拉大,可以得知,第三产业的发展是近几年海南发展的重点,第三产业的发展也能大力推进海南的经济发展。

表 5.4　海南省和全国三大产业占 GDP 的比重

	第一产业占比	第二产业占比	第三产业占比
海南省	22.67%	23.78%	53.55%
全国	8.32%	42.47%	49.23%

资料来源：国家统计局。

表 5.4 展示了海南省和全国三次产业占 GDP 的比重，可以看出第一产业占比和第三产业占比海南省都高于全国水平分别为 22.67% 和 53.55%，第三产业的占比甚至超过了 50%，发展态势良好。说明海南省的农业发展较为稳健，服务业的发展势头也较为猛烈，但从第二产业占比来看，海南省的占比只有全国占比的 1/2，说明海南省的工业基础较为薄弱，然而工业的发展对经济发展的带动作用十分强大，切不可忽视工业发展的动力。因此，在日后的发展中海南省需要不断增强工业发展，不断调整产业结构，确定产业发展方向，优化产业结构。

表 5.5　第三产业细分行业占 GDP 的比重

行业	占比
第一产业增加值/亿元	22.67%
第二产业增加值/亿元	23.78%
第三产业增加值/亿元	53.55%
批发和零售业增加值/亿元	9.38%
交通运输、仓储和邮政业增加值/亿元	4.24%
住宿和餐饮业增加值/亿元	3.81%
金融业增加值/亿元	5.27%
房地产业增加值/亿元	7.66%
其他行业增加值/亿元	14.17%

资料来源：国家统计局。

表 5.5 为第三产业细分行业占 GDP 的比重。从表中可以看出，其他行业增加值占比居于首位，为 14.17%，而住宿和餐饮业增加值占比最低，仅为 3.81%。

对于大力发展旅游业的海南省来说,住宿和餐饮业的发展尤为重要,食宿可以称为旅游业的左膀右臂,因此在未来的发展中,不仅需要旅游业的发展带动住宿和餐饮业的发展,也要住宿和餐饮业的发展为旅游业的发展而服务。

第三节　推进投资自由便利的制度环境改革

一、产业政策

产业政策在不同的时期具有不同的解读,因所处的阶段不同,面对的社会现象不同,经济背景也不同,导致对产业政策的认识也不尽相同。现在大家普遍认为产业政策是政府愿景的制度投放,旨在为推动经济与迭代升级提供强有力的国家行为。[1] 产业政策作用的基本原则是,为了克服市场配置资源的结构性、局限性,政府根据市场环境的变化,运用公共权力,通过各种制度工具,规范市场主体的行为空间选择,最终实现资源要素优化配置的经济目标。

历史上,产业政策最开始是被用来实现特定的行业目标。例如,政府通过行政优惠、关税和补贴促进国内产业的发展。海南根据当地发展的实际情况,制定了如下的产业政策(表5.6)。

表 5.6　海南的产业政策

农业	发展绿色现代农业	推进优化绿色农业的发展,优化农业产业结构,调整农业发展布局,推进农业向集约化发展
新型工业	以重点港口工业园区为载体,集约发展新型工业	推动各产业优质发展,形成完整产业链,依托各类交通推进建设工业园的配套措施,形成产业优势

---

[1] 张亚鹏.产业政策的理论反思——兼谈对中国经济改革实践的启示[J].兰州学刊,2020(5):99-108.

续表

旅游业	以推动旅游业转型升级为重点，带动现代服务业加快发展	培育海南国际旅游岛名牌，推进旅游业的转型升级，建设全国乃至世界范围内的知名旅游胜地
高新技术产业	培育和发展高新技术产业，提升自主创新能力和产业竞争力	加快推进海南岛的软件研发和 IT 人才培养，培育信息软件产业
海洋经济	以建设海洋经济强省为目标，大力发展海洋经济	充分利用海洋资源，建设具有海南特色的海洋经济体系
循环经济	推动资源节约和大力发展循环经济	生活中，推进节约用水、节约用电等理念；生产中，所有行业制定和实施严格的废弃废物排放标准。大力发展循环经济，鼓励生产和使用节能节水型、绿色环保型产品，推进污水、垃圾处理产业的发展

　　除上述所提到的发展农业、工业、旅游业等以外，基础设施建设也是一个重要内容，也是产业政策的一部分。加强基础设施建设，对海南的发展十分重要，可为增强当地的经济和社会发展提供保障。对于基础设施建设，需要在国家和政府的规划下，统筹兼顾，以全局眼光规划全省的基础设施建设和交通体系。同时，旅游业是海南重点发展的产业，生态环境保护重要性尤为凸显，需要实行强有力的环境保护措施，加大环境保护力度，促进区域经济环境协调发展，淘汰省内落后生产力。

二、人才政策

　　客观、恰当、科学地认识人才问题，直接关系人才战略的制定和实施，直接关系人才政策环境的优化和完善。海南自由贸易港人才政策的制定，需要有全局观念，人才政策不是单独存在的，引进什么类型的人才，制定什么样的政策，都需要根据当地具体的发展情况而定。一方面需要引进更多优秀、高质量的人才为本地区的发展添砖加瓦,另一方面需要着重培养当地人才,不断提高教育水平,优化地区高质量人才。需要破除人才流动障碍,实行更积极、更开放、更有效的人才引进政策。

政府要做好以下三方面的助力:一是普惠的创新创业支持;二是全面的服务保障待遇;三是重点的建设经费资助。通过三方面政策的完善,建立起一套完整的人才支持政策。

三、环境政策

环境是人类赖以生存的空间,"金山银山不如绿水青山"是习近平主席对环境的期许。海南以其独特的地理优势,丰富的自然资源、生态环境在全国名列前茅。面对当前的生态环境,政府可以从以下几个方面着手打造海南自由贸易港的环境政策(表5.7)。

表 5.7　环境政策

大力推行绿色发展方式和生活方式	促进产业绿色发展	全面禁止高能耗、高污染、高排放产业和低端制造业发展
	宣传绿色生活方式	在生活的全方位推行绿色要素,例如绿色出行
持续巩固提升空气质量	推进机动车污染防治	推广使用新能源汽车
	强化扬尘污染管控	加强施工工地污染防治
		构建建筑市场新制度
		严查运输车辆扬尘污染
	加强重点行业企业大气污染治理	对燃用天然气等清洁能源的锅炉采用低氮燃烧等污染控制措施
	推进船舶港口油库污染防治	严格执行船舶大气污染物排放控制区相关排放要求

续表

持续巩固提升空气质量	有效防控污染天气	强化重点时段大气污染跨市县跨部门联防联控，有效防控、应对污染天气。各市县政府划定禁燃区域，禁止燃放烟花爆竹
		加快建设空气质量预测预警体系，提升监测预警的能力水平
	加强重点行业企业大气污染治理	整治建材、石化、玻璃、火电等重点行业无组织排放，对运输、装卸、贮存和工艺过程进行监督
深入实施水环境污染防治	加强饮用水水源保护	加强农村饮用水水源保护
		实施农村生活污水治理
		加强改厕工作与农村生活污水治理的相互衔接
	持续推进城镇内河、内湖污染治理	全面推进城中村、老旧城区和城乡接合部的污水收集处理
		逐步实现建成区污水配套管网全覆盖，污水全收集、全处理
		削减合流制溢流污染
		及时清运污染水面及沿岸生活垃圾和建筑垃圾
	加快流域和近岸海域污染防治	全面实行"河长制""湖长制"，深入开展入河湖排污口整治
		全面清理非法入海排污口，优化规范入海排污口设置，实行备案制管理
		开展重点海域生态环境承载力研究，建立重点海域污染物排海总量控制制度
		全面推行"湾长制"，加快推进自然保护区等重点海湾综合整治
		控制海水养殖污染，制定养殖水域滩涂规划，整治无序养殖行为
		制定水产养殖尾水排放地方标准

续表

全面加强土壤环境保护	保障土壤环境安全	实施农用地分类管理
		实行种植结构调整、退耕还林还草或治理修复,分区域推进超标农用地安全利用
		建立建设用地土壤污染风险管控和修复名录
		持续实施土壤污染治理与修复规划
	加强农业面源污染防治	建立农业投入品田间废弃物回收利用激励机制,推动农业废弃物分类处理和资源化利用
	强化固体废物污染防治	推进生活垃圾焚烧发电等无害化资源化利用,开展非正规垃圾填埋场排查并整治
		实行重金属污染物排放总量控制,开展涉重金属行业排查并整治
		建立重点工业行业危险废物信息化监管体系,加强对危险废物全过程监管,严格禁止洋垃圾入境,严厉打击危险废物非法转移和倾倒等违法犯罪活动。提升危险废物处置能力
着力加强生态保护与修复	划定并严守生态保护红线	构建生态补偿机制,加大资金等方面的奖惩力度。开展生态保护红线监测预警与评估考核
	健全自然保护地体系	严厉打击自然保护区内对生态环境的违法违规行为
		逐步建立产权清晰、权责明确、监管有效的自然保护地体系
	实施重要生态系统保护修复	开展自然保护区生态系统修复
		深入推进退塘还林、还湿、还海
		持续实施林区生态修复、蓝色海湾整治等专项行动
	加强对生物多样性的保护	实施生物多样性保护战略与行动计划,制定海南岛中南部生物多样性保护优先区域规划
		加强外来物种的预警机制,防范物种资源丧失和外来物种入侵

续表

完善生态环境保障体系	健全目标责任体系	制订生态环境保护年度工作计划，每年向省委、省政府报告工作落实情况
	加强对生态环境保护的法治保障	制定生态环境准入清单
		制定修订水、大气、土壤环境管理地方标准
		加大生态环境和资源保护领域执法宣传力度
	加大对环境保护的资金支持	加大对环境方面的财政支持
	强化生态环境保护能力建设	按照属地管理和"谁主管、谁负责"的原则，不断完善预案管理体制

第四节 新时代下海南自由贸易港投资高质量便利化的重点突破

一、国际投资"单一窗口"改革

国际投资"单一窗口"是一个综合性窗口，包括咨询服务、业务立项、项目建设及配套服务四大模块，20 个政务系统。企业可以在线处理约 180 项业务，避免了重复提交各种资料和一个事务办一周的情况，优化了企业在注册登记等事前、事中、事后的效率，缩短了办事时间，极大地提高了办事效率。国际投资"单一窗口"的创新，使全流程企业减少提交将近一半以上的表单材料，缩减近 3/4 审批时限和环节，企业开办最快 2 天即可办结。海南自由贸易港的"单一窗口"提供中英双语服务，并支持 PC、移动端 App 和微信小程序等多种访问方式，通过信息化手段为投资者提供了更加优质的服务，避免投资者多次前往不同地点办理相关手续，不仅提高了投资便利化水平，而且让前来投资的企业和个人真正享受到了优待和实惠。

总的来说,创新设立国际投资"单一窗口"服务是一次成果的创新,它大幅提升了投资服务效率,服务了近千家企业。自运行以来,已有多家外资企业通过"单一窗口"网上办理企业设立、登记等投资相关业务。可以说,这一创新在实践中发挥了良好的作用。

二、国土空间用途审批"多审合一"改革

"多审合一"改革是继国土空间规划实行"多规合一"后推进的一项重要改革。从字面意思来看,该项改革旨在减少审批环节,提高审批效率。事实上,规划许可和用地审批与广大企业和群众利益直接挂钩。改革后,审批事项大大精简,报批文件大幅减少,审批时间大大缩短。这3个"大减持"将有助于进一步改善营商环境,降低机构交易成本,促进投资落地。在国土空间规划审批制度改革中,要减少审批数量,提高审批效率。同时,要减少审批内容,国家主要负责审核:规划的目标定位,划定和实施环境保护的界限,以及反映区域特色的自然、历史、文化保护体系;其余部分须经当地审查。此外,改革使国土空间规划审批时间由过去的3年以上大幅缩短至6个月左右,切实提高了国土空间规划的整体效率和实施的科学性。

三、游艇等船舶证书"多证合一"

三亚市和海南海事局将游艇船舶所需的相关证件统一成《三亚辖区船舶管理证书》,该举措避免了原先为办理一个业务重复多次地到有关部门,多次提交相同材料的现象,节省了大量耗费在路途中的时间,也极大地缩短了审批的时间,节省的时间为每艘船舶节省运营成本约1万元。该项创新整合了海南岛社会管理、信息管理、口岸监管等多个系统,提升了公共服务效率。

四、自由贸易账户下外资股权投资便利化监管改革

海南自由贸易港依托新成立的外资股权投资公司,通过多种重要制度安排,为外商股权投资开辟了便捷的渠道,为自贸港高效引进外资提供了有益探索。

该项创新是海南自由贸易港遵循自由贸易账户资金汇划原则,利用自由贸易账户打通外商股权投资企业境内外资金投资通路,理顺境外投资资金从境外—海南—境内的注资、结汇和划二线(跨岛投资)路径,建立基于 FT 账户分账核算单元项下外资股权投资企业的便利化服务。同时,具有适用 CNH 离岸牌价、可自行选择结汇时间、即时锁定汇率成本的优势。相比其他省市 QFLP (Qualified Foreign Limited Partner,合格境外有限合伙人)政策,该模式更有利于吸引多种规模和境外投资者和资金进入。在此基础上,海南在结售汇、存贷款利率等方面提供了更具竞争力的报价,以及便捷的手续和单据操作,大大缩短了客户入账时间,方便其办理结汇手续,优化了结汇汇率,提前锁定汇率成本。在监管层面,海南账户基于自由贸易功能的独立核算单元体系,可实现对境外股权投资业务全流程传递、创新风险管理,对所有交易对手进行持续、跨领域的监控,并始终对创新业务进行全程监管,加强了对外股权投资业务的风险控制。

这一政策开辟了外商股权投资的新模式,符合自贸港产业转型和"三区一中心"的战略定位,进一步增强了市场信心,发挥了金融业对高新技术产业的带动作用。

6

金融开放：
自贸港跨境资金流动自由便利

资金的自由流动是高水平自贸港最基本和最核心的要素,是贸易投资自由化和便利化的基础条件,因此跨境资金流动自由便利,是自贸港开放的重要体现,也是自贸港的核心制度安排。《总体方案》对标全球高水平开放形态,提出了一系列促进跨境资金流动自由化、便利化的金融开放和金融创新政策:一方面进一步扩大金融开放,支撑海南自由贸易港建设,提升人民币国际化水平,探索资本和金融账户可兑换性,推进金融机构国际化运营,推动我国金融市场更深度地融入国际金融市场;另一方面以制度创新接轨国际规则,推动金融改革试点取得新突破,推动我国金融治理体系和治理能力现代化,推动我国积极参与推进全球金融治理体系调整。

本章首先探讨了自贸港金融开放的目标定位及路径选择,接着介绍作为自贸港金融开放资金体系基础的多功能自由贸易账户,最后分别从中介服务体系、金融市场体系和金融基础设施 3 个方面构建自贸港金融开放体系。

第一节　自贸港金融开放的目标定位及路径选择

《总体方案》是中国特色自由贸易港建设的顶层设计,明确了支持政策和实施路径,为未来海南金融业发展指引了方向。

一、自贸港金融开放目标定位

海南作为中国唯一的自由贸易港,将成为我国新时代的重要开放门户和我国深度融入全球经济体系的前沿地带。作为自贸港制度体系的重要组成部分,金融承担着全面深化改革开放的重大使命。

(一)目标一:金融高水平开放的新窗口

在 2020 年新冠肺炎疫情加速"百年未遇之大变局"、全球经济金融格局深度调整、金融市场波动加剧的新形势下,中国作为全球化的坚定支持者,需要更全面、更深度地融入全球市场,逐步提升容纳全球资本的能力,以更加高效的金融体系促进经济更加高质量的发展。在海南这样一个具有独特优势的区域对标全球最高水平开放形态,有助于推动中国与世界之间的双向联通,促进国内国际经济双循环发展。

(二)目标二:金融制度创新的试验田

当前,我国金融改革开放已经逐步从产品、机构、市场进入到制度层面,并且已经深入金融基础设施、金融法律法规体系的基础层面。作为相对独立的区域,自贸港承担的使命不仅仅在于使金融高水平开放,更为关键的是以高水平开放倒逼制度创新,即对标国际金融规则,对接国际金融市场,探索建立既有中国特色又符合国际惯例、具有国际竞争力的金融基础设施和法律体系环境,为我国主动参与国际金融治理体系变革提供基础。

(三)目标三:金融"走出去"服务实体经济的新探索

全球主要自贸港的发展路径一般是贸易先行、投资推动、金融跟随。随着自贸港贸易和投资不断的发展、参与的全球价值链不断的延伸,金融将从服务本地实体经济扩展到服务区域实体经济甚至服务全球实体经济,金融业占比也将不断提高,其辐射范围和影响能力将不断增大。海南自由贸易港将利用开放和制度优势,深入推进人民币国际化,实现资本项目更大程度的开放,探索运用境内外两种资源增强金融"走出去"服务实体经济的能力。

通过分步骤、分阶段构建海南自贸区以及"海南特区经济社会发展相匹配的多元化金融体系",海南将融入国家"海洋强国"重大战略和"一带一路"倡议等格局当中,最终成为我国面向太平洋和印度洋的重要对外开放门户。

综观纽约、中国香港、新加坡、迪拜等全球主要自贸港,在宽松的准入政策、较低的税负水平、高效的政府服务、严格的监管制度、便利的外汇管理等制度环境支持下,金融发展呈现出以下6个特点。

①自贸港一般是区域或国际金融中心。纽约、中国香港、新加坡、迪拜等都

是国际金融中心。金融中心具有很大的资金虹吸效应，金融影响和辐射力影响着自贸港整体的发展。

②金融服务业在国民收入中占有很高的比重。金融业在中国香港是第二大行业，在新加坡是第四大行业，在迪拜是第三大行业。

③金融机构集聚，其中外资金融机构数量较多。自贸港集聚了数量多、业态丰富的金融机构，金融市场开放度高，外资金融机构占有相当比例的市场份额，具有较高的影响力。比如在香港，截至 2019 年，共有 164 家银行注册，其中外资银行有 133 家，占比达 81.1%；在全球 500 家大银行中，有 181 家银行在香港设立子行、分行或代表处。[①]

④金融交易平台集中。自贸港集中了具有全球或区域影响力的交易所、金融交易平台，如纽约的证券交易所、商品交易所、NASDAQ，香港的联合交易所，新加坡的证券交易所和金融期货交易所。

⑤离岸金融业务发达。纽约和新加坡是全球典型的内外分离型离岸金融中心，中国香港是高度内外一体化的离岸金融中心，迪拜则是中东地区最重要的离岸金融市场，这些离岸金融有大量非居民参与交易。

⑥使用可兑换货币交易。全球主要自贸港流通的货币都是可兑换货币，如中国香港的港元、新加坡的新加坡元，迪拜国际金融中心内交易货币是以美元为主的可兑换货币，而不是阿联酋货币迪拉姆。

二、自贸港金融开放基本原则和路径选择

与国际成熟的自贸港相比，海南目前金融发展仍有一定差距，具体表现在以下 7 个方面。

①金融业在海南经济中的比重不够大。虽然海南金融业增加值占 GDP 的比重从 2009 年的 3.97% 上升到 2019 年的 7.39%，[②]但与全球主要自贸港 10% 以

---

① 香港金融管理局.二零一九年年报[R/OL].(2020-04-24)[2021-01-10].香港金融管理局官网.
② 海南省统计局，国家统计局海南调查总队.海南统计年鉴2020[M].北京：中国统计出版社,2020.

上的比重相比仍有差距。

②海南金融业不具有区域辐射力。从全球来看,在一国已有金融中心的情况下,后发地形成新的金融中心尚未有先例。目前,国内已有上海、深圳、北京三大金融中心,且国家正在打算主动在上海建设国际金融中心,海南后发追赶形成新的区域金融中心面临的挑战很大。

③海南金融业银行机构占比大。海南金融业态传统老旧,交易平台匮乏,社会融资形式单一。海南金融业目前仍然以间接融资的银行信贷为主,2019 年海南省社会融资规模 953.9 亿元,其中银行表内信贷占比为 63.1%,仍是社会融资的主渠道。[①] 海南的银行业、证券业和保险业基本上开展的都是传统业务,缺乏融资租赁、互联网金融等新金融业态及基金、信托、财富管理等金融企业。海南也缺乏具有区域影响力的金融交易平台。以海南省内唯一的区域性股权交易市场——海南股权交易中心为例,自 2014 年年底开业至 2020 年年底,挂牌企业共 1 704 家,但仅有 102 家挂牌企业通过平台的撮合获得融资 9.3 亿元,交易总量小。

④金融机构数量少。截至 2018 年,海南共有银行业金融机构营业网点近 1 570 家。[②] 就银行业而言,机构覆盖密度低。上海全市面积约为海南全省非森林面积的 45%,但其银行业网点数是海南的 2.6 倍。

⑤外资银行市场影响力极低。截至 2020 年,海南只有南洋商业银行一家外资银行且仅有海口分行一个营业网点,存款余额不足全省存款余额的 1%。

⑥海南的离岸金融业务规模很小。尽管 2009 年《国务院关于推进海南国际旅游岛建设发展的若干意见》就提出"探索开展离岸金融业务试点",但离岸金融业务的开展需要健全的外汇监管制度、完善的金融基础设施建设、高端的金融人才和大企业的聚集,而海南并不具备这些条件,因此该政策一直未能得

---

① 中国人民银行海口中心支行货币政策分析小组.海南省金融运行报告(2020)[R/OL].(2020-05-29)
[2021-01-10].中国人民银行海口中心支行官网.

② 中国人民银行海口中心支行货币政策分析小组.海南省金融运行报告(2019)[R/OL].(2019-07-19)
[2021-01-10].中国人民银行海口中心支行官网.

以落实。目前,仅招商银行、交通银行、平安银行、浦发银行四家获得离岸业务经营许可的银行在海南的分支机构办理了少量离岸业务,而且结算基本由各家银行总行处理。

⑦人民币还没有完全实现自由兑换。目前,人民币还没有实现资本项目自由兑换,影响了海南自由贸易港金融开放,国际化水平还有待进一步提升。

在《总体方案》的发布会上,中国人民银行副行长、国家外汇管理局局长潘功胜阐明了海南自由贸易港建设中金融政策的设计与推进所遵循的三项原则:第一,分步骤、分阶段建立金融开放政策和制度体系。第二,金融开放定位于服务跨境贸易投资的自由化和便利化。第三,以不发生系统性金融风险为底线。

首先,金融开放定位于服务跨境贸易和投融资的自由化和便利化。海南自由贸易港金融开放的独特性在于其目的并不是将海南建设成为国际金融中心,而更多的是契合海南的实际情况,重点服务当地实体经济投融资需求,最终促进海南具有特色和比较优势的产业发展。通过高水平的资本项目开放政策、跨境资金流动管理政策,以及探索扩大海南居民个人用汇自主权等举措,逐步在海南实现跨境资金流动自由便利、提升金融服务实体经济能力的目的。

其次,围绕贸易投资自由化、便利化,逐步开放资本项目,有序推进海南自由贸易港与境外资金自由便利流动,需要分步骤、分阶段建立金融开放政策和制度体系。政策和制度体系的建立分为探索创新推进,常态化、规模化发展和高质量、高标准发展 3 个阶段,在自贸港 2020 开局之年、2025 早期收获之年和自贸港 2035 初步建成之年,需要分别确定阶段性重点任务目标和推进措施,力争到 2035 年初步建成面向太平洋和印度洋的重要对外开放门户。

最后,在金融政策的设计与推进过程中,金融开放必须与防范金融风险并重,以不发生系统性金融风险为底线。由于金融领域的开放对全面扩大开放的重要性和影响难以预料,因此要谨慎。金融业外溢性强、试错成本高,金融创新要求有匹配的金融监管能力。海南自由贸易港金融开放对监管部门的监管准则、监管方法国际化提出了更高要求。

《总体方案》确立了 2025 年、2035 年两大阶段性目标,要求到 21 世纪中叶,全面建成具有较强国际影响力的高水平自由贸易港。海南金融部门将合理统筹好两阶段的金融业改革开放工作,确保在不同阶段都能为港内企业走出港外和港外企业进入港区提供充分、高效的金融服务。根据《总体方案》的安排,海南自由贸易港将在 2025 年之前适时启动全岛封关运作。在封关之前,海南自由贸易港将建立一批海关特殊监管区域和重点园区,作为自贸港建设的主要载体、自贸港政策的主要承接地和先行先试的"孵化器"。金融部门将针对这些区域和园区的实际需求推出相应的金融政策、金融产品,为提供封关运作下的高水平金融服务奠定基础。全岛封关后的自贸港金融市场、金融机构和金融服务可能将呈现不同的特征,因此需要金融行业提前布局。

根据《总体方案》,2025 年前的重点任务是:围绕贸易投资自由化、便利化,在有效监管的基础上,有序推进开放进程,推动各类要素便捷、高效流动,形成早期收获,适时启动全岛封关运作。涉及金融方面主要包括实行"极简审批"投资制度、试点改革跨境证券投融资政策、加快金融业对内对外开放和增强金融服务实体经济能力共 21 条具体要求。

实行"极简审批"投资制度的具体要求包括:制定出台海南自由贸易港放宽市场准入特别清单、外商投资准入负面清单。对先行开放的特定服务业领域所设立的外商投资企业,明确其经营业务覆盖的地域范围等。

试点改革跨境证券投融资政策的具体要求包括:支持在海南自由贸易港内注册的境内企业根据境内外融资计划在境外发行股票,优先支持企业通过境外发行债券融资,将企业发行外债备案登记制管理下放至海南省发展改革部门。探索开展跨境资产管理业务试点,提高跨境证券投融资汇兑便利。试点海南自由贸易港内企业境外上市外汇登记直接到银行办理。

加快金融业对内对外开放的具体要求包括:培育、提升海南金融机构服务对外开放的能力,支持金融业对外开放政策在海南自由贸易港率先实施。支持符合条件的境外证券、基金、期货经营机构在海南自由贸易港设立独资或合资金融机构。支持金融机构立足海南旅游业、现代服务业、高新技术产业等重点产业发展需要，创新金融产品，提升服务质效。依托海南自由贸易港建设，推动发展相关的场外衍生品业务。支持海南在优化升级现有交易场所的前提下，推进产权交易场所建设，研究允许非居民按照规定参与交易和进行资金结算。支持海南自由贸易港内已经设立的交易场所在会员、交易、税负、清算、交割、投资者权益保护、反洗钱等方面，建立与国际惯例接轨的规则和制度体系。在符合相关法律法规的前提下，支持在海南自由贸易港设立财产险、人身险、再保险公司以及相互保险组织和自保公司。

增强金融服务实体经济能力的具体要求包括：支持发行公司信用类债券、项目收益票据、住房租赁专项债券等。对有稳定现金流的优质旅游资产，推动开展证券化试点。支持金融机构在依法合规、有效防范风险的前提下，在服务贸易领域开展保单融资、仓单质押贷款、应收账款质押贷款、知识产权质押融资等业务。支持涉海高新技术企业利用股权、知识产权开展质押融资，规范、稳妥地开发航运物流金融产品和供应链融资产品。依法有序推进人工智能、大数据、云计算等金融科技领域研究成果在海南自由贸易港率先落地。探索建立与国际商业保险付费体系相衔接的商业性医疗保险服务。支持保险业金融机构与境外机构合作开发跨境医疗保险产品。

在 2035 年要实现跨境资金流动自由便利。允许符合一定条件的非金融企业，根据其实际融资需要自主借用外债，最终实现海南自由贸易港非金融企业外债项下完全可兑换。

三、自贸港金融开放体系

《总体方案》围绕跨境贸易与投资自由化、便利化发展需要，立足重点产业的金融服务需求，提出了金融产品、服务与体制机制创新等一系列措施，促进了跨境资金流动自由便利与贸易、投资、人员进出、运输来往自由便利之间相互融合，强化了税收、风险防控等方面的配套服务，增强了改革创新的系统合力。从金融体系内部来看,《总体方案》涵盖了产品、机构、科技、市场、制度 5 个层面的金融创新。

产品层面的创新包括:鼓励商业银行提供保单融资、仓单质押贷款、应收账款质押贷款等跨境金融服务,支持涉海高新技术企业利用股权、知识产权开展质押融资,规范、稳妥地开发航运物流金融产品和供应链融资产品,支持发展不动产信托投资基金,支持发行公司信用类债券、项目收益票据、住房租赁专项债券,开展旅游资产证券化试点,创新科技金融政策产品工具,发展场外衍生品业务,探索开展跨境资产管理业务试点,探索建立与国际商业保险付费体系相衔接的商业性医疗保险等。

机构层面的创新包括:率先落实金融业扩大开放政策,支持境外证券、基金、期货机构进入海南,支持设立财产险、人身险、再保险公司以及保险组织和自保公司,加快发展结算中心等。

科技层面的创新包括:推进人工智能、大数据、云计算等领域研究成果率先落地,在 2035 年前建立区块链金融的标准和规则。

市场层面的创新包括:支持建设国际能源、航运、产权、股权等交易场所,允许非居民参与交易和资金结算,支持交易场所在会员、交易、税负、清算、交割、投资者保护、反洗钱等方面建立与国际接轨的规则和制度,建设海南国际知识产权交易所,规范探索知识产权证券化。

制度层面的创新包括:构建多功能自由贸易账户体系,分阶段放开资本项目,实施与跨境服务贸易相配套的资金支付与转移制度,进行外汇管理改革(包括经常项下的结算便利化、资本项下的直接投资交易、跨境融资、跨境证券投融资等各个方面),建设跨境资本流动的统计监测和风险预警体系、宏观审慎管理体系,构建适应海南自由贸易港建设的金融监管协调机制等。

总体来看,在产品层面,绝大部分产品在国内其他自贸区均已有创新尝试,海南更多地是复制已有的创新产品。在机构层面,方案提及的各类机构在国内多个自贸区均有落地。只有科技层面的两项创新前瞻性地提出了制定区块链金融的标准和规则。市场和制度层面的金融创新是自贸港政策突破力度所在，尤其是制度层面强调突出制度集成创新，重要性最高，实质是把赋予其他18个自由贸易试验区试点的全部金融政策在风险可控条件下在海南分步推进。

第二节　自由贸易账户与自贸港金融开放资金体系构建

海南自由贸易港跨境资金流动自由便利必然要求资本项目开放。与全球主要自贸港以自由兑换货币作为主要结算货币不同，海南自由贸易港以尚未完全可兑换的人民币作为流通货币和主要结算货币，因此，需要构建多功能自由贸易账户体系作为资金"电子围栏"，并结合外汇管理制度改革，开展资本项目开放的区域化试点，构建自贸港金融开放资金体系。

一、自贸港外汇管理制度改革

国际货币基金组织将资本项目收支分为七大类，分别是：资本和货币市场工具交易、衍生品及其他工具交易、信贷工具交易、直接投资、直接投资清盘、房地产交易和个人资本交易。各国资本账户管制措施可分为：交易主体资格限制、交易对象范围限制、交易收付及渠道限制、交易数量限制、交易时间限制、交易申报审批限制。

自21世纪初开始，通过QFII（Qualified Foreign Institutional Investor，合格境外机构投资者）、QDII（Qualified Domestic Institional Investor，合格境内机构投资者）、深港通、沪港通、债券通等一系列资本市场制度创新安排，中国的资本项目开放程度也在不断提高。根据国际货币基金组织2019年公布的《汇兑安排与汇兑限制年报（2018）》，在资本项目七大类40项中，2017年中国资本项下除了非居民参与国内货币市场和衍生工具的出售和发行这两个科目外，其他类别的资本流动几乎不受或较少受到限制。

具体而言,商业信贷基本不存在限制;直接投资基本上实现了可兑换;形成了以机构投资者、互联互通机制为主的跨境投资渠道;可在全口径宏观审慎政策框架下自主进行债务融资。部分项目可兑换程度较低,主要集中在债券市场交易、股票市场交易、房地产交易和个人资本交易方面。一些可兑换项目的汇兑环节便利性和交易环节便利性有待提高,如集合类证券投资(如基金互认)仍存在总额度管理等限制,直接投资和外债在交易环节仍需备案或审批管理。与国际相比,人民币资本项目可兑换主要有两方面的差距,一是个人资本项目可兑换程度还不够高;二是金融市场开放程度相对单向,即资本流入的自由化程度相对高于资本流出。虽然资本项目兑换没有最优模式,需要根据各国实际情况进行具体安排,但是我国需要加快推进区域试点的方式,以便在全球金融格局演变和治理体系调整中争取主动。

需要说明的是,宣布实现资本项目可兑换的国家或经济体都或多或少地保留了必要限制或管理。宣布实现资本项下可兑换的国家和经济体所保留的限制或管理主要涉及以下领域:

①反恐融资、反洗钱、打击过度利用避税天堂。

②建立健全宏观审慎政策框架,通过价格型或数量型工具调节短期资本流动,防止外债期限和币种错配。

③危机时采取临时性的资本管理措施。

④强化有效监测,以能准确及时掌握资本流动的动向,从而为实现有效管理提供支撑。

海南自由贸易港的建设,是我国加快资本账户开放进程的最新试验。根据《总体方案》,在跨境贸易方面,海南自由贸易港跨境货物贸易、服务贸易和离岸贸易、转口贸易等新型国际贸易的资金汇兑要实现高度便利化,商业银行真实性审核要全面从事前审查转向事后核查。同时海南要营造方便跨国公司全球结算中心运行的政策环境。自1996年12月接受《国际货币基金组织协定》第八条款之时起,中国就实现了经常项目可兑换。同时,国际货币基金组织也认可各国对经常项目收付进行真实性审核。在实际操作中,商业银行通常将审核前置。根据《总体方案》,商业银行所进行的真实性审核,将全面从事前审查转为事后核查。

在跨境直接投资交易环节,海南将按照准入前国民待遇加负面清单模式简化管理,提高兑换环节登记和兑换的便利性,探索适应市场需求新形态的跨境投资管理,在海南自由贸易港内试行 QFLP(Qualified Foreign Limited Partner,合格境外有限合伙人) 和 QDLP(Qualified Domestic Limited Partner,合格境内有限合伙人)两项制度。

在跨境融资领域,探索建立新的外债管理体制,试点合并交易环节外债管理框架,完善企业发行外债备案登记制,全面实施全口径跨境融资宏观审慎管理,明确境外融资杠杆率,企业和金融机构可以在宏观审慎框架下自主从境外借入本外币。稳步扩大跨境资产转让范围,提升外债资金汇兑便利化水平。在跨境证券投融资领域,重点服务实体经济投融资需求,扶持海南具有特色和比较优势的产业发展,并在境外上市、发债等方面给予优先支持,简化汇兑管理。

随着海南自由贸易港建设的推进,探索扩大海南居民个人用汇自主权,探索放宽便利化的额度管理方式,以及可能放宽"实需"概念的外延十分必要。当前,居民个人购汇只限用于经常项下的对外支付,包括因私旅游、境外留学、公务以及商务出国、探亲等,不得用于境外买房、证券投资、购买人寿保险和投资性返还分红类保险等尚未开放的资本项目。

《总体方案》提出在 2035 年前实现"符合一定条件的非金融企业,根据实际融资需要自主借用外债,最终实现海南自由贸易港非金融企业外债项下完全可兑换"的远期目标,这是第一次明确资本项目开放内容的具体时间表。

海南自由贸易港的建设需要加快资本账户的开放进程,并且尽快实现高水平的全面开放。但由于国内的经济体制尚不能支撑资本账户的全面开放,因此必须通过特定的账户体系进行管理,在海南和国内其他地区之间建立资金流动屏障。根据《总体方案》,海南将以国内现有的本外币账户和自由贸易账户(FT账户)为基础,构建金融对外开放的基础平台。通过设立离岸金融账户,在其与在岸账户之间建立资金"电子围网",为海南自由贸易港与境外实现跨境资金自由便利流动提供基础条件。这样的安排,可以使海南自由贸易港在事实上成为一个离岸金融市场,且这个市场可以与境外资金市场实现全面一体化。

二、多功能自由贸易账户

在制度层面,除了采取前述外汇管理制度改革的措施外,还要构建目前自由贸易账户(FT账户)体系升级版的多功能自由贸易账户体系,两者都是海南"分阶段放开资本项目"最重要的举措。

账户的性质界定是一切交易行为的基础和前提。自由贸易账户是金融机构根据客户需要在自贸港(区)分账核算单元开立的规则统一的本外币账户,是用来实现资金的"一线放开、二线管住和有限渗透"的工具。"一线放开"是指在自由贸易账户(包括居民和非居民)、境外账户以及境内港(区)外的非居民账户之间,资金可以自由划转。"二线管住"是指自由贸易账户与非自由贸易账户之间的资金流动被视为跨境业务处理,需要符合相关规定。"有限渗透"是指对于自贸试验区内同一非金融机构主体的部分业务,可以在其自由贸易账户与其他银行结算账户之间,按规定办理同户名资金划转以及其他符合规定的跨境交易。设立自由贸易账户是自贸港资本项目开放的必要条件,该账户体系不同于我国离岸账户(OSA账户,限外币,非居民)、境外机构境内外汇账户(NRA账户,人民币与外币分设,限非居民)等其他几类非居民账户,而是全业务、全主体、全币种的账户体系。自由贸易账户将账户分为区内、区外;居民、非居民;境内、境外,从而使资金在自贸港(区)内以及境外形成自由流动。区内企业、境外企业、同业机构可分别开立 FTE(Free Trade Enterprise)账户、FTN(Free Trade Non-resident)账户、FTU(Free Trade Account Unit)账户,区内个人、区内境外个人可分别开立 FTI(Free Trade Individual)账户和 FTF(Free Trade Foreigner)账户。对居民来说,拥有自由贸易账户就拥有了一个可以和境外资金自由汇兑的账户。而对非居民来说,则意味着可以按准入前国民待遇原则获得相关金融服务。

自贸港(区)内的非金融机构以及设立分账核算单元的金融机构可通过开设自由贸易账户,按规定开展投融资汇兑创新业务。自由贸易账户伴随自贸港金融开放而不断拓展其功能,不仅可以提供经常项下和直接投资项下的跨境本外币结算、境内实业投资本外币结算等服务,还可以开展跨境融资、跨境大额存单、收购兼并、交易所国际板、利率互换交易、大宗商品现货及保税库溢价掉期交易、资金集中管理等业务。虽然我国资本项目绝大多数已实现基本可兑换或部分可兑换,但仍需要事前资质审批及事后严格限制额度。自由贸易账户内的资金可根据实际业务需求进行兑换,实现了基本可兑换。开设自由贸易账户的境内外主体接受统一规则的账户服务,实现了非居民全面国民待遇标准,而且自由贸易账户适用于所有金融机构,如证券、保险等金融机构可按规定设立分账核算单元并享受相关服务。

境内金融机构可以通过自由贸易账户为境外中资企业、合资合作企业办理与境外项目工程类相关的定金和预付款等的跨境结算,在当地开展的商务、贸易、投资活动所需的国际及跨境结算汇兑、担保、融资、流动性以及风险管理等业务;同时可以为"一带一路"沿线国家和地区的伙伴企业提供分账核算单元跨境金融服务,办理当地、跨境以及与国际商贸投资活动相关的所需的结算汇兑和投资融资等业务;还可以为"一带一路"和"走出去"企业及项目提供各类风险化解、风险参与以及风险分散服务。

在真实合法的背景下,金融机构可依托自由贸易账户为企业提供本外币贸易融资和再融资服务,即充分利用自由贸易账户灵活便利的特点,满足企业开展贸易融资和再融资的业务需求。自贸港(区)内设立的股权投资项目公司和股权投资基金,可以依托自由贸易账户向港(区)内及境外募集资金,用于支持实体经济跨境股权投资。

境外个人通过自由贸易账户可以享受到的金融服务:一是与境外个人境内就业和生活相关的金融服务;二是与境外医疗保健、子女教育、赡家费用等相关的跨境金融服务;三是与境内外股权激励计划相关的金融服务;四是与开展投资、财富管理等港(区)内及境外资本项下业务相关的金融服务;五是按有关规定进入境内相关市场投资的金融服务。

自由贸易账户的主要特点是:①分账核算,资金应来源于港(区)内或境外,自由贸易账户内的资金不占外债规模,允许在一定额度内向总行拆借。②本外币合一的可兑换账户,由已实现自由汇兑的投融资汇兑创新业务形成的资金根据实际业务需要进行汇兑,对市场主体来说,只需管理一个账户就可以实现跨境资金收付,这是 OSA 账户、NRA 账户或境内普通账户所不具备的。③适用离岸汇率、利率市场化。④一线放开,二线管住,有限渗透。跨二线(FT 与境内账户的划转)只能用人民币进行。自由贸易账户中的资金视同境外资金,与境内的往来按跨境交易管理,从而使自贸港(区)内形成了一个与境内其他市场有限隔离、与国际金融市场高度接轨的金融环境。

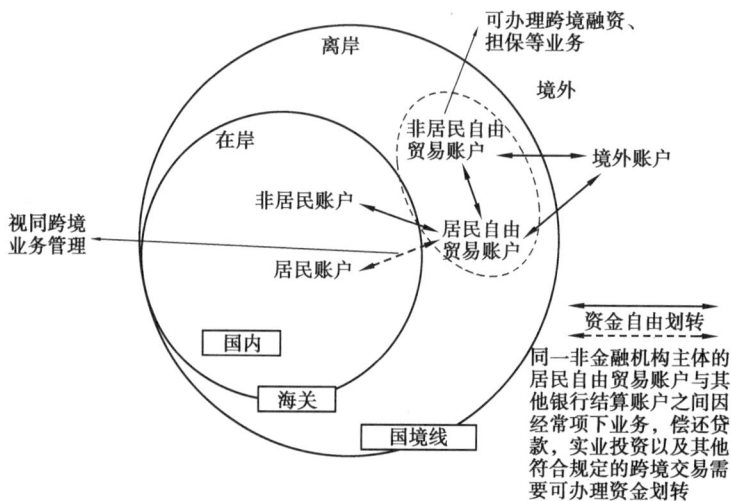

图6.1　在岸、离岸与境外账户的资金流动

注:实线表示资金自由流动,虚线表示有限流动,由此体现"一线放开,二线管住"的思路。

从图 6.1 中可以看出自贸港（区）的离岸市场与境外市场是完全开放的。目前自贸港（区）与境内港（区）外之间的流动仍然受到较多管制，如居民自由贸易账户与境内港（区）外居民账户之间的资金流动仍被视作跨境业务管理。但实际预留了一些未来在岸、离岸可能渗透的通道，如"同一非金融机构主体的居民自由贸易账户与其他银行结算账户之间因经常项下业务、偿还贷款、实业投资以及其他符合规定的跨境交易需要可办理资金划转"中的"其他符合规定的跨境交易"。又如对于银行来说，自贸港（区）分账核算单元因向港（区）内或境外机构提供本外币自由汇兑产生的敞口头寸，应在港（区）内或境外市场上进行平盘对冲；不过，经批准，自贸港（区）分账核算单元可在一定额度内进入境内银行市场开展拆借或回购交易，这使为自贸港（区）服务的金融机构获取了从离岸到在岸的一个有限额度的通道，也将有利于离岸和在岸之间的资金价格的传导。自由贸易账户的重要使命之一是在资本项目可兑换方面进行尝试。尤其是方便个人跨境投资、参与国际金融市场衍生工具交易、进入境内银行市场开展拆借或回购交易等。此外，自由贸易账户是具有离岸功能的在岸账户体系，其"一线放开、二线宏观审慎管理"的原则，决定了其性质介于"在岸"和"离岸"之间，而且在存款准备金、税收、宏观审慎评估等方面也仍按普通在岸账户管理，未来自由贸易账户的进一步发展可能是能享受存款准备金、税收等方面的优惠。

三、进一步扩大人民币跨境使用

人民币国际化作为国家重大战略，近 10 多年来取得了很大进展，也已经形成了中国香港、新加坡、伦敦等多个离岸人民币中心。当前人民币国际化面临瓶颈约束，需要解决如下 3 个问题：一是在离岸人民币资金的运用层面，需要在已经建立的沪港通等通道式回流机制的基础上，完善回流机制，在特定区域市场上开展全面放开的试点，推动资本项目可兑换；二是需要在国内建立离岸人民币市场，以更好地掌控人民币国际化的推进速度；三是人民币国际化需要建设高度开放的经济金融法律体系作为底层支撑。海南自由贸易港是推动解决上述3个问题的最佳试验田,有望为进一步扩大人民币的跨境使用提供新支点。

第三节 自贸港金融开放中介服务体系构建

作为具有国际影响力的自由贸易港,必须拥有比较发达的金融服务体系。中国香港、新加坡和迪拜是国际公认的、发展比较成功的自贸港。它们不仅是全球贸易中心、航运中心,也是发达的国际金融中心。目前,海南的金融服务业还比较落后,主要表现在各类金融机构和交易平台的数量不足。地方监管部门提供的资料显示,除了银行、证券、保险等传统的金融机构外,海南其他金融服务主体严重缺位。即便是在占主导的银行业机构中,地方法人银行机构的规模也不大,全国性股份制商业银行更是空白;而在保险、信托、证券和基金等行业,基本上不存在有影响力的法人机构。因此需要构建适应自贸港金融开放需要的金融机构体系和相应的金融产品体系,大力发展跨境金融,适时发展离岸金融。

一、金融机构体系构建

《总体方案》支持符合条件的境外证券、基金、期货经营机构在海南自由贸易港设立独资或合资金融机构;在符合相关法律法规的前提下,支持在海南自由贸易港设立财产险、人身险、再保险公司以及相互保险组织和自保公司。

在《总体方案》发布会上,央行副行长、外汇局局长潘功胜明确提出,海南自由贸易港金融政策框架建设的主要内容之一,是率先在海南自由贸易港落实金融服务业的扩大开放政策,丰富海南的金融业态,培育商业银行等金融机构服务开放型经济的金融能力。

自 2018 年 4 月以来,中国人民银行、银保监会和国务院金稳委等监管部门先后颁布了数十条扩大金融业对外开放的举措。其核心内容就是要在未来几年内大幅度降低乃至取消外国投资者投资银行、证券公司、基金管理公司、保险公司等各类金融机构的股比限制;同时,降低某些数量型市场准入的条件限制,如经营年限和总资产要求等。海南自由贸易港可以充分利用金融业扩大对外开放的有利时机,先行先试。

开放模式上,海南自由贸易港将参照 CPTPP（*Comprehensive and Progressive Agreement for Trans-Pacific Partnership*,《全面且先进的跨太平洋伙伴关系协定》）、《美韩自贸协定》等全球贸易投资新规则,推进放宽金融机构市场准入条件,实施金融行业准入前国民待遇和负面清单,即制定跨境服务贸易非禁即入的"负面清单",给予境外服务提供商准入前国民待遇,进一步的,市场准入之后,境外服务提供商和当地的服务提供商具有同样的待遇,实现服务业开放"既准入又准营"。

海南自由贸易港还可以利用其特殊地位,降低金融业的税收水平,实行与全球各主要自贸港相比有竞争力的金融税收政策。2020 年 6 月,财政部、税务总局联合发布《关于海南自由贸易港企业所得税优惠政策的通知》,其中对在海南自由贸易港注册并实质性运营的鼓励类产业企业,减按 15% 的税率征收企业所得税;对在海南自由贸易港设立的旅游业、现代服务业、高新技术产业企业新增对境外直接投资取得的所得免征企业所得税。

在目前海南经济总量偏小的条件下,海南自由贸易港还可以利用好国内的资本市场发展机遇,在现有的 QDII、QDIE、QDLP 等对外投资安排下,针对在海南设立的金融机构和企业,专门给予新的增量额度。通过放松准入门槛、降低税负水平、建立与国内市场的投资通道,鼓励境内外市场主体参与发起设立证券、保险、基金、金融租赁、消费金融等法人金融机构,新建或重组一些原有机构,不断丰富海南金融业态;鼓励地方法人金融机构引进外资股东增加国际元素。出台支持金融机构"走出去"的政策,支持地方法人商业银行有序到周边国家和地区开设分支机构,以提升服务开放型经济的能力。在 2025 年之前,初步形成一个中外资金融机构云集、种类比较齐全、具有较高国际化程度的机构体系。

二、银行产品体系

在控制一定的风险下,商业银行需要在金融开放创新中激发新思想、创新一系列金融产品。监管部门则简政放权,在业务风险防控机制健全、业务数据监测覆盖全面的前提下,对海南自由贸易港内商业银行业务创新实行备案管理。

在跨境贸易方面,海南自由贸易港货物贸易、服务贸易的资金汇兑要实现高度的便利化,商业银行所进行的真实性审核要全面从事前的审查转向事后的核查。

商业银行要创建便利跨国公司全球结算中心运行的软硬件环境。跨国公司在海南利用 FTN 开立结算中心资金管理专户,归集、运营、管理全球资金,对跨境资金流动管制严格的国家或地区不进行归集,只进行资金监控,对无外汇管制或允许跨境资金池的国家或地区逐层、逐步归集至结算中心的资金管理专户,对跨国公司境内法人机构的外债及境外放款额度实施双边总量控制,从而方便跨国公司总部统一外债管理、净额结算、集中收付。海南监管部门降低了企业适用《跨国公司跨境资金集中运营管理规定》开展跨境资金池业务的国际收支规模门槛,将"上年度本外币国际收支规模 1 亿美元"门槛降低为"上年度本外币国际收支规模 5 000 万美元",鼓励总部企业在海南做大做实。

同时,监管部门应完善新的跨境贸易形态,比如离岸贸易、转口贸易的跨境收支。新型离岸国际贸易是指从境外异地购买货物,随后向境外另一个地方转售同一货物的贸易行为。该货物不进入中国境内,资金流、单据流、货物流"三流"分离,资金流、订单流和货物流控制中心在国内,但是,货物流发生在境外。2020 年 7 月 16 日,海南省地方金融监督管理局印发《关于打造区域性离岸贸易中心先导性项目的工作实施方案》(以下简称《实施方案》)。该《实施方案》明确支持海南自由贸易港内信用良好、业务模式规范的企业凭支付指令直接办理新型国际贸易等结算,落实银行真实性审核从事前审查向事后核查转变;推动海南国际清算所建设信息共享平台,双管齐下,推动实现监管部门和银行对贸易信息的全面掌握,降低业务真实性的确认难度,提升贸易商的风险管理能力、银行的展业能力和监管部门的包容审慎监管能力。

2020 年 11 月,国家外汇管理局海南省分局印发了《关于支持海南开展新型离岸国际贸易外汇管理的通知》(以下简称《通知》),出台了一系列支持新型离岸国际贸易的外汇管理政策措施。《通知》进一步明确了新型离岸国际贸易的定义,首次提出新型离岸国际贸易包括离岸转手买卖、委托境外加工、第三国采购货物等内容。《通知》鼓励在海南注册经营的银行依据海南自由贸易港战略定位和国际贸易发展特点,优化金融服务,为在海南注册的诚信守法企业开展真实、合法新型离岸国际贸易提供跨境资金结算便利。《通知》明确银行应遵守"了解客户""了解业务""尽职审查"的展业原则,在交易具有真实、合法的交易基础、商业合理性和逻辑性,不存在涉嫌构造或利用新型离岸国际贸易进行投机套利或转移资金等异常交易情况的前提下,可自主决定审核交易单证的种类,赋予银行更多的审单自主权。《通知》要求同一笔离岸转手买卖业务原则上应在同一家银行、采用同一币种(外币或人民币)办理收支结算。对无法按此规定办理的离岸转手买卖业务,银行在确认其真实、合法后可直接办理,并在涉外收支申报交易附言中注明"特殊离岸转手",自业务办理之日起 5 个工作日内向所在地外汇局报告。新型离岸国际贸易结算便利化,加上低税率的税收政策,将吸引大型央企、跨国公司在海南设立区域总部,发展离岸贸易,并带来更多的跨境金融业务机会。商业银行可以强化跨境投融资服务,依托国际化网络来服务总部经济发展。

海南自由贸易港不以转口贸易和加工制造为重点,而以旅游业、现代服务业和高新技术产业为主导。《总体方案》提出支持金融机构在依法合规、有效防范风险的前提下,在服务贸易领域开展保单融资、仓单质押贷款、应收账款质押贷款、知识产权质押融资等业务,支持涉海高新技术企业利用股权、知识产权开展质押融资,规范、稳妥地开发航运物流金融产品和供应链融资产品。

《总体方案》鼓励商业银行等金融机构在风险可控、商业可持续的前提下积极创新适合服务贸易发展特点的金融产品和服务,提供保单融资、仓单质押贷款、应收账款质押贷款等跨境金融服务。当前海南服务贸易对标国际先进水平仍有较大差距,主要体现在服务贸易总量较低,旅游、运输等劳动密集型的传统服务占比最高。海南通过 2018 年的深化服务贸易创新发展试点以及 2019 年的服务贸易先导性行动计划,在旅游、教育、医疗健康、运输、文化体育娱乐、保险、服务外包、中医药 8 个重点领域出台了政策措施,2018 年、2019 年服务进出口分别增长 16.8%和20.3%。在金融支持贸易方面,通常所说的贸易融资在出口方面包括出口押汇、保理、发票融资、福费廷,在进口方面包括进口押汇、信用证、委托贷款、海外代付等,都是因进出口商品贸易业务而衍生出来的金融产品,产生的原理在于贸易的自偿性,即贸易流向现金流的转换,是贸易融资的第一还款来源。而服务贸易很多是无形且定制的,交易标的本身很少可以用作抵押品。

服务贸易出口企业在开拓海外市场时如果依赖预付款、按节点收款或收现款,那么在收款方式上就处于竞争劣势。而出口信用保险可以为企业提供收汇保障,增强企业的国际竞争力,适用对象为不直接与优质核心企业发生业务往来、上下游企业信用状一般的企业。出口信用保险保单融资可以帮助企业以保险公司信用获得银行的免担保信用贷款,在免除交易风险的同时提高资金利用效率。[1]

对于具有稳定物流和现金流的服务贸易企业,还可以发放应收账款质押贷

---

[1] 出口信用保险保单融资是指企业持银行认可的境内外保险公司开具的出口信用保险保单,将保单项下赔款权益转让给银行,由银行按保单项下的应收账款金额的一定比例给予资金融通业务融资。

款、仓单质押贷款,加快服务贸易企业资金回笼速度。① 依托"四方五港",海南要打造面向东南亚,以低碳制造品、生活消费品等为主要构成的特色物流集散基地。商业银行可以探索基于海上运输、多式联运的融资规则体系建设,推动"海运运单+动产质押贷款""海运运单+仓单质押贷款"等融资创新。

《总体方案》鼓励创新贷款担保方式,拓宽轻资产的涉海高新技术企业贷款抵、质押物范围,积极探索股权、知识产权质押融资,提高涉海高新技术企业的融资担保能力。在与海洋经济相关的企业中,融资需求最为旺盛的是小微企业,商业银行可以向成长型海洋高新技术企业提供知识产权等无形资产质押融资。商业银行可以积极发展产业链、供应链、销售链融资等新型业务,开展股权、应收账款质押融资,满足海洋产业集群、海洋新兴产业和自主创新中小企业的融资需求。

《总体方案》提出要为船舶和飞机融资提供更加优质高效的金融服务,取消船舶和飞机境外融资限制。商业银行可以打造特色航运金融服务,包括为购机、购船融资需求提供抵押融资、预付款融资、购置贷款、租约融资等金融服务;通过租赁子公司开展售后回租、直接租赁等服务,为航运企业盘活固定资产,对此需要解决我国金融租赁公司的各类政策制约过多的问题,包括降低准入门槛,取消最低注册资本限制,便利境外融资使用外汇,港内注册的融资租赁公司的审批权限下放至自由贸易港管委会等;结合自贸港航权放开政策,为航运企业提供配套金融服务;针对大型航运集团改善流动性、降低杠杆率的需求,定制专属类产品;提供"互联网+航运+金融"的投融资、结算集成化金融服务方案。

《总体方案》提出扩大可跨境转出的信贷资产范围和参与信贷资产跨境转出的机构范围,允许省内机构开展包括银行不良贷款和银行贸易融资资产在内

---

① 应收账款质押贷款是指企业将其合法拥有的应收账款收权向银行做还款保证,但银行不承继企业在该应收账款项下的任何债务的短期融资。仓单质押贷款是指银行与借款人(出质人)、保管人(仓储公司)签订合作协议,以保管人签发的借款人自有或第三方持有的存货仓单作为质押物向借款人办理贷款。

的境内信贷资产对外转让业务。银行可以主动对接同业、金融基础设施、行业组织、交易所等平台,拓宽境内信贷资产跨境转让的信息渠道,积极推动跨境资产转让业务发展。2020 年 9 月 29 日,海南省银行业外汇和跨境人民币展业自律机制表决通过《中国(海南)自由贸易港境内贸易融资资产跨境转让业务操作指引》,交通银行海南省分行即与交通银行澳门分行合作办理了海南自由贸易港首笔金额为 1 404.1 万元的境内贸易融资资产跨境转让业务,实现人民币资金跨境双向融通,有效降低了企业财务成本。相对其他类型信贷资产而言,国内信用证项下资产的标准程度高、境外金融机构接受起来相对容易,现阶段可选择基于国内信用证贸易结算基础上的福费廷和风险资产向中资银行境外机构转让作为跨境转让资产试点。

结合监管关于在跨境融资领域探索建立新的外债管理体制要求,商业银行可以为企业提供配套金融服务;支持企业自主开展资本金、外债、境外上市募集资金等资本项目外汇收入意愿结汇。配合自贸港简化相关汇兑管理政策,做好境外上市外汇登记等外债资金汇兑便利化服务。作为全国唯一的试点省份,2020 年 11 月,国家外汇管理局海南省分局印发《海南自由贸易港内公司境外上市登记试点管理办法》,自贸港内公司境外上市登记、变更登记和注销登记可直接在银行办理。

商业银行需要研究设计自贸港专属的外汇市场风险管理工具,满足自贸港企业在套期保值、规避汇率风险方面的需求。做大做强非居民客户群,依托境外机构自由贸易账户、境外机构境内账户和离岸账户的差异化政策优势,为自贸港非居民企业客户群在汇兑管理、跨境投融资、供应链金融、跨境资金筹划等方面提供全流程金融服务与支持。

三、证券产品体系

截至 2020 年 10 月,海南省共有 35 家上市公司,其中 A 股上市公司数量为 32 家,港股上市公司为 2 家,美股上市公司为 1 家。海南省 A 股上市公司数量在全国 31 个省份中排名第 26 位,总市值排名第 27 位,与其 2019 年全国 GDP 省份排名(第 28 位)相差无几。[①]

《总体方案》提出依托海南自由贸易港建设,推动发展相关的场外衍生品业务。场外衍生品是指在国务院期货监督管理机构批准的期货交易场所以外进行交易的,价值取决于一种或多种标的资产的合约。其中标的资产包括但不限于:商品、股票、指数、基金、利率、汇率、信用及其相关衍生品。合约的类型包括远期、互换(掉期)、期权或具备其中一种或多种特征的组合。场外衍生品是一对一服务实体企业的合约。从规模上看,海外衍生品市场在场外跟场内的规模是 9∶1;从结构上看,海外场外衍生品规模最大的是外汇类,占比 81%,利率排第二,占比 16%,接着是权益类与信用类,大宗商品最小,占比不到 1%。而我国场外业务的比例和规模都太小。除了期货公司风险管理子公司外,地方商品交易场所也能在合法合规的前提下开展此业务。2016 年海南大宗商品交易中心曾推出国内首家人民币计价货币兑换电子预约平台,平台的本质是开展外汇类的场外衍生品交易,但这次尝试在当时由于业务过于激进而被叫停。自贸港将为场外衍生品交易带来巨大空间。一方面,自贸港在人民币不可自由兑换的环境下为交易市场的国际化提供了一种可能;另一方面,自贸港的港口是重要的物流集散中心,市场风险管理的需求较大。2019 年 11 月商务部等 18 部门联合印发的《关于在中国(海南)自由贸易试验区试点其他自贸试验区施行政策的通知》已经提出要开展航运运价指数场外衍生品业务。海南的期货公司风险管理子公司要创新思路,解决推进场外衍生品业务过程中存在的客户群体少、报价高和对冲的困难。

《总体方案》支持在海南自由贸易港内注册的境内企业根据境内外融资计划在境外发行股票,优先支持企业通过境外发行债券融资,将企业发行外债备案登记制管理下放至海南省发展改革部门;试点海南自由贸易港内企业境外上

---

① 数据来源:同花顺 iFinD-金融数据终端。

市外汇登记直接到银行办理。自贸港将在跨境融资领域,试点合并交易环节外债管理框架,完善企业发行外债备案登记制管理,全面实施全口径跨境融资宏观审慎管理。这是其他自贸试验区尚不具备的支持政策。2035 年前符合一定条件的非金融企业外债项下完全可兑换。未来,自贸港内企业将有望突破现有外债借用比例限制,根据实际融资需要自主借用外债。

为激活海南债券市场、开源引流支持地方经济发展和自贸港建设,《总体方案》支持发行公司信用类债券、项目收益票据等。非金融企业在资本市场进行债务融资的主要方式是发行公司信用类债券,主要包括在沪深交易所发行的公司债券、在沪深交易所和银行间市场发行的企业债以及只能在银行间市场发行的非金融企业债务融资工具(包括短期融资券、中期票据、中小企业集合票据和超级短期融资券等)。2020 年 8 月,作为海南省洋浦经济开发区内唯一的开发建设主体的洋浦开发建设控股有限公司在银行间市场发行了中期票据。

项目收益票据是指非金融企业在交易商协会注册的、在银行间债券市场发行的、募集资金用于项目建设且项目产生的经营性现金流为主要偿债来源的债务融资工具,项目收益债的募集资金投向集中在园区开发及配套、水务、路桥等基础设施建设和公用事业领域以及产业投资基金。与传统债券品种相比,项目收益票据在发行主体、项目进度等若干方面进行了创新,因此有着更强的适用性。项目收益票据的发行主体可以是刚刚设立的项目公司,没有任何财务表现,对成立年限、净资产规模、盈利能力等均不设置限制性要求,偿债资金完全或主要来源于项目建成后运营收益,这意味着能否发行项目收益票据并不取决于发行主体的资信水平,而取决于拟发债项目的现金生成能力和收益水平。与资产支持证券相比,项目收益票据对募投项目的进度要求大幅放松,资产支持证券通常要求相关项目已建成完工并可投入运营,但项目收益票据仅要求项目符合开工条件、票据发行一定期限内开工建设即可。海南监管部门可以编制一份细化的项目支持目录,同时制定一套募投项目的筛选标准和评价体系,以支持自贸港建设。

《总体方案》提出探索开展跨境资产管理业务试点，提高跨境证券投融资汇兑便利。合格境外有限合伙人（Qualified Foreign Limited Partner，QFLP）和合格境内有限合伙人（Qualified Domestic Limited Partner，QDLP）是两项试点型的金融对外开放制度安排，前者针对在境内投资的境外市场主体，后者针对境内注册、去境外投资的市场主体。

QDLP 指"境外投资机构在境内设立投资机构作为一般合伙人，发起设立合伙制私募基金，向境内投资者非公开募集人民币资金，购汇后或直接以人民币投资于境外市场"。与 QDII 基金主要投资于海外二级市场公募基金不同，QDLP 投资范围更广泛，除海外二级市场公募基金，还可投资海外另类资产，包括高收益债、对冲基金、私募股权基金、REITS（不动产投资信托基金）、不良信用资产等品种。自从 QDLP 制度 2012 年诞生于上海之后，天津（2014 年）、青岛（2015 年）、北京（2020 年）等地也陆续开始探索开展 QDLP 业务。深圳则于 2014 年推出了与 QDLP 业务类似的 QDIE（Qualified Domestic Investment Enterprise）业务试点。上海自贸区 QDLP 产品需经 QDLP 联席会议与产品评审委员会的双重审核后发行。QDLP 联席会议，由上海市金融服务办公室、上海市商务委员会、上海市市场监督管理局、国家外汇管理局上海市分局等部门代表共同组成，其职责是评审 QDLP 产品在募资、相关基金工商注册、资金换汇对外投资与结汇返还等方面的操作是否合规。产品评审委员会由全球大型知名资产管理公司高管组成，负责对 QDLP 产品的信息披露、投资风险、净值波动性等问题进行评估。其中一项考核重点，就是海外对冲基金公司在某些金融市场系统性风险来临时，能否采取有效措施确保投资本金安全。QDLP 试点企业在获得批复后，向国家外汇管理局上海市分局申请对外投资的购汇额度。青岛模式下，QDLP 还可以以人民币对境外进行投资，币种选择更加灵活。

自 2020 年 4 月 1 日起，对中国境内证券、基金管理公司的外资持股比例限制正式取消，国家金融业进入全面开放时代。境外资金的涌入也出现明显提升，其中境外资金通过 QFLP 入境的情况逐步增多。QFLP 是指境外机构投资者在通过资格审批和其外汇(含跨境人民币)资金的监管程序后,将境外资本兑换为人民币资金,投资于国内的私募股权投资市场。QFLP 目前的试点地区较多,包括北京、上海、天津、青岛、贵州,以及粤港澳大湾区的深圳、广州和珠海。这些城市关于 QFLP 的政策有所差异,例如对设立私募基金管理人的股东以及私募基金的投资者的具体要求有所不同。QFLP 基金根据基金管理人内外资性质不同以及资金来源不同,包括"外资管外资""外资管内资"以及"内资管外资"三种形式。"外资管外资"模式即外商投资(外商独资或中外合资)私募基金管理人发起设立以外国投资者为主体的 QFLP 基金。"外资管内资"模式即外商投资(外商独资或中外合资)私募基金管理人发起设立以境内外投资者为主体的 QFLP 基金。"内资管外资"模式即内资私募基金管理人发起设立以境内外投资者为主体的 QFLP 基金。三种形式中,由境外机构设立的外商投资企业(Wolly Foreign Owned Enterprise, WFOE)作为普通合伙人(General Partner, GP)及基金管理人,并由境外投资人作为有限合伙人(Limited Partner, LP)的形式较为常见。其中,境外 LP 主要由境外主权基金、养老基金、捐赠基金、慈善基金、投资基金的基金(Funds of Funds, FOF)、保险公司、银行、证券公司、境外个人以及其他被认可的境外机构投资者组成。

从基金募集的角度看,GP 的出资资金更类似于 FDI(Foreign Direct Investment, 外国直接投资),而 LP 的认购资金更类似于证券投资。因此 PE(Private Equity, 私募股权投资)合伙人中 GP 和 LP 施行"双轨制"结汇,GP 按 FDI 结汇,LP 按 QFLP 结汇。境外 GP 通过银行按现行制度办理外商独资企业(Wholly Owned Foreign Enterprise, WOFE)外汇登记后,按其注册资本中外方出资额度,向 WOFE 开立的外汇资本金账户或跨境人民币账户汇入投资款,上述过程不需要外汇局的备案或核准。境外 LP 资金入境资金性质和管理制度按现行法规相对规定不明确。按沪版 QFLP 政策,由于 QFLP 额度审批并非像 QFII 额度审批一样是经国务院备案的行政审批事项,而且 QFLP 的资金并不是直接进入境内的资本市场,没有必要采取最严格的跨境流入额度管理,因此上海通过联席会议来控制 PE 规模和认定 QFLP。

2020 年 10 月 26 日《海南省关于开展合格境外有限合伙人（QFLP）境内股权投资暂行办法》（以下简称《暂行办法》）颁布。《暂行办法》有如下特点：一是"免联审"，登记注册简便高效。不设联审机制，企业申请流程较短，所需提交材料较少。省直相关职能部门、市（县）人民政府或重点产业园区管委会可为符合该部门、该地区、该园区经济发展需要的外商投资股权投资类企业向海南省市场监督管理局出具推荐函并抄送海南省地方金融监督管理局，海南省市场监督管理局依法予以登记注册。市（县）人民政府可以授权同级金融管理单位出具推荐函。二是"七不得"，实施外商投资负面清单管理。QFLP 基金的经营范围采取负面清单管理模式，明确了"七不得"，不在清单内的业务均可开展。同时通过采取例外的方式为 QFLP 基金投资二级市场股票和进行企业债券交易的部分投资标的预留了空间。三是"零门槛"，准入要求全国最低。根据《暂行办法》，QFLP 企业的登记注册无最低准入门槛要求。四是"无差别"，内外资平等待之。《暂行办法》对内外资 QFLP 管理企业的要求一致，且明确允许"内资管外资"和"外资管内资"的业务模式，灵活性较高。五是"优惠多"，配套支持政策力度更大。《暂行办法》从个人所得税、配套优惠措施和园区落地奖励等方面明确了优惠政策，同时海南省金融监管局将推动 QFLP 业务纳入海南自由贸易港鼓励类产业目录和鼓励外商投资产业目录，QFLP 企业将享受更多的税收优惠。交银国际科创盛兴 QFLP 股权投资基金，作为海南自由贸易港首支落地的合格有限合伙人基金，已汇入投资基金 1.49 亿美元。

海南也正在积极制定 QDLP 暂行办法，加快吸引和集聚一批国际顶级资产管理机构。探索降低准入门槛，放宽试点基金认缴出资额、单家基金管理企业的试点额度和单个投资项目的额度限制，进一步明确基金在境外的投资范围。未来还可以探索发展私募股权投资二级交易基金，增强份额流动性，增加私募基金退出渠道。

《总体方案》放宽了外资企业资本金使用范围，允许非投资性外商投资企业资本项目外汇收入境内股权投资。截至 2020 年 10 月,共 13 家非投资性外商投资企业办理境内股权投资,累计投资 5.2 亿元。[①]

《总体方案》支持海南自由贸易港住房租赁金融业务创新和规范发展,支持发行住房租赁专项债券,支持发展房地产投资信托基金(Real Estate Investment Trust,REITs)。国家发展改革委于 2017 年 8 月 15 日发布《关于在企业债券领域进一步防范风险加强监管和服务实体经济有关工作的通知》,明确表明相关部门可以积极组织符合条件的企业发行债券,以专门用于发展住房租赁业务。在沪深交易所上市的住房租赁专项债券开始步入房企融资的舞台。从资金端看,在 2020 年 4 月 REITs 试点之前,住房租赁专项债券是租赁融资新的融资渠道,能缓解优质住房租赁企业长租重资产运营的资金压力,加快培育住房租赁市场。

不动产投资信托基金,是一种以发行收益凭证的方式汇集特定多数投资者的资金,由专门投资机构进行房地产投资经营管理,并将投资综合收益按比例分配给投资者的一种信托基金。2019 年 3 月海南省发展控股有限公司(以下简称"海南控股")选择永秀花园 1 035 套现房作为底层基础资产,发行海南省人才租赁住房私募 REITs,并于 4 月 8 日在深圳证券交易所挂牌上市。海南人才租赁住房 REITs 产品规模为 8.7 亿元,由海南控股担任原始权益人并提供增信,中联基金、深创投联合担任项目总协调人和财务顾问,海南乐居不动产基金、工银瑞投分别担任基金管理人和计划管理人,资产由海南控股旗下租赁运营公司润思进行整租并对外运营分租。其中优先级证券 7.83 亿,占比 90%,由 8 家银行机构参与认购,发行利率 4.5%;次级证券 0.87 亿,由原始权益人认购。优先级资产支持证券期限为 3×6 年,每 3 年设票面利率调整权和投资者退出选择权。中诚信证评给予优先级资产支持证券的评级为 AAAsf 级。产品安排了优先级/次级资产支持证券分级、底层资产租金收入和权利维持费超额覆盖、海南控股出具的差额补足承诺、流动性支持承诺及评级下调收购承诺等增信措施。

_____

① 网易海南.海南自贸港的金融开放,果然不一般[EB/OL].(2020-12-11)[2021-01-10].网易网.

同时，通过将人才租赁住房纳入公租房管理，免缴 REITs 实施过程涉及的相关税费，有效降低资产成本，确保满足 REITs 发行上市的资产收益条件。该私募基金既是海南省首单 REITs，也是全国首单省级人才租赁住房 REITs。

2020 年 4 月 30 日，中国证监会和国家发展改革委联合发布了《关于推进基础设施领域不动产投资信托基金（REITs）试点相关工作的通知》，并出台了配套指引政策，重点聚焦新基建、交通、能源、仓储物流、环境保护、信息网络、园区开发七大领域。同年 9 月 4 日，沪深交易所发布了基础设施基金的业务办法、发售业务指引、业务审核指引等配套文件的征求意见稿。这意味着，未来海南将允许同时发展基础设施 REITs 和房地产 REITs，并且有望率先积累房地产 REITs 发展经验，为后续可能的更大范围推广打下坚实基础，此举具有重要的先行先试意义。海南将继续在人才住房租赁、基础设施、总部办公楼租赁、物流园区运营、医疗养老等不动产领域开展 REITs 探索，在 REITs 税收中性等政策方面积极探索，发挥先行先试的政策优势，推进公募 REITs 试点。

《总体方案》支持对有稳定现金流的优质旅游资产推动开展证券化试点。海南旅游资源丰富，特色鲜明。2009 年 12 月发布的《国务院关于推进海南国际旅游岛建设发展的若干意见》将海南定位为"我国旅游业改革创新的试验区、世界一流的海岛休闲度假旅游目的地"，赋予了海南旅游业发展独特的政策优势。旅游资产证券化指的是将流动性差或没有流动性但以后会产生稳定且可估计现金流的资产（如门票等入园凭证、政府对景区的持续投入等），通过一定的交易结构安排，发行证券融资。相比于传统的金融信贷和发行股票等途径，以资产证券化方式来开展融资还具有门槛低、规模大、成本低、期限长等优势，有助于改善企业或景区的负债管理，提高自身资产的质量。

《总体方案》支持海南自由贸易港内注册的境内企业根据境内外融资计划在境外发行股票，优先支持企业通过境外发行债券融资，将企业发行外债备案登记制管理下放至海南省发展改革部门。这一举措赋予了海南旅游资产全球范围内开展证券化融资的政策红利。除了直接支持自贸港内注册企业境外发行债券外，方案还指出要支持海南"创建全域旅游示范省。加快三亚向国际邮轮母港发展,支持建设邮轮旅游试验区,吸引国际邮轮注册。设立游艇产业改革发展创新试验区。支持创建国家级旅游度假区和 AAAAA 级景区"。这些举措为海南旅游业的跨越式发展指明了方向,提供了政策保障。

2020 年 3 月,以海南亚特兰蒂斯商旅发展有限公司作为原始权益人,德邦证券作为计划管理人的"德邦海通-复星旅文-三亚亚特兰蒂斯资产支持专项计划"在上交所发行,是国内首单旅游目的地商业抵押支持证券(Commercial Mortage-Backed Securities,CMBS)。项目入池资产对应物业为三亚亚特兰蒂斯酒店与水上乐园。计划期限为 24 年,总规模 70.01 亿,其中优先级 CMBS 68 亿元获上海新世纪 AAA 评级,次级发行规模 2.01 亿元,由复星文旅附属公司上海复星旅游管理有限公司认购。通过资产证券化盘活存量资产,改善了复星文旅的融资结构,有效拓展其融资渠道,降低其融资成本,提升其融资效率,并能够提供充足的现金储备,助力复星旅文加速发展。

《总体方案》提出为船舶和飞机融资提供更加优质高效的金融服务,扩展融资渠道,包括发行股票或债券和资本市场融资,借助租赁债权证券化吸引社保、投资基金等机构参与。融资租赁债权资产支持证券是以融资租赁债权为基础资产或基础资产现金流所发行的资产支持证券。2018 年 2 月沪深交易所、机构间私募产品报价与服务系统同时发布了《上海证券交易所基础设施类资产支持证券挂牌条件确认指南》《深圳证券交易所基础设施类资产支持证券挂牌条件确认指南》《上海证券交易所基础设施类资产支持证券信息披露指南》《深圳证券交易所基础设施类资产支持证券信息披露指南》,明确了融资租赁债权资产证券化的挂牌要求。

四、保险产品体系

海南保险深度、密度低于全国平均水平。2019 年海南保险深度为 3.82%,保险密度为 2 148 元,而同期,全国的平均水平为 4%、3 000 元①。《总体方案》

① 王笑.保险业积极助力自贸试验区发展[EB/OL].(2020-06-24)[2021-01-10].中国金融新闻网.

中三处直接提及"保险"：支持在当地设立各种类型保险机构，支持发展跨境医疗保险，以及支持探索以保险方式提升运输保障服务。

一方面，目前我国保险产品种类仍有待丰富，这与我国保险公司的设立与经营成本较高，抑制了中小保险企业产品创新有关。海南可以探索在保险业建立与国际惯例接轨的规则和制度体系，贯彻落实简政放权，进一步简化中外保险公司产品创新设计的审批程序，实行"负面清单"制度，优化保险市场的营商环境，以吸引一批产品创新能力较强的外资中小保险公司，提高居民对保险产品的获得感。

另一方面，海南可以推动再保险业务跨境结算便利化，通过保险业积极参与"一带一路"项目，加快国际再保险业务的发展。再保险行业在国际上是高度竞争的行业，国际再保险公司对资金跨境转移的便捷程度要求较高，因此大多愿意将国际业务放在资金流动限制较少的地区承接。海南可利用好自贸港跨境结算基础设施，为外资再保险公司收取的、与我国实体经济确实紧密结合的再保险保费，提供快速保费出入境服务。具体举措包括推广跨境人民币资金池、将再保险纳入经常项目等。与此同时，海南保险业可通过跟随国家倡议开展"一带一路"沿线国家的国际直保与再保险业务，并出台政策鼓励外资再保险公司将沿线国家的业务放在海南承接，带动海南保险业发展。

《总体方案》提出建立与国际商业保险付费体系相衔接的商业性医疗保险服务，支持保险业金融机构与境外机构合作开发跨境医疗保险产品，与海南2013年已经获批的"博鳌乐城国际医疗旅游先行区"试点有关政策结合，健康保险等将成为未来海南保险业的一大特点。2013年国务院批准"海南博鳌乐城国际医疗旅游先行区试点"，特许其发展医疗、健康管理、照护康复、医美抗衰等国际医疗旅游相关产业。2018年，国务院再次加大政策支持，对先行区内医疗机构因临床急需进口少量药品（不含疫苗）的申请，下放至由海南省人民政府实施审批。友邦保险、国寿财险、中再寿险等保险公司，以及镁信健康、妙手医生等相关科技平台为适应跨境寻药的需求，开发出一系列保险产品。2020年3

月,友邦保险携手上海镁信健康、中再寿险联合推出国内首款适用于海南博鳌乐城国际医疗旅游先行区政策的境内外特药险。2020年4月,国寿财险联合海南圆心惠保科技有限公司推出"海南乐城全球特药险",覆盖了国内上市特药及境外上市特药共计近40种,最高理赔额度达100万元。

2020年12月,由中国银保监会海南监管局和海南省卫生健康委员会牵头、省医保局及省外汇管理局等多家政府部门协办,海保人寿公司、香港安我保险公司、联合医务(中国)、海南圆心惠宝公司等单位具体承办的海南自由贸易港特医特药跨境医疗保险项目落地。该项目充分利用境外尤其是香港优质医师、医疗网络资源以及海南博鳌乐城国际医疗旅游先行区特药资源,通过"特医+特药"的方式,实现跨境就医、跨境执业和保险理赔直付的高效结合。在"特医"保障方面,该保险将海南博鳌乐城国际医疗旅游先行区内4家超级医院的特定疾病治疗费用纳入保险保障范围,涵盖了多个诊疗和护理项目;结合海南自由贸易港人才政策红利,引入香港中文大学医学院肿瘤系主任莫树锦医生等多名香港领军医师到海南省人民医院等特定医院注册执业,实现境内外医生可对被保险的重症患者线上线下联合会诊;还可安排被保险人赴香港8家医疗机构就医,并提供理赔直付等服务,为被保险人提供最优的诊疗路径及方案。在"特药"保障方面,该保险涵盖了51种境内未上市、21种境内已上市的特药保障共100万元,能够有效缓解目前国内特药价格昂贵、医保报销限制和购买渠道受限等问题,使全球的创新药物和医疗器械能够更广泛地惠及普通百姓。此外,该项目通过再保险安排和"特药"优惠政策,综合平衡了"特医"及跨境医疗的成本,最低月保费只需15元(即最低年缴费180元左右),就可获得最高700万元的保障,切实让民众获得了真正实惠的健康保险保障。

《总体方案》还提出为船舶和飞机融资提供更加优质高效的保险服务。保险公司要开发适应航运业发展、具有国际竞争力的航运保险新险种,及时推出集装箱保险、物流综合责任险、无船承运人险、各种危险品承运责任险、多式联运责任险等险种。积极推动航运责任险的发展,并根据国际航运市场发展的需求,创新发展大型运输项目的航运保险、运输责任险等复杂险种,以提高国际航运保险的多样性和国际化。发展航运再保险业务,促进国内航运互保协会的功能的发挥。同时采用"引进来"的策略吸引国外互保协会在国内设立分支机构,从而提高国内航运保险业务的国际化水平。

第四节　自贸港金融开放金融市场体系构建

自 2016 年 5 月,海南省政府批准设立省级金融平台公司海南金融控股股份有限公司(以下简称"海南金控")后,海南依托热带农业等自身产业基础和围绕医疗、教育、文化、航海等重点发展的领域已前后设立多家交易场所平台,包括 2017 年 5 月设立亚联盟金融资产交易中心(海南),从事票据、应收账款等金融资产转让业务,以及 2016 年 7 月设立洋浦国际能源交易中心。另外,海南产权交易所、海南大宗商品交易中心、海南股权交易中心、海南国际商品交易中心等也已通过清理整顿各类交易场所"回头看"检查验收。海南国际能源交易中心、海南国际热带农产品交易中心和海南国际知识产权交易中心等要素市场已批准开业。按照海南省交易场所"6+3"政策(6:产权、大宗商品、金融资产、国际能源、航运、碳排放,3:热带农产品、知识产权、文化艺术品)的要求,目前正筹备设立国际航运交易所、国际文化艺术品交易平台以及国际碳排放权交易平台等交易场所。

根据《总体方案》,海南自由贸易港将建设国际能源、航运、产权、股权等交易场所,加快发展结算中心。在交易场所建设上,将允许非居民参与交易,并且在会员、交易、税负等方面建立与国际规则接轨的制度,由此大大提高海南自由贸易港的金融辐射能力,并逐步扩大其在国际金融市场的影响力。海南应当利用其特有的区域化、协同性的优势,打造自由的金融交易平台。从长远看,如果海口、三亚等主要城市能够形成发达的金融机构体系和低成本的交易市场环境,则海南自由贸易港可能成为一个具有国际影响力的离岸金融市场。

一、交易所国际化的国际经验

全球主要交易所的国际化主要体现在筹资者、投资者、产品、股权以及技术5个方面。

一是筹资者的国际化,即境外机构可以在本土市场发行各类证券进行筹资,境内机构也可以在境外市场发行各类证券,境外机构数量占比反映了本土市场对外国公司的吸引力程度,也是交易所国际化的重要体现。许多境外交易所通过增加内部市场层次,开辟灵活便捷的上市渠道来吸引优质的上市资源。

二是投资者的国际化,即境外投资者可以在本土市场交易各类证券,境内投资者也可以在境外市场交易各类证券,相互自由便捷地进出市场。大部分欧美交易所对外国投资者均无投资比例限制,亚太交易所随着市场的不断开放,交易品种的不断增加,外国投资者占比也在逐步增加。比如2014年11月上交所开通的沪港通,两地投资者委托上交所会员或者联交所参与者,通过上交所或者联交所在对方所在地设立的证券交易服务公司,买卖规定范围内的对方交易所的上市股票。沪港通的开通实现了投资者跨境到对方市场直接买卖股票。

三是产品的国际化,不同交易所通过技术手段建立一体化的跨国交易市场,利用产品跨境交叉挂牌,实现市场整合,提升本土市场的国际化程度,实现业务结构的国际化、多元化。这其中,既有成熟市场与新兴市场之间的联通,又有新兴市场不同国家之间的联通;既有同时区交易所的联通,又有跨时区交易所的联通。例如,2019年6月上交所启动的沪伦通,将境外基础股票转换为存托凭证以实现"产品"跨境。存托凭证是由存托人签发,以境外证券为基础在境内市场发行,代表境外基础证券权益的证券。存托凭证的交易结算安排与本地的股票品种接近,以方便投资者按照本地的交易习惯和交易时间完成交易结算。沪伦通存托凭证业务包括东西两个业务方向。东向业务是指符合条件的伦交所上市公司在上交所主板上市中国存托凭证(Chinese Depository Receipts, CDR)。西向业务是指符合条件的上交所的A股上市公司在伦交所主板发行上市全球存托凭证（Global Depository Receipts, GDR）。存托凭证和基础股票之间可以相互转换，因此实现了两地市场的互联互通。

四是股权的国际化，证券交易所通过相互持股、建立合资公司以及跨境与跨界收购兼并等跨境股权合作方式，以更好地整合交易所的业务架构与价值链条，增强交易所之间结盟的稳固性，实现股权结构国际化、业务多元化和收入来源多元化。

五是技术的国际化，成熟交易所均凭借技术优势开展跨境技术输出，拓展交易所业务范围，带动现货、衍生品、清算、托管和信息数据等多领域的广泛合作，优化交易所的收入结构。

全球主要交易所国际化的路径大致有 3 种模式：无限制直接开放、有限制直接开放以及间接开放。无限制直接开放模式以美国的证券交易所为代表，金融自由化程度最高，外国发行人与投资者享有完全的国民待遇。该模式要求本土证券市场具有较大规模且功能健全，能够承受外界冲击。有限制直接开放是较为普遍但更为现实的证券市场开放模式，一般采取设立内外资股两个市场，或对国外投资者的投资加以限制两种方式来控制证券市场的自由化程度。新兴市场经济体在推进证券市场与交易所国际化时，通常会对外国投资者采取一定的限制措施，以避免国际资本控制本国敏感行业和公司。例如，韩国证券交易所的国际化战略虽然自 1981 年韩国政府颁布《推进证券市场自由化计划》就开始了，但直到 1992 年 2 月，韩国证券市场才向直接投资的外国人开放，到 2000 年才废除了对境外投资者的持股限制，实现了全面对外开放。间接开放则属于较为保守的证券市场开放模式，也是多数国家和地区在证券市场开放初期所采取的模式。其最大的特点是通过组建共同基金的方式引入外国投资者，如印度证券交易委员会于 1995 年颁布《境外机构投资法》，推出境外机构投资者（Foreign Institutional Investor, FII）制度，允许合格的 FII 投资者投资印度股票市场和债券市场。

二、国内期货交易所国际化的制度建设

我国对交易场所管理严格,目前除了上海能源交易中心的人民币原油期货和 20 号胶期货、大连商品交易所的铁矿石期货、郑州商品交易所的 PTA 期货外,其他交易场所或品种均不允许非居民参与交易。

国内期货交易所关于引入境外交易者的暂行管理办法、跨境结算以及外汇管理局关于外汇交易工作的相关制度安排均已发布。政策的关键点主要体现在以下 4 点。

一是境外交易者参与期货国际化业务的条件及途径。参与者需要满足适当性原则,这个标准可以概括为"四有"和"两无"。"四有"即有期货知识相关的基础,有 10 万元人民币或等值外币,有期货交易经历,包括机构投资者在内的单位投资者有相关制度保障;"两无"即无不诚信记录,无违法违规行为。开放对象除了外国客户,还包括港澳台地区的机构及自然人。适当性的条件是知识、资金和经历,如果境外交易者已开通一种期货交易的账户,同样可以在豁免知识、资金的情况下开通;如果是专业投资者或者二次开户者,知识、资金和经历都可以豁免。境外交易者参与期货国际化业务的途径有两种:一是境外交易者通过境内期货公司的会员席位参与期货交易,境外期货经纪机构不能直接作为交易所会员参与交易;二是境外期货经纪机构通过与期货公司签订委托协议,期货公司向交易所备案,交易所准予备案后,再在中国期货市场监控中心取得统一开户系统开展业务。

二是期货国际化业务的资金进入中国市场的方式。交易所只对境内的期货公司会员和非期货公司会员进行结算。交易所与会员单位结算后,由会员单位对其境外经纪机构和境内外客户结算。在我国的结算体系中,结算资金可以为外汇,但目前只能使用美元作为结算的保证金。2015 年 7 月国家外汇管理局发布《国家外汇管理局关于境外交易者和境外经纪机构从事境内特定品种期货交易外汇管理有关问题的通知》,明确境外投资者参与境内商品期货交易外汇

管理政策,简化交易涉及的账户开立、资金汇兑以及数据报送等程序。其主要内容包括:一是明确各交易主体外汇账户管理要求。为了保证资金安全,交易所和期货公司分别在银行开立外汇专用结算账户和外汇保证金专用账户。境外经纪机构和境外交易者开立 FT 或 NRA 账户作为专用期货账户,进行专户管理、封闭运行。二是明确境外投资者用于期货交易资金不占用银行短期外债指标,方便相关资金运用。三是便利资金汇兑,境外投资者可根据期货交易保证金、盈亏结算等实际需求直接在开户行办理结购汇,结购汇后资金可以直接划转。外币冲抵保证金仅能通过美元和人民币进行交易。人民币作为基础基价和交易货币,初期仅接受美元冲抵保证金,冲抵金额按上一交易日外汇交易中心中间价乘以外汇充抵折扣率(一般小于 1)结算。四是简化数据报送,期货交易涉外收支以及有关交易数据统一由开户银行、交易所通过系统报送。

三是交割时现货进出口的问题。期货交割可以分为保税交割和完税交割。保税交割是以在海关特殊监管区域或者保税监管场所内,处于保税监管状态的期货合约所在商品作为交割标的物进行实物交割的方式。完税交割是以进入国内贸易流通的,已缴纳关税、增值税等税款的期货合约所载商品作为交割标的物进行实物交割的方式。考虑到保税现货贸易的计价为不含关税、增值税的净价,便于与国际市场的不含税价格直接对比,同时能避免税收政策变化对交易价格的影响,保税贸易对参与主体的限制少,保税仓库又可以作为联系国内外市场的纽带,有利于国际现货、期货交易者参与交易和交割,因此上海国际能源中心的原油和大连商品交易所的铁矿石期货均采取保税交割的方式。原油和铁矿石的进口依存度分别达 72% 和 89%,因此采用保税交割没有问题。但是PTA(Pure Terephthalic Acid,精对苯二甲酸)自身的进口依存度只有约 2%,没有那么多货物用来进出口。郑州商品交易所 PTA 期货允许注册保税仓单,进行保税交割。同时通过制度创新,解决了境外交易者在出口和保税仓单不足等情况下可能面临的问题。根据交割细则,境外买方分配到 PTA 完税标准仓单的,交易所组织仓单竞卖,竞卖产生的损益和费用由境外买方承担。另外,根据《关于征集 PTA 出口服务商的通知》,出口服务商可以为境外买方提供 PTA 期货代理交割、仓单注销和货物出口等服务。境外买方可以选择与出口服务商协商签订代理协议,从而有效地解决了 PTA 出口的难题。

四是国际化期货品种的风险管理制度。国内期货市场从涨跌停板、保证金制度,到持仓限额、大户持仓报告、强行平仓制度,再到境外开户环节的适当性审查、实名开户、一户一码制度、实际控制关系账户申报的"六位一体"的风控制度被证明行之有效。交易所对大额交易高度关注,加强了对异常交易行为的监控和对高频程序化交易的监管。在资金账户管理方面,强化资金专户管理和保证金封闭运行。推动与境外期货监管机构建立多种形式的联合监管机制,探索建立切实可行的跨境联合监管和案件稽查办法。

《总体方案》明确了海南自由贸易港交易场所允许非居民按照规定参与交易和进行资金结算,更首次提出支持海南已设立的交易场所建立与国际接轨的规则与制度,在会员、交易、税负、清算、交割、投资者权益保护、反洗钱等方面要全面接轨,这意味着在海南自由贸易港,交易场所全面高标准开放。全面一方面是指交易场所覆盖的领域比较全面,包括国际能源、航运、产权、股权等多个领域,基本上覆盖了主要的交易标的;另一方面是指交易所内部的规则和制度接轨要全面,包括会员、交易、税负、清算、交割、投资者权益保护、反洗钱等方面,将实现会员全面开放,更加国际化,交易规则接轨后将更为国际投资者所熟悉并更好地与全球主要交易所对接,税负按照国际惯例将进一步减轻,投资者保护加强将吸引更多投资者。

海南自由贸易港交易场所将以全面对外开放和国际化为出发点,在交易场所的股权结构、参与者、多币种计价等方面进行国际化改造,加快构建面向国际投资者的交易规则,允许国内、国际交易品种挂牌交易,境内外投资者可自由进出参与交易,交易资金将闭环自由进出,推动打造跨境交易便利化平台。

海南自由贸易港在建设初期,可以与自贸港内国际能源、航运、大宗商品、产权、股权、碳排放权等交易场所交易的标的物允许以本外币计价结算等具体领域的对外开放相结合,非居民可通过开立自由贸易账户参与上述交易场所的交易。交易所不断开展业务创新,在天然气、邮轮游艇、热带商品、东南亚企业股权、金融衍生品等交易上先行先试。探索建立"一带一路"运价指数、产权交易指数、橡胶等大宗商品指数等,提升海南交易场所影响力。根据风险管理的相关规定,海南交易场所的国际化将按照分阶段、分步骤原则有序发展,条件成熟一家建设一家,并逐步建设国际化、差异化、市场化的海南交易场所体系。

三、海南自由贸易港交易所体系

（一）能源交易中心

2019 年 7 月,兖矿集团、华能集团和国电投集团三家世界 500 强企业联合发起设立海南国际能源交易中心,依托海南得天独厚的区位优势和自贸区、自贸港的双重政策优势,发挥兖矿集团、华能集团、国电投集团上下游合作一体化资源优势,与世界 500 强大型能源企业和国内外重要能源类公司合作,打通国际、国内两大市场,建立贸易国际化、品种多元化、交易多样化、储备基地化、经销网络化的强大全球供应链体系,为国内外用户提供能源与化工产品网上交易、行情分析、交易指数、网络结算、融资、信用评级、仓储、物流、实时监管、大数据分析决策等全过程管理与全方位服务,旨在将其打造成国内外业界广泛认可的国际化能源交易平台。

海南国际能源交易中心初期重点交易种类为动力煤、焦煤、甲醇、醋酸等,并会不断增加油品、化工品等交易品种,丰富产品体系。海南国际能源交易中心以电子交易系统为平台,集交易、仓储、物流、金融与信息服务于一体,客户可在交易中心自主摘挂牌、实时结算、统一交收。对标新加坡、迪拜能源交易中心,海南国际能源交易中心通过国际化交易平台的对接服务,以供应链管理服务为引擎,供应链金融为抓手,现货交易为基础,电子商务为手段,兼顾国内、国际两方面的能源交易战略需求,打造独具海南特色,面向亚太、东南亚,服务全球的能源交易平台。截至 2020 年 4 月,海南国际能源交易中心已吸引线上交易会员 500 家,交易总金额已突破 100 亿元。①

海南国际能源交易中心通过交易系统与银行、保理公司等金融机构对接,开展线上供应链融资业务,实现线上交易、线上放款、线上回款的新型融资模式,具有时效快、灵活性高、风险可控等优势。未来还将与基金公司合作,发行"海南国际能源产业基金",从资本市场融来的资金提供给有需求的企业,帮助企业扩大再生产。

(二)海南国际热带农产品交易中心

2018 年 10 月《中国(海南)自由贸易试验区总体方案》提出"建设以天然橡胶为主的国际热带农产品交易中心、定价中心、价格指数发布中心",发展期货交易、拍卖交易。《中共中央 国务院关于支持海南全面深化改革开放的指导意见》指出,"实施乡村振兴战略,做强做优热带特色高效农业,打造国家热带现代农业基地,支持创设海南特色农产品期货品种,加快推进农业农村现代化"。《海南省农业厅牵头的 12 项贯彻落实海南深化改革开放责任事项的细化方案》提出,"要创设浓乳橡胶、槟榔、胡椒、椰子、杧果、香蕉、咖啡、热带花卉、文昌鸡、金鲳鱼等期货交易品种,在海南设立中国国际热带农产品期货交易所,建立混合所有制组织体系"。

以 2001 年成立运营的中橡电子交易市场为基础,2018 年 12 月,海南国际热带农产品交易中心在海口市成立,同期面向全球发布中国首个连接橡胶产销的价格指数体系"新华·海南农垦-天然橡胶系列价格指数"。海南国际热带农产品交易中心立足现货交易,为国内外广大投资者提供多样化的"互联网+热带农产品"并集线上线下于一体的交易平台。截至 2020 年,海南国际热带农产品交易中心以天然橡胶,槟榔,枸杞、三七、冬虫夏草等中药材为主要交易品种。

海南国际热带农产品交易中心设立后,一是创新开展大宗商品网络单向竞

---

① 海南国际能源交易中心.【交易中心供应链金融】捷报! 首单 5 600 万! [EB/OL].(2020-05-16) [2021-01-10].海南国际能源交易中心官网.

价交易模式。自主研发倒计时交易系统进行海南垦区天然橡胶统一竞价销售平台交易业务及海南垦区大宗生产物资统一竞价集中采购平台交易业务。二是联合云南农垦、广东农垦共同利用农产品中心交易系统进行垦区天然橡胶网上公开销售交易，实现跨区域交易交收，打造全国国产天然橡胶现货交易网络平台。三是联合新加坡商品交易所（Singapore Commodity Exchange Limited，SICOM）开展20号标准胶（TSR20）OTC交易交收业务，探索进口橡胶保税交易交收业务。四是协同海南垦区内企业、地方政府，采取政策优惠，积极吸引槟榔鲜（干）果网上公开交易，弥补行业交易信息不对称的短板，实现槟榔种植户增收。未来海南国际热带农产品交易中心将在丰富交易品种的基础上，逐渐探索期货交易和跨国交易。

热带特色农产品中的橡胶、棕榈油、咖啡、可可、蔗糖等都在全球不同期货市场上交易，但椰子、胡椒、槟榔、杧果等还没有期货品种，咖啡和可可在国内还没有期货交易，有一定的可开发潜力。木薯干片虽然在泰国有期货交易，但受限于期货市场建设相对滞后，交易并不活跃。在海南建立农产品期货交易所难度较大，且期货品种创设面临较多的挑战。开发浓缩乳胶（浓乳）期货产品面临的挑战：一是浓乳产业规模不大，国内和进口的产值仅50亿元左右；二是技术标准确定难，乳胶制品厂商对浓乳的技术指标要求不同；三是期货价格发现体系竞争激烈，浓乳和技术分类橡胶的价格走势很相近，上海等地的天然橡胶期货交易价格已较为完善。

海南是我国最重要的胡椒产区，产量占全国96%以上，主要初级产品包括白胡椒、黑胡椒及其粉末，大多满足中低端市场需求。国外胡椒产品及其加工工艺标准相对完善，而国内技术标准执行却比较困难，但从产品的标准化程度看，胡椒是比较适宜开发的期货品种，同一类别产品同质性较强。创设胡椒期货品种的主要障碍在于其产业规模太小，年产值不足40亿元。

海南的槟榔种植占中国（不含港澳台地区）的比重接近100%，但槟榔加工和槟榔市场开发滞后，主要是销往湖南深加工。槟榔鲜果、干果价格波动大。

创设槟榔期货面临的难点:一是鲜果不耐储存,干果加工标准化程度较低;二是种植、深加工具有较强区域局限性,参与主体数量可能会受限。但近年来产业规模不断扩大,市场主体不断丰富,创设槟榔期货品种的可行性不断增强。

杧果是重要的热带水果,在广东、海南、广西、云南、四川等地均有种植。不同品种、区域和外形的杧果销售价格差异大,如不同地理标志、早熟与晚熟。创设杧果期货品种后,这些由品牌或自然条件带来的溢价可能难以实现,可能会出现类似鸡蛋期货的问题。若是选择单一品种或区域的杧果开展期货交易,会面临产业规模小的问题,且鲜果具有明显季节性。对杧果汁等其他杧果产品创设期货品种的可行性还需要进一步研究。

我国椰子的种植几乎都在海南,海南岛内有多家椰汁加工企业。以椰子为原料的产品还有椰子油、椰蛋白、食品椰干等。创设椰子期货面临的难点:一是椰子产业规模不够大、市场主体少,年产值只有 30 亿元左右;二是技术标准设定难。鲜椰子的外形和内在品质具有较大差异,标准设立难度大,椰子产品的标准亦缺失严重。

香蕉和木薯淀粉(或干片)可能更适合设立期货品种,因为它们的产业规模都较大。木薯是涉及面较广的产业,包括木薯种植、淀粉和酒精加工及下游深加工,拥有众多产品。国内生产尚满足不了市场需求,中国每年都要从泰国、越南等国家进口几十万吨木薯淀粉,用于纺织、造纸、食品加工等行业。香蕉是全球大宗水果,贸易量和需求人群大,主要困难可能是交割方式的选择和标准的制定,因为香蕉不耐存储且标准化程度较低。

(三)国际碳排放权交易所

中国目前在北京、天津、上海、湖北、重庆、广州和深圳 7 个省市启动了地方碳交易试点工作。全国碳排放权交易系统也已于 2020 年 3 月底完成系统建设。早在 2014 年 8 月,深圳排放权交易所就获得国家外汇管理局批准,允许境外投资者参与碳交易,且境外投资者参与深圳碳市场不受额度和币种限制。在此政策基础上,深圳排放权交易所推出跨境碳资产回购业务,境外投资者以境外资金参与深圳碳市场,持有碳资产的管控单位以碳资产为标的获得境外资金用于企业低碳发展。该业务为深圳市管控单位拓宽了融资渠道,使其有机会使用境外低成本资金,同时盘活了其碳资产,并通过不同品种之间的碳资产互换,获得置换收益,实现企业资产增值。深圳排放权交易所还提供一系列金融创新服务:碳资产质押融资、碳债券、碳配额托管、绿色结构性存款、碳基金等。截至2020年5月,境外投资机构累计交易量超1 000万吨,交易额达2.4亿元人民币,分别占深圳碳市场现货交易量的20%和交易额的16%。[①]

海南要立足自贸港的政策优势,对标国际标准,探索境外投资者引入及与国际碳市场互联互通交易,同时体现海南特色和亮点,服务于省内森林绿碳和海洋蓝碳的开发和交易,突出创新性,为碳交易场所探索服务全国碳排放权交易市场的路径。2019年5月,《国家生态文明试验区(海南)实施方案》提出开展蓝碳标准体系和交易机制研究,依法合规探索设立国际碳排放权交易场所。在海南设立的国际碳排放权交易场所可以创新开发上市交易碳排放权配额、基于项目的经过核证的温室气体自愿减排量、林业碳汇和蓝色碳汇四种产品。

海洋碳汇(又称"蓝碳")是指通过保护和恢复海草床、盐沼和红树林生态系统,以及通过扩大海藻水产养殖来固定二氧化碳的排放。蓝碳市场交易是将海洋碳汇纳入碳排放交易市场,对"有价值、可交易、有正外部性、产权清晰"的海洋牧场蓝碳商品进行定价,通过碳汇交易对海洋牧场经营者进行市场补偿,实现海洋牧场蓝碳的扩增。碳汇的潜在购买者可以是企业、社会组织、自然人个人和政府。一些高污染的企业为了降低其自身的工业减排成本,会选择通过购买碳汇量的方式来抵消自己的二氧化碳排放量;另一些企业则通过购买碳汇量的方式来树立自身的环保形象,增强企业自身的社会责任感,提高企业的商业信誉。蓝碳的供应者主要包括蓝碳项目的投资者以及其他蓝碳碳汇量的拥有者。

---

① 魏倩.深圳探索粤港澳大湾区环境权益交易与金融服务合作机制[EB/OL].(2020-05-19)[2021-01-10].上海证券报·中国证券网.

目前全球 20 个国家或地区的强制型碳排放交易市场中还没有一个交易市场将蓝碳纳入交易。蓝碳交易必须首先建立系统的市场交易制度,进而保障蓝碳项目所带来碳抵消信用经济价值的获取。围绕交易制度的设计,制定明确的交易主体规则、交易方式规则以及价格规则。授权第三方独立监管机构参与蓝碳市场运行管理,对蓝碳项目的市场准入、碳抵消信用产品的公平竞价、实物交割进行独立监管,并建立必要的蓝碳市场信息披露规则,保障市场运行的透明度。海南可以探索蓝碳交易市场的运行模式和机制,构建蓝碳交易市场政策法规体系,开展蓝碳资源开发与市场建设的地方立法,通过地方立法推动蓝碳市场的先行先试。

(四)知识产权交易平台

2019 年 12 月 28 日,海南国际知识产权交易中心(以下简称"国知中心")成立,于 2020 年 8 月开业。在国知中心挂牌的专利类型,包括发明专利、外观设计等,涵盖电子、能源、农林渔牧等;商标类型涵盖医药用品、科学仪器、医疗机器、灯具空调、运输工具、教育娱乐等;版权类型涵盖美术作品版权、戏剧版权、音乐版权等。与普通的技术市场、知识产权交易机构不同,国知中心的成立旨在促进以知识产权证券化为核心的探索,为不久的将来在海南成立国际知识产权交易所做准备。这是海南自由贸易港建设中的重大制度创新,因为迄今世界上还没有一个知识产权交易所。海南将探索和践行知识产权贸易自由化、证券化,打造全球知识产权集散中心和定价中心。

知识产权证券化是指以知识产权所产生的现金流作为基础资产,通过结构化的设计包装成资产支持证券,在市场上发行以进行融资。在构建资产池方面,类股型证券化以知识产权收益权为基础资产,而类债型证券化以知识产权质押贷款或知识产权对应的应收账款为基础资产,且要求基础资产有较高的质量以及发行主体有较高的信用评级。在界定未来现金流方面,需要分析、剥离经营收入以便外在化知识产权的隐性价值。

国知中心在初期建设中,首先可以根据市场需求和产品特性,开展知识产权产品的流转和服务，并在知识产权登记、交易、清算、存证等方面引进区块链技术，实现知产的原创性证明、价值传递、产权交换凭证、知产防伪确定、知产投资及交易，为探索知识产权证券化创新模式积累经验。

其次，国知中心将争取知识产权标准化、证券化试点资格，探索和践行知识产权证券化。争取获得国务院授权，豁免执行《国务院关于清理整顿各类交易场所切实防范金融风险的决定》文中限制标准化、证券化交易（不得将权益按照标准化交易单位持续挂牌交易）的相关条款，[①]并获得允许进行知识产权 ABS 产品挂牌、转让；同时争取获得人民银行认可，纳入全国银行间市场和交易商市场体系，建立与银行等其他金融机构合作的通道。

最后，结合自贸港外汇管理制度改革，探索知识产权跨境贸易投融资业务中人民币汇兑便利化措施，在知识产权跨境贸易投融资证券化等业务上面鼓励产品和模式创新。按照"一线放开，二线管住"的原则，对知识产权跨境交易给予外汇收支业务操作上的便利性政策，例如在一定额度内的交易，可由事前审查改为事后监管，同时将其真实性审查手续由银行等金融机构转移到国知中心，提供专业化服务，从而提高审批效率。

（五）国际航运交易所

航运交易所的基本功能是作为船找货、货找船、船舶买卖、局部线路和货物运价指数等的信息发布和交易平台。目前国内已有 13 家航运交易所和 52 家船舶交易市场，市场分散，交易量小。与上海、宁波等航运交易所主要面向国际进出口运输有所差异，海南作为西部陆海新通道、国际航运枢纽和国际旅游岛，航运交易所的发展方向是探索发展船舶买卖和租赁交易、邮轮游艇交易、航运

---

① 2011 年发布的《国务院关于清理整顿各类交易场所切实防范金融风险的决定》及《国务院办公厅关于清理整顿各类交易场所的实施意见》明确指出：不得将任何权益拆分为均等份额公开发行；不得采取集中交易方式进行交易；不得将权益按照标准化交易单位持续挂牌交易；累计权益持有人不得超过 200 人；不得以集中交易方式进行标准化合约交易；未经国务院相关金融管理部门批准，不得设立从事保险、信贷、黄金等金融产品交易的交易场所，其他任何交易场所也不得从事保险、信贷、黄金等金融产品交易。

金融和航运保险等业务,以及开展航运期货、运价指数衍生品交易等服务,创立有国际影响力的"一带一路"运价指数体系。

通过建设"互联网+"航运综合服务平台,航运交易所可以把航运企业和贸易交易的买卖双方都纳入平台,提供订舱、船舶交易、船公司运营、航运融资、航运保险等综合性的航运交易和金融服务。

一方面,由于航运业是高投入、高风险的行业,在周期性与外部性等多重因素的叠加影响下,航运市场价格波动十分频繁,因此航运交易所还需要开展航运期货、运价指数衍生品交易等服务。上海航运交易所正在与上海期货交易所合作,积极推动航运指数期货上市。大连商品交易所也以大连建设东北亚国际航运中心为契机,积极研发集装箱运力期货品种。

另一方面,航运业是一个国际化程度极高的行业,有效的航运金融衍生品市场也必须由境内外企业、资金共同参与。海南航运交易所可以利用自贸港金融改革和制度改革红利,吸引境外机构和资本参与海南航运金融衍生品市场,最终成为国际性的航运金融衍生品市场。

(六)股权、产权交易所的创新发展

将发展多层次股权、产权市场与海南自由贸易港内离岸公司业务发展结合起来,可以创新跨境投资方式,而且这种操作在现行法规下大体已经可以运行,无须另外制定新规。具体模式如下。

在自贸区设立离岸公司,将境外资产注入,然后将此离岸公司股权放到产权交易所交易,所得价款汇至境外对外直接投资。在第一次交易完成之后,此离岸公司股权在二级市场交易,提高了交易效率和这笔境外资产的流动性,这对于我国投资者而言是一项重要优势。

正值国际初级产品市场行情下行之际,此种构想尤其适用于我国投资者抄底吸纳海外资源、资产的情况。一方面,海外资源、资产通过这种方式进入中国多层次产权市场进行上市交易,能够大大提高其成交概率,也更有希望获得更公平、合理、透明的成交价格,减少在不透明市场上不得不付出的各种各样的不

合理中介费,包括那些存在行贿受贿违法嫌疑的所谓"中介费"。另一方面,鉴于我国企业近年来掀起了涉足海外矿业资产的热潮,包括很多上市公司也是如此,而它们的这种投资多数又属于高位买入的顺周期投资,在初级产品熊市期间不可避免要面临急剧上升的商业性风险,抛售部分或全部海外资源资产是其止损的选择。事实上,近年来,国际市场上矿业公司市值缩水 20%~60% 已成普遍现象。在这种情况下,若在海外市场出售其海外矿业资产,很有可能因所有者的外国身份而蒙受信息不对称及由此带来的风险贴水损失;若通过国内多层次产权市场出售,则更有可能减少、避免这一信息不对称带来的风险贴水损失。在微观层次上,国内投资者通过国内多层次产权市场收购取得海外资源产权,一来可以抓住抄底时机,降低投资直接成本,二来可以抓住熊市迫使东道国降低资源民粹主义要求的机遇,提高自己的投资预期收益率。

同时,由于我国矿产资源禀赋较差,初级产品熊市意味着我国大批在牛市期间开采的矿山将深陷亏损困境而被品位高得多、开采成本低得多的进口矿产所替代。在这种情况下,国内矿产企业退出国内开采,转向开发海外资源以返销国内市场是势在必行的;国内产权市场正好可以给他们提供一个方便的投资平台。

境外大型矿产项目若要登陆境内产权市场,只可能选择沪深两市;对于国内多层次产权市场中的各地产权交易所而言,开发境外"蓝天"矿业项目(即拥有采矿权加探矿权、资源增长潜力较大的中小型矿山项目)拥有相对优势。由于在国内,只拥有低品位贫矿或关停并转的矿业企业多数属于中小型企业,而国内民营投资者又往往存在"宁为鸡口,毋为牛后"的心态,不太容易集资组成大型投资企业,因此更适合投资海外"蓝天"矿业项目,这类项目经过探矿后的较大资源增长潜力也能补偿跨境投资的风险。而且这类"蓝天"项目在境内外为数甚多,可望给产权交易所提供较多潜在项目资源。

第五节　自贸港金融开放金融基础设施构建

一、法律基础设施建设

　　金融的特殊性决定了有关制度创新试验任务的落地必须经过中央和地方相关部门的逐一落实。在改革开放创新容错纠错机制不够完善的背景下,在金融风险防控不断被强调的政策导向下,各项政策只有在风险可控的前提下才能先行先试,因此自由贸易试验区的一些金融开放具体措施在落地时效果大打折扣。《浙江自贸试验区一周年建设成效及制度创新成果评估报告》就指出,国家部委未充分授权导致地方创新试验受限,是自由贸易试验区建设面临的主要问题。而且,由于部门之间的沟通问题,出台的支持自由贸易试验区的制度和政策措施在设计和落地过程中"大门开放、小门关闭",效果低于预期。

　　我国自由贸易港改革涉及诸多国家事权,包括离岸业务在内的诸多制度创新在没有国家立法保障的前提下很难顺利开展实施,固有的上位法体制障碍在一定程度上影响了我国自由贸易港深化改革的进程。《总体方案》给予了海南自由贸易港充分的法律授权,宣布本方案提出的各项改革政策措施,凡涉及调整现行法律或行政法规的,经全国人大及其常委会或国务院统一授权后实施,并鼓励海南自由贸易港制定出台《海南自由贸易港法》,为未来的发展解除了上位法限制的后顾之忧。因此,我国需要借鉴国际经验及时制定出台国家层面的《中国自由贸易港法》,并借助"新法优于旧法,特别法优于一般法"的基本法律适用原则变更实施与自贸港制度创新不相适应的上位法规定,有效化解自贸港改革进程中的法律体制障碍。

　　全球自贸港采用以判例法为基础的英美法律体系。海南要成为一个具有在岸和离岸双重性质的市场,在法律体系方面,既要坚持现有的以成文法为基础的大陆法律体系,又要探索在中国成文法系的基础上建立适用于离岸业务的、为国际金融机构和客户所熟悉的英美法律体系,实现两者的融合与互补。同时,要研究司法判决或仲裁裁决执行的国际协作问题。这是中国特色自由贸易港制度安排在金融领域的探索任务,也是海南自由贸易港市场化、国际化、法治化的应有之义,应当被纳入目前正在开展的海南自由贸易港立法研究中。

二、支付结算基础设施建设

2019年12月,海南省登记结算有限责任公司(以下简称"海南结算公司")揭牌成立,该公司是为确保海南"6+3"交易场所合规运作、良性发展,满足交易场所客户资金第三方存管要求的专业金融服务机构。

登记结算公司与各交易场所、银行系统对接,实现全省交易场所客户资金第三方存管要求,完善地方金融监管体系,实现交易场所的登记、存管、结算和交收等数据的独立及安全。在做好现有交易场所登记结算监管服务的基础上,海南结算公司可以在如下两个方面强化服务。

一是积极探索为跨境交易业务提供结算服务,推动海南交易场所国际化发展。随着跨境交易成为海南交易场所国际化的普遍业态,海南结算公司要顺应发展需求,探索出切合自贸港实际、自由便利的跨境结算方式,研究设计在满足监管要求、风险可控的前提下,适合自贸港跨境业务发展的账户体系及结算流程,将来源于境内和境外的履约保证金按币种分账户管理,将向非居民收取的履约保证金存放在海南结算公司的结算专用账户。

二是针对服务衍生品市场交易结算,做好海南国际清算所运营保障。2020年4月海南国际清算所成立,其功能是组织安排大宗商品及其场外衍生品的上市交易,为场外交易提供集中履约担保,并为市场提供直接和间接的本外币清算服务,包括清算、结算、交割、保证金管理、抵押品管理。海南结算公司将为衍生品交易市场提供资金结算、存管服务,为地方金融监管部门提供监管服务。

三、监管基础设施建设

以不发生系统性金融风险为底线,是海南自由贸易港金融政策安排的基本原则。《总体方案》中金融风险防控方面涉及多个方面,包括建设跨境资本流动的监测预警和评估体系,宏观审慎管理体系,建设反洗钱、反恐怖融资、反逃税的审查机制;构建适应海南自由贸易港建设的金融监管协调机制等。监管领域制度集成创新的重点可聚焦以下 4 个方面。

一是构建更加高效的监管协调机制。在当前不能突破"一行两会一局"金融管理架构的情况下,从提高监管效率着手,争取"一行两会"对驻海南分支机构的更多管理权限下放,主要是行政许可事项的审批权限;借鉴商事制度改革经验推进金融行业行政许可事项的一条龙服务,如金融机构从获颁金融许可证、工商注册登记到介入金融管理部门业务系统等事项有序衔接办理;探索地方金融监督管理局的监管职能。待条件成熟时,建立海南自由贸易港本地金融调控机制,完善自贸港内单一监管体制。

二是加强对自贸港跨境资本流动的统计监测和风险预警,加强跨境资金流动风险防范制度体系建设。2025 年全岛封关后,在自由贸易账户和"电子围网"等技术手段全面到位的前提下,整个自贸港有望完全取消资本管制,实现资金在港区与境外区域之间的全面自由流动。风险防范集中在防范离岸金融风险和跨境资本流动风险。自由贸易账户面向的使用对象之一就是非居民,同时又对非居民间的资金划转不做微观主体上的干涉,这样实质上就形成了离岸金融往来。虽然自由贸易账户的实施可以基本隔绝自贸港与境内其他地区的异常资金流动,但自贸港与境外地区之间的资金完全自由流动则很容易对自贸港的金融稳定产生不利的影响。因此,有必要加强对自贸港跨境资本流动的统计监测和风险预警,对于异常的大规模资本流入或流出,应该及时予以关注或采取必要的临时性限制措施。同时,作为一种常规性的政策安排,中国人民银行在"一线放开"的基础上保留了对分账核算业务及自由贸易账户的宏观审慎监管,采用境外融资杠杆率、风险转换因子和宏观审慎调节参数进行管理,对异常资金流动实施干预,包括调整嵌入金融机构分账核算业务常态运行中的固定工具类参数和对资本流动的方向和规模实施的逆转性调节工具,以实现自由贸易账户下跨境流入资金和流出资金之间的平衡。此外,还应该充分利用"电子围网"等手段,对分账核算业务及自由贸易账户进行微观审慎监管,要求金融机构依据"反洗钱、反恐融资和反逃税"等规定,对跨境资金进行相应审查,按照"了解你的客户""了解你的业务"和"尽职审查"的展业三原则对资金进行入账审核。

三是探索鼓励创新的金融监管机制。在海南自由贸易港试行监管沙盒机制,充分运用好国际推荐和认可的规则探索金融开放后风险管理的可行模式。对创新型金融产品进行包容审慎监管时,海南金融监管部门可以提供安全可控的小范围测试环境。

四是监管规则的国际化对接,积极参与国际金融合作,为我国进一步融入全球化积累新经验、探索新路径。例如,联合境外监管机构、交易所等进行资金监管的国际合作,提高政策透明度、加强信息平台共享等。

7

以人为本：
自贸港人员进出自由便利

发展之要，首在人才。习近平总书记在多个场合上强调了人才的重要性，认为要把事业发展好，就要聚天下英才而用之。为加强人才生态建设，实现人才"引得来"和"留得住"，近年来各地纷纷出台人才政策，从补贴、税收优惠到"送"户籍、"送"房，为招才引资各出新招。自建设自由贸易试验区以来，海南省亦开启了对外开放发展新篇章。然而，地区人才与经济发展往往有相生相长的关系，经济基础相对落后的海南省同样面临着人才发展不足的困境。在自由贸易试验区建设的强利好政策支持的机遇下，海南省如何破局人才发展掣肘，通过机制体制创新促进人员进出便利化，必将成为其建设自由贸易试验区的重要课题。本章以海南自由贸易港的人才环境发展基本现状为起点，从多视角回顾海南自由贸易港人员进出便利化的演进历程，继而结合国内外先进经验提出人员进出便利化破局与创新的建议。

第一节　海南自由贸易港人才环境发展现状

人才是经济社会发展的源动力，而人才环境是影响人才流动的关键。从经济特区到自由贸易试验区，海南省的人才发展环境正发生天翻地覆的改变。随着就业环境的逐步优化、教育资源的日渐丰富、生活质量的稳步提升以及人才政策的不断完善，海南省的人才发展有了质的飞跃，每 10 万人中具有大学学历人数由 2000 年的 3 180 人增加至 2010 年的 7 728 人，且这一数据正有快速增长趋势。然而，与其他发达地区相比，海南省的人才环境发展水平仍处于追赶阶段。

一、海南人口构成

2019 年海南省总人口为 944.72 万人，其中劳动年龄人口占比较大，超过 70%；老年人口与少儿人群总体变化稳定；人口性别比变化较小，男女结构更趋合理。在民族构成上,海南是一个多民族的省份,共有 54 个民族,汉族人口最多,黎族、苗族、壮族、回族等少数民族较少,各民族人口均呈增长态势。

(一)自然构成

人口的自然结构对于一个国家的劳动经济参与水平具有巨大影响。一方面,从年龄构成来看,劳动年龄人口越多,幼儿、老年人口越少,则该地区的经济参与度越高。另一方面,从性别结构来看,一般来说,男性占比较大,女性占比较少,经济参与度就较高,反之则反。总体来说,2005—2019 年海南省各年龄段人口占比与性别占比变化较小,人口结构更趋合理。

第一,海南省劳动年龄人口占比较大,老年人口与少儿人口占比总体稳定。根据图 7.1 可知,2005—2010 年,15~64 岁劳动年龄人口比例逐渐增大,2010—2019 年,占比均达 70%以上,占总人口的比例较大。少儿人口 2005—2010 年出现下降趋势,2010 年以来波动较小,保持在 19%左右的水平。老年人口占比自2005 年以来一直保持在 8%左右的水平。各年龄段人口发展趋势平稳。

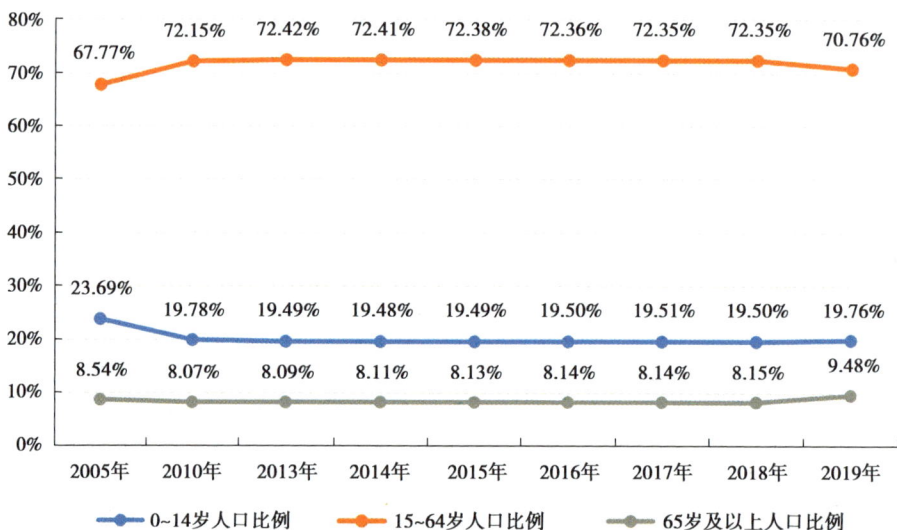

图 7.1　2005—2019 年海南省各年龄段占比

资料来源:根据海南省各年统计年鉴整理所得。

第二,海南省人口性别比总体变化较小,男女结构更趋均衡。根据图7.2可知,2005—2010年,海南省男性比例小幅增加,从2005年的52.49%增长到2010年的52.96%;女性比例小幅下降,从2005年的47.51%下降到2010年的47.04%。2010年后,男女性别比例总体变化较小,虽男性占比仍超过52%,高于女性比例,但男女结构更加均衡。2010年以来,男性比例逐年下降,女性比例逐年上升,且未来差距呈缩小趋势。

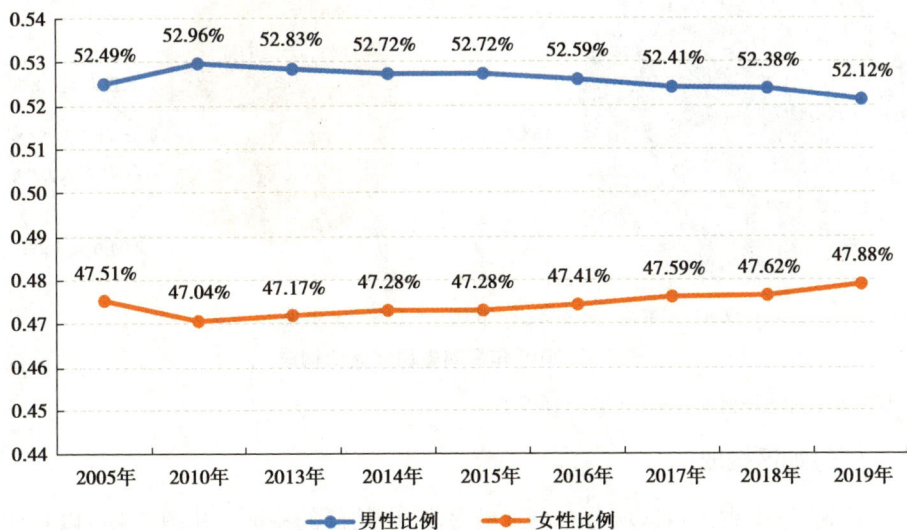

图7.2　2005—2019年海南省男女占比

资料来源:根据海南省各年统计年鉴整理所得。

(二)民族构成

海南是多民族聚居的省份,除汉族之外,还有53个少数民族。其中,海南省的四大世居民族分别是黎族、苗族、壮族、回族,①其人口总数构成了海南少数民族总人口的大部分,它们主要分布于黎族苗族自治县、保亭黎族苗族自治县、

---

① 其余民族包括瑶族、土家族、蒙古族、满族、布依族、侗族、朝鲜族、彝族、藏族、维吾尔族、畲族、土族、白族、傣族、仫佬族、京族、哈尼族、仡佬族、高山族、水族、鄂温克族、羌族、达斡尔族、撒拉族、毛南族、阿昌族、塔吉克族、佤族、景颇族、哈萨克族、锡伯族、乌孜别克族、布朗族、傈僳族、独龙族、纳西族、柯尔克孜族、俄罗斯族、东乡族、塔塔尔族、赫哲族、普米族、拉祜族、怒族、裕固族、鄂伦春族、门巴族、珞巴族、德昂族、保安族、基诺族以及未识别的民族。

白沙黎族自治县、乐东黎族自治县、昌江黎族自治县以及陵水黎族自治县 6 个民族区域自治县。随着海南省经济的不断发展,海南省的人口不断增加,其中,2019 年汉族人口较 2000 年人口普查增加了 42.3 万人,占总人口的比重达82%;而少数民族人口也增加了 15.12 万人,占总人口比重略有上升,由 2000 年的 17.4%上升至 2018 年的 18%(图 7.3),各民族人口占比相对稳定。①

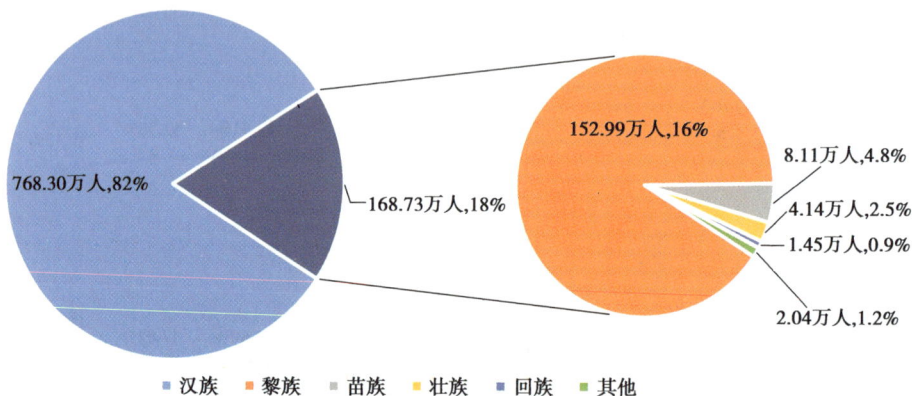

图 7.3　2019 年海南省民族人口构成

资料来源:根据海南省各年统计年鉴整理所得。

(三)地区构成

首先,海南省人口区域分布呈现沿海高、内陆低的特征。从图 7.4 可以看到海南省常住人口在市和自治县的分布情况。2019 年海口市人口高达 232.79 万人,居海南省之首。其次是儋州市、三亚市、万宁市、文昌市和琼海市,人口数量分别为 100.95 万人、78.25 万人、58.50 万人、57.52 万人和 52.14 万人。这些城市均为沿海城市,且除儋州市外,其他城市均位于海南省东部或南部。而琼中县、白沙县、保亭县和五指山市 4 个内陆市县人口均低于 20 万人。

其次,海南省城镇人口比例不断攀升,但仍处于较低水平。2019 年海南省城镇人口占比为 59.23%,比 2005 年的 45.20%上升了 14.03%,但剔除“候鸟人口”后的户籍人口中的城镇人口比例仅为 40.38%,远低于全国平均水平 60.60%,这表明

---

① 数据来源:海南省统计局。

海南省城镇化水平发展空间仍非常巨大。

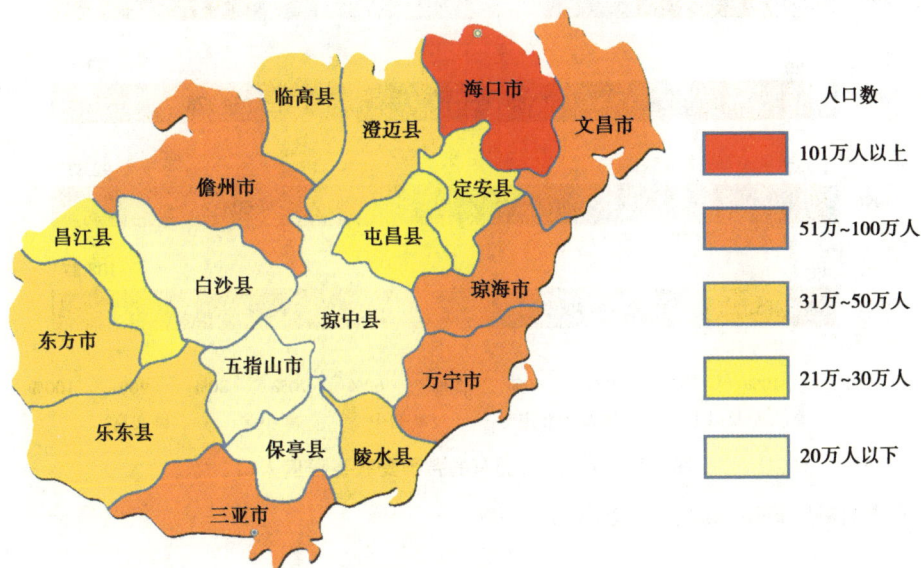

图 7.4　2019 年海南省常住人口在市或自治县的分布情况①

资料来源：海南省统计局,国家统计局海南调查总队.海南统计年鉴 2020[M].北京:中国统计出版社,2020.

(四)学历构成

随着海南省经济社会的不断发展,人口学历构成日趋优化。从图 7.5 可以看到,1982 年以来,海南省受教育人口数量及比例实现快速双增长,小学学历及文盲人口不断下降。其中,具有大学学历的人口增长速度最快,2010 年(第六次人口普查)达到每十万人口中有 7 728 人,是 1982 年的 20 余倍。初中学历人口增长幅度最大,2010 年每十万人口中有初中学历的人数比 1982 年增加 25 381 人,增长了 152.68%。

尽管海南省的接受初中以上教育的人口在不断攀升,但整体而言,每十万人具有大学以上学历的人口远低于全国平均水平的 8 930 人,受教育人口主要集中在初中水平,高于全国平均水平的 38 788 人。②

① 因受图形篇幅所限,制图时未将三沙市画入。
② 海南省统计局.海南省 2010 年第六次人口普查主要数据公报[R/OL].(2011-05-10)[2021-01-10].国家统计局官网.

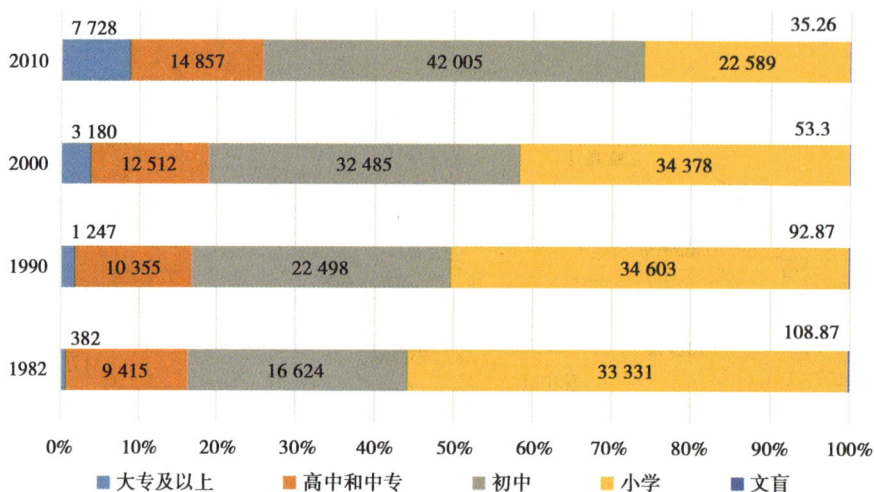

图 7.5　每十万人拥有的各种受教育程度人口

资料来源:根据海南省各年统计年鉴整理所得。

二、海南就业结构

海南省自成为经济特区以来,就业结构不断优化,就业结构亦随之逐步优化。从行业结构上看,在海南省第三产业中,批发和零售业吸纳的就业人数显著大于其他行业;从职业结构上看,海南省的劳动力多为劳动型人才,技能及知识型人才相对缺乏;从企业结构上看,海南省近年来私营企业吸纳的就业人数逐渐超过国有企业。

(一)行业结构

具体而言,行业可根据其性质和类型划分为第一产业、第二产业、第三产业,其中。2009—2019 年,海南省各行业吸纳的从业人员人数整体呈上升趋势。至 2018 年,海南省按行业分组从业人员年末人数已达 600.50 万人,较 2009 年增长了 41.44%。其中第一产业吸纳人数已从 2009 年的 225.59 万人增加至 2018 年的 223.18 万人;第二产业吸纳人数从 2009 年的 48.24 万人上升至 2018 年的 70.22 万人的峰值,但在 2019 年大幅下降至 60.54 万人;第三产业增长最为显著,从 2009 年的 150.73 万人增加至 2018 年的 300.32 万人的峰值后在

2019 年下降至 293.41 万人,增长了近两倍(图 7.6)。

图 7.6 2009—2019 年海南省三次产业年末从业人数

资料来源:根据海南省各年统计年鉴整理所得。

从第二产业就业人数分行业结构来看(图 7.7),采矿业和电力、煤气及水的生产和供应业占比较小,特别是在 2009—2011 年出现较快下降,在随后年份变化相对平稳,但仍呈现出缓慢下降趋势。而制造业和建筑业是第二产业中吸纳就业人数最多的两大行业。2009—2018 年,制造业吸纳就业人数整体呈下降趋势,而建筑业吸纳就业人数则整体呈现上升趋势,就业人数所占比例由 2009 年的 44.39% 上升至 2018 年的 54.94%,与近年来海南基础设施建设发展较快的现实相吻合。

从第三产业各行业就业人口结构来看,2019 年第三产业中就业人数最多的是批发和零售业,达 80.62 万人,占第三产业就业总人数的 27.48%。其次为住宿和餐饮业,就业人数为 40.17 万人,占比 13.69%。随后为租赁和商务服务业、交通运输仓储及邮电通信业,就业人数分别为 20.13 万人和 19.27 万人,占比分别为 6.86% 和 6.57%。吸纳就业人数最少的是文化、体育和娱乐业,就业人数仅为 4.59 万人,所占比例为 1.56%(图 7.8)。这些数据表明,海南省三产的就业主

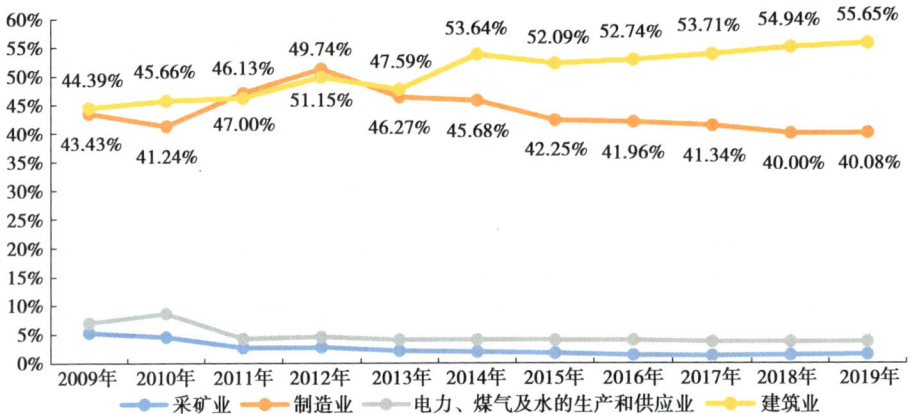

图7.7 2009—2019年第二产业各行业年末从业人数占比

资料来源:根据海南省各年统计年鉴整理所得。

要集中于零售、餐饮和商业服务。这主要归因于 2010 年 1 月国务院发布的《关于推进海南国际旅游岛建设发展的若干意见》对海南相关服务业起到了积极的推动作用,带动了上述行业就业人数的增长。随着 2020 年海南成为自贸港之后,这些行业将会迎来飞速发展。

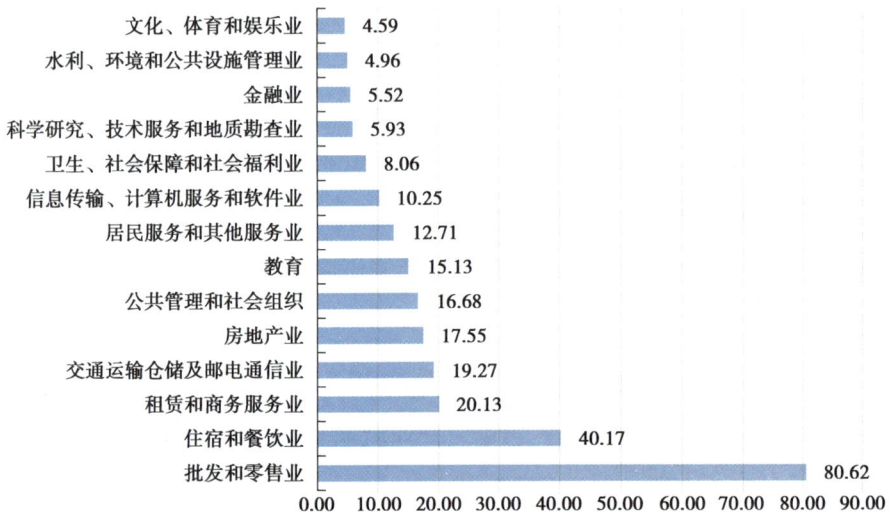

图7.8 2019年第三产业各行业年末从业人数

资料来源:海南省统计局,国家统计局海南调查总队.海南统计年鉴 2020 [M].北京:中国统计出版社,2020.

（二）企业结构

在海南初设为经济特区之时，省内兴办的企业多为国有企业，接受国家统一管理和调度，城镇集体企业及其他私营企业数量少，发展很不完善，对就业的带动作用较弱。随着经济特区社会主义市场经济和各项优惠政策的实施，私营企业如雨后春笋般崛起，数量逐渐增多，吸纳了大量劳动力。在 20 世纪 80 年代末、90 年代初期，国有单位吸纳的就业人数一度超过 100 万人，而非国有或城镇集体单位就业人数不足 10 万人。随后，国有单位及城镇集体单位就业人数逐步减少。2005 年，非国有或城镇集体单位吸纳就业人数首次超过国有单位，就业人数达 61.54 万人。2010—2015 年，非国有或城镇集体单位吸纳的就业人数更是快速增加，2017 年，非国有或城镇集体单位就业人数突破 200 万人，而国有和城镇集体单位就业人数则逐年下降，这充分说明了非国有经济的巨大活力与贡献。同一时期，从事乡村农业人数也随着人口增长而增加，但 2015 年后，增长速度有所放缓（图 7.9）。结合城镇化率上升的现实来看，农村人口向城镇转移是乡村就业人口出现增长下滑甚至负增长的主要原因。

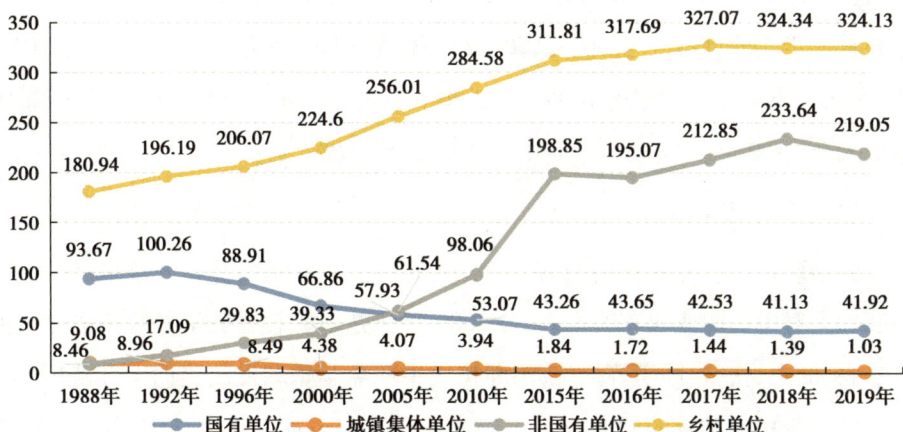

图 7.9　1988—2019 年海南省按注册类型企业在岗职工年末人数

资料来源：根据海南省各年统计年鉴整理所得。

三、海南教育资源

教育是提高劳动者素质的重要途径,是促进经济社会发展的重要抓手。近年来,海南省不断加大教育投入力度,加强师资队伍建设,基础教育资源、职业教育资源、高等教育资源逐渐丰富,致力于为加快建设海南自由贸易港输送更多的高端人才。但与全国其他大城市相比,海南省的教育事业仍处于追赶阶段,与其他发达省份存在较大差距。

(一)基础教育资源

近年来,海南基础教育投入不断加大,在人才建设、从教育管理到学校建设等基础教育资源方面均得到长足发展。2019 年海南省初等教育学校达 1 376 所,教职工人数为 47 002 人,专任教师为 52 466 人;初中阶段教育学校达 404 所,在校教职工人数为 28 721 人,专任教师为 26 987 人。经过多年不断努力,海南通过积极引进国内优质教育资源,使北大附中附小、人大附中、清华附中、北师大附中等知名学校相继在海南合作办学,发挥了优质学校的资源优势和品牌效应,对海南省的基础教育办学水平起到了很好的辐射带动作用,海南省基础教育逐步实现了全省各地区基础教育优质、均衡、跨越式发展。截至 2019 年,海南省小学净入学率近 100%,普通初中毕业生人数为 105 415 人,普通高中招生人数为 60 586 人,初中升高中的比例达 54.47%。①

(二)职业教育资源

海南职业教育发展稳中向好,办学质量和水平不断攀升。近年来,海南省不断加大对中等职业教育的投入,自 2007 年实施中职教育免学费政策以来,通过富农、助农、扶贫、助学等措施,不断扩大中职免学费和发放奖助学金范围,提升中等职业教育质量的同时加大中等职业教育普及面。截至 2019 年,海南省有中等职业教育院校 81 所,其中普通中专 30 所,成人中专 1 所,职业中专 42

---

① 海南省统计局,国家统计局海南调查总队.海南统计年鉴 2020[M].北京:中国统计出版社,2020.

所,技工学校 8 所,总教职工 7 058 人,专任教师 5 075 人。① 与此同时,海南省还从资源整合和教师职称制度改革两大抓手,提升职业教育质量。一方面,开展"职教+励志教育""职教+助学解困""职教+入乡助农"等活动,将职业教育和社会资源进行整合,并通过"订单培养"提升中等职业院校学生就业率。另一方面,2020 年海南省教育厅、中共海南省委人才发展局印发《海南省中等职业学校教师系列职称制度改革工作实施方案》,以期对中等职业教师职称评定工作进行规范化,对中等职业学校教师的专业素质和教学水平进行有效评价,从而激励中职教师成长,提升中职教师教学水平。

(三)高等教育资源

高等教育建设对海南省的经济和社会发展具有深远的积极影响,大力发展高等教育不但可以极大地提高社会公民的文明素养与科技研发的创新水平,还可以极大地促进城市现代化发展和经济高质量发展。截至 2019 年,海南省拥有高等教育学校 21 所,其中本科院校 8 所(含 4 所研究生培养机构),高职(专科)院校 12 所,成人高等学校 1 所,全省高等院校数量位列全国 31 个省份中第28 位,仅高于宁夏(19 所)、青海(12 所)、西藏(7 所),远低于各省份高等院校数量全国平均水平的 86 所。从表 7.1 可以看出,从办学性质来看,在海南省 20所普通高校中,公办院校共 11 家,民办院校共 9 家,其中 8 所本科高校中,公办高校有 5 所,民办高校有 3 所,12 所高职院校中公办及民办院校各占一半,均为6 所。从区域分布来看,有 12 所高校在海口市,6 所在三亚市,分布较集中。从优势专业来看,旅游管理是出现频率最高的专业,酒店管理和健康类专业其次,反映了海南省人才需求市场特征。在海南建设自贸港的背景下,高等教育的投入和建设显得更为重要,建设海南高等教育集聚示范区,既是自贸港建设的一项战略性工程,也是建设海南国际旅游消费中心的核心内容。

---

① 海南省统计局,国家统计局海南调查总队.海南统计年鉴 2020[M].北京:中国统计出版社,2020.

表 7.1　截至 2019 年海南省普通高校名单

办学层次	院校名称	办学性质	优势专业（群）	所在市/自治县
本科（有硕、博士点），"211 工程"重点建设大学	海南大学	公办	作物学、园艺、食品科学与工程、水产养殖学	海口市
本科（有硕、博士点）	海南师范大学	公办	小学教育、汉语言文学、英语、新闻学、化学、生物	海口市
本科（有硕、博士点）	海南医学院	公办	临床医学、药学、护理学	海口市
本科（有硕士点）	海南热带海洋学院	公办	旅游管理、社会工作、资源与环境	三亚市
本科	琼台师范学院	公办	艺术设计	海口市
本科	三亚学院	民办	测控技术与仪器、通信工程、俄语、酒店管理	三亚市
本科	海口经济学院	民办	空中乘务、旅游管理、移动通信技术、工程造价	海口市
本科	海南科技职业大学	民办	航海技术、健康管理	海口市
高职	海南职业技术学院	公办	电子商务、汽车运用与维修技术、畜牧兽医	海口市
高职	海南政法职业学院	公办	治安管理、交通管理	海口市
高职	海南经贸职业技术学院	公办	物流管理、会计信息管理、旅游管理	海口市
高职	海南软件职业技术学院	公办	动漫制作技术	琼海市
高职	海南外国语职业学院	公办	应用英语	文昌市

续表

办学层次	院校名称	办学性质	优势专业（群）	所在市/自治县
高职	海南体育职业技术学院	公办	休闲体育、体育保健与康复、高尔夫球运动与管理	海口市
高职	海南工商职业学院	民办	药品生产技术	海口市
高职	海南健康管理职业技术学院	民办	健康管理	海口市
高职	三亚城市职业学院	民办	旅游管理	三亚市
高职	三亚航空旅游职业学院	民办	飞机机电设备维修	三亚市
高职	三亚理工职业学院	民办	酒店管理	三亚市
高职	三亚中瑞酒店管理职业学院	民办	酒店管理	三亚市

资料来源：根据各高校公开资料整理所得。

四、海南生活成本与生活质量

低生活成本与高生活质量是吸引人才的重要因素。总体来看，一方面，近十年来海南省的生活成本逐渐升高，消费者价格指数呈上涨趋势，且乡村地区的消费者价格指数大于城市地区。另一方面，随着海南省就业薪酬工资的逐渐增加，人们的可支配收入实现稳步增长。

（一）薪酬水平

1.分部门比较

根据图 7.10 可知，2010—2019 年，海南省城镇私营与非私营单位就业人员平均工资不断增加。其中城镇私营单位就业人员平均工资从 2010 年的 18 061

元上升到 2019 年的 53 442 元,平均每年增长 3 538 元;城镇非私营单位就业人员平均工资从 2010 年的 30 779 元上升到 2019 年的 82 227 元,平均每年增长 5 145元。在平均工资增速上,2010—2019 年城镇私营单位与非私营单位平均工资名义增速有波动起伏,并逐渐呈放缓趋势,2019 年,两类就业人员平均工资名义增速相差无几,均处于 8% 左右的水平。

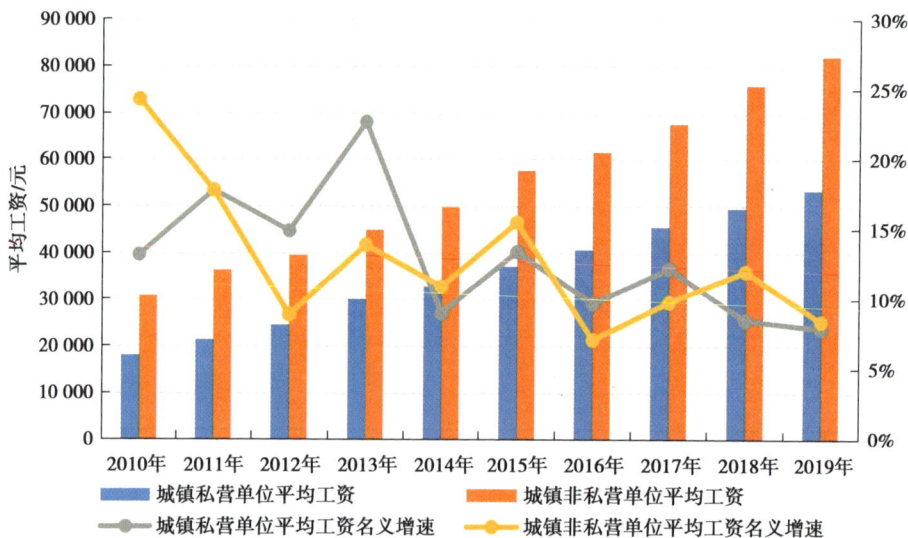

图 7.10　2010—2019 年海南省城镇私营与非私营单位就业人员年平均工资及名义增速

资料来源:根据海南省各年统计年鉴整理所得。

　　分行业来看(表 7.2),2018 年城镇非私营单位年平均工资均大于城镇私营单位。在城镇非私营单位中,农、林、牧、渔业的年平均工资最低,为 43 624 元,但名义增长率最高,达 25.8%;在第二产业中,建筑业年平均工资最低,为 46 019 元,名义增长率也最低,只有 4.5%;其中,电力、热力、燃气及水生产和供应业年平均工资高达 88 595 元,名义增长率达 9.2%;在第三产业中,金融业和信息传输、软件和信息技术服务业的年平均工资均在 11 万元以上,显著高于居民服务、修理和其他服务业以及水利、环境和公共设施管理业,差额在 7 万元左右。

　　而在 2018 年城镇私营单位年平均工资中,电力、热力、燃气及水生产和供应业的年平均工资最低,只有 31 674 元,相较于 2017 年名义增长率为-10.8%;房地产业增长最快,名义增长率为 23.5%,年平均工资达 76 908 元。在第二产业中,除电力、热力、燃气及水生产和供应业的年平均工资低于 4 万元,其他三个行业的年平均工资均大于 4 万元。在第三产业的行业中,居民服务、修理和其他服务业,教育业,水利、环境和公共设施管理业年平均工资较低,在 4 万元以下,金融业、信息传输、软件和信息技术服务业年平均工资较高,在 6 万元以上。此外,城镇非私营单位年平均工资名义增长率除信息传输、软件和信息技术服务业的为负值,其余均为正值,而在城镇私营单位中,制造业,电力、热力、燃气及水生产和供应业,居民服务、修理和其他服务业,教育均为负值。可见国有单位仍是领头羊,私营单位是国有单位的重要补充。

表 7.2　2018 年海南省城镇私营与非私营单位就业人员分行业年平均工资

行业	城镇非私营单位年平均工资/元	名义增长率/%	城镇私营单位年平均工资/元	名义增长率/%
农、林、牧、渔业	43 624	25.8	39 147	4.7
采矿业	68 748	18.5	44 111	4.7
制造业	66 980	12.4	42 279	-4.6
电力、热力、燃气及水生产和供应业	88 595	9.2	31 674	-10.8
建筑业	46 019	4.5	43 018	11.6
批发和零售业	64 565	10.6	42 587	9.3
交通运输、仓储和邮政业	84 586	4.1	58 568	32.8
住宿和餐饮业	56 134	20.0	41 192	2.9
信息传输、软件和信息技术服务业	117 730	-5.1	60 901	23.1
金融业	120 250	2.3	44 074	11.2

续表

行业	城镇非私营单位年平均工资/元	名义增长率/%	城镇私营单位年平均工资/元	名义增长率/%
房地产业	69 427	11.5	76 908	23.5
租赁和商务服务业	68 976	13.5	56 250	7.7
科学研究、技术服务业	90 573	15.4	53 283	23.9
水利、环境和公共设施管理业	50 606	8.3	39 471	22.6
居民服务、修理和其他服务业	44 647	22.2	32 220	−14.3
教育	88 920	11.5	33 845	−3.3
卫生和社会工作	85 815	8.1	44 269	1.5
文化、体育和娱乐业	75 795	12.7	47 000	31.7
公共管理、社会保障和社会组织	80 102	15.5	—	—

资料来源:海南省统计局。

2.分地区比较

分地区看(表7.3),海南省三大区域就业人员平均工资由高到低依次为西部地区、东部地区及中部地区。在东部地区中,最高的为陵水县,从业人员年平均工资达 133 078 元;最低为琼海市,仅有 61 355 元,地区间年平均工资存在较大差距。在中部地区中,年平均工资从高到低排列顺序依次为保亭县、五指山市、安定县、白沙县、琼中县和屯昌县,地区之间年平均工资差距较小。而在西部地区中,东方市和澄迈县年平均工资相差无几,均达到 10 万元以上,儋州市年平均工资最低,仅为 50 235 元。

表 7.3　2018 年海南省分地区就业人员平均工资

地区	从业人员年平均工资/元	地区	从业人员年平均工资/元	地区	从业人员年平均工资/元
东部地区	69 274	中部地区	54 858	西部地区	82 090
海口市	68 154	五指山市	62 445	儋州地区	68 706
三亚市	69 542	安定县	52 045	儋州市	50 235
文昌市	70 687	屯昌县	43 451	洋浦	78 447
琼海市	61 355	琼中县	45 934	东方市	103 846
万宁市	62 150	保亭县	67 696	澄迈县	103 162
陵水县	133 078	白沙县	46 961	临高县	76 760
				乐东县	66 493
				昌江县	73 658

资料来源：海南省统计局。

2018 年,全国城镇私营单位就业人员年平均工资为 49 575 元,城镇非私营单位为 82 461 元[1]。而 2018 年海南省城镇私营单位就业人员年平均工资为 49 541元,城镇非私营单位就业人员年平均工资为 75 885 元,均低于同期全国年平均工资水平。与邻省广东省相比,海南省年平均工资与其差距较大,2018 年广东省城镇私营单位就业人员年平均工资为 58 258 元,城镇非私营单位就业人员年平均工资 88 636 元,分别比海南省高 8 717 元、12 751 元。薪酬水平的差异与地区经济发展水平显著相关。

（二）生活成本

通常使用消费价格指数（Consumer Price Index,CPI）来衡量人们的生活成本。从图 7.11 可以看出,2010—2019 年海南省居民 CPI 均呈增长趋势,2011 年

---

[1]　国家统计局.中国统计年鉴 2019[M].北京:中国统计出版社,2019.

涨幅最为明显,同比增长 6.1%;2015 年涨幅较小,同比上涨 1%。总体来看,2010—2019 年 CPI 呈"V"形走势,其中 2010—2015 年海南省 CPI 涨幅大幅回落,2015—2019 年 CPI 上涨。此外,在 2014 年之前,农村 CPI 涨幅总体大于城市 CPI,2014—2018 年则小于城市地区,2019 年比城市 CPI 大 0.8%。该图表明2010—2019 年海南省的生活成本逐渐增加。

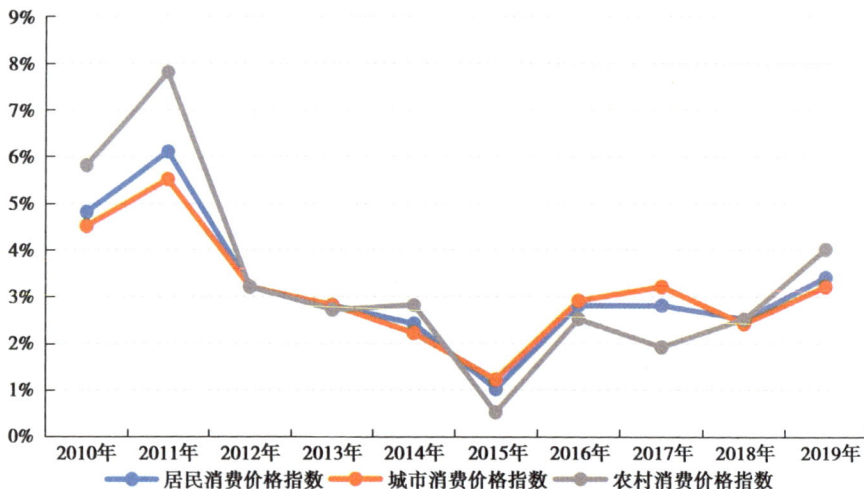

图 7.11　2010—2019 年海南省消费价格指数

资料来源:根据海南省各年统计年鉴整理所得。

　　分行业看,2019 年海南省所有行业中,食品烟酒行业的 CPI 最高,涨幅达8.1%,其中城市地区 CPI 为 7.5%,农村地区为 9.8%;交通和通信行业的 CPI 最低,涨幅为−0.9%,其中城市 CPI 为 0.8%,农村为 1%。在图 7.12 的八大行业中,居住、生活用品及服务、教育文化和娱乐以及医疗保健的 CPI 小幅上涨,均在 1%~2%,而其他用品和服务的 CPI 上涨也较为明显,达 4.1%,衣着为 2.1%。

　　(三)生活质量

　　2010—2019 年海南省城乡居民人均可支配收入①实现稳步增长,由 2014 年的 17 476 元增长至 2019 年的 26 679 元,平均每年增长 1 534 元,年均增长率达

----

① 2014—2018 年人均可支配收入来源于一体化住户与生活状况调查,2010—2013 年来源于城镇、农村住户调查,其中农村居民收入为纯收入。

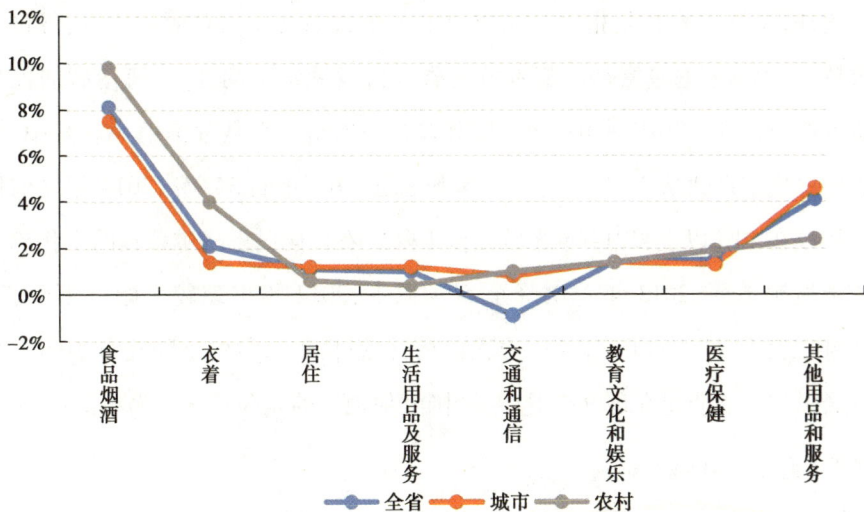

图 7.12　2019 年海南省分行业消费价格指数

资料来源:海南省统计局,国家统计局海南调查总队.海南统计年鉴 2020[M].北京:中国统计出版社,2020.

8.8%。其中,2010—2019 年,城镇常住居民人均可支配收入从 2010 年的 15 581 元上升到 2019 年的 36 017 元,年均增长 13.1%;农村常住居民人均可支配收入从 2010 年的 5 275 元增加至 2019 年的 15 113 元,年均增长 18.7%。农村地区人均可支配收入增长幅度大于城镇地区,但城乡收入差距依旧较大,且差距呈扩大趋势(图 7.13)。

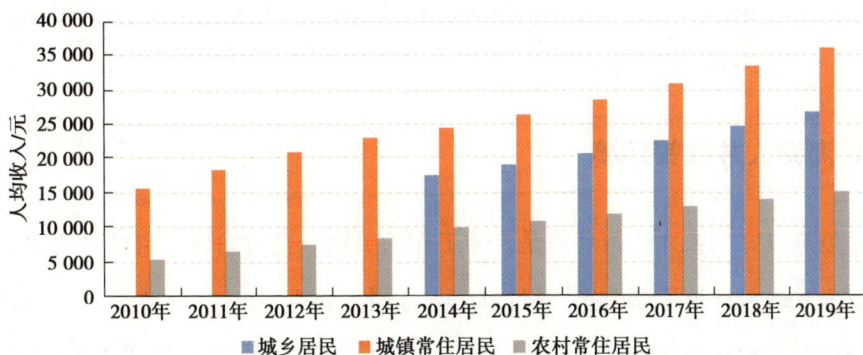

图 7.13　2010—2019 年海南省居民家庭人均收入

资料来源:根据海南省各年统计年鉴整理所得。

此外,恩格尔系数是指食品支出总额占个人消费支出总额的比重,恩格尔系数越小,表示家庭越富裕。随着海南省经济发展水平的提高,海南省居民生活质量逐渐提升。2010—2019年,海南省居民恩格尔系数逐渐缩小。其中,城镇居民恩格尔系数从2010年的44.8%下落至2019年的34.3%,2014年之前恩格尔系数在40%以上,2014年之后缓慢下降。农村居民恩格尔系数的变化趋势类似于城镇地区,2013年首次降至50%以下,2014年出现较大幅度下降,至2019年已降至41.7%(图7.14)。城镇与农村恩格尔系数的下降充分表明了海南省居民的生活质量在逐渐提升,与全国其他地区的差距在逐渐缩小。[①]

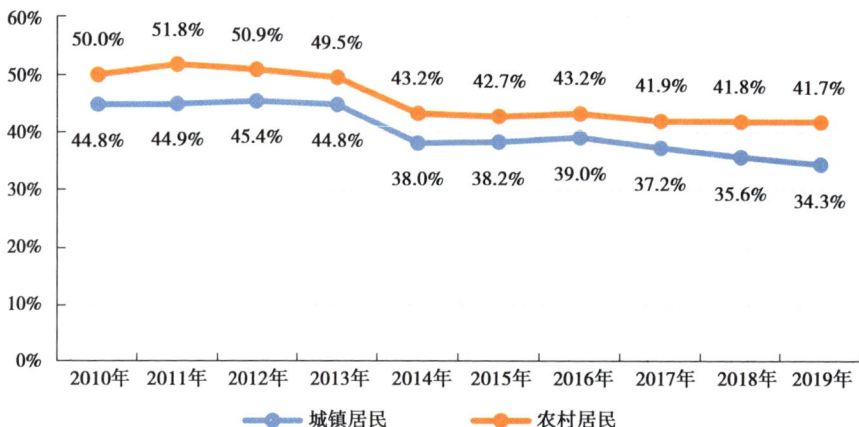

图 7.14　2019 年海南省居民家庭恩格尔系数

资料来源:海南省统计局,国家统计局海南调查总队.海南统计年鉴2020[M].北京:中国统计出版社,2020.

五、海南人才政策环境

创造良好的人才政策环境是人才工作的关键。自海南建立自贸港以来,海南省人才政策环境不断改善,通过制定人才引进政策,加大本地人才培养力度,加强创新平台建设等路径,完善人才支持体系,在大力引进高层次人才的同时

---

① 扣除价格因素,2019年全国恩格尔系数为28.2%,其中城镇为27.6%,农村为30.0%。

把本地人才作为建设人才强省的主体，多措并举，协同推进各项政策，从而不断完善海南省的人才政策环境。

（一）高层次人才引进政策

2018 年 5 月以来，海南省推出《百万人才进海南行动计划（2018—2025年）》，旨在通过进一步完善人才引进政策，构建全新的人才引进工作格局，营造更加积极、开放和有效的人才政策环境，吸引更多的省外高水平人才到海南就业和创业，实现海南省的整体就业人员水平的提升，从而促进海南自由贸易港向更高质量发展。随后，海南省委人才办发布了《海南省 2018 年度高层次人才需求目录》，详细列明 101 家单位，1 530 个高层次岗位人才需求条件及要求，旨在为海南自由贸易港建设全面开局的人才需要设定重点范围。2019 年，海南省委人才办再度发布《海南省 2019 年度高层次人才需求目录》以及修订并实施《海南省高层次人才分类标准（2019）》，在面对海南自由贸易港建设的新形势、新任务、新要求情形下，聚焦海南自由贸易港 3 大产业类别、10 大重点领域、12个重点产业以及在"五网"基建、乡村振兴、生态文明建设和民生事业等方面的人才需求。《海南省 2018 年度高层次人才需求目录》同样以清单列表形式相近列出 154 家单位，1 571个高层次岗位人才需求条件及要求，而《海南省高层次人才分类标准（2019）》则将高层次人才按照大师级人才、杰出人才、领军人才、拔尖人才和其他类高层次人才 5 个级别进行分类，以期对人才进行精准评价。连续两年的《高层次人才需求目录》均突出了专业化、多元化、国际化、市场化、高端化的特点，精准靶向海南省所需的高层次人才，建立以市场为导向的人才引进机制，广泛吸收各方人才助力海南自由贸易港建设。而后 2020 年，先后出台的《海南自由贸易港高层次人才分类标准（2020）》和《吸引留住高校毕业生建设海南自由贸易港的若干政策措施》，则明确指明了海南自由贸易港建设需要的人才引进方向，在着力构建更科学、更精准、更规范的人才评价体系和服务体系的同时，加入了对青年人才的引进工作，通过提供安居保障、就业援助、实习计划、创业支持、再教育机会和福利保障等多维度举措，以期吸引、留住本地高校毕业生在海南创业、就业、求学或安家。密集出台的各项人才政策,在表明海南为筑建自贸港人才"蓄水池"的决心的同时,使海南的高层次人才政策环境得到有效提升,成效初显。据海南省大数据管理局统计,自习近平总书记"4·13"重要讲话以来,截至2020年6月30日,海南省共引进人才102 712人,其中高层次人才增长8 890人,人才呈现高端化、年轻化和国际化的特点。

(二)本地人才培养政策

人才属于可流动要素,由于受路径依赖习惯的影响,一般而言引进人才的流失率比本地人才流失率要高,加上引进成本和培养成本的差异,加强本地人才培养显得尤为重要。近年来,海南不断加大本地人才培养力度,并出台系列政策措施培养壮大本地人才队伍。其中,在2018年出台的《百万人才进海南行动计划(2018—2025年)》(以下简称《计划》)便明确提出要"坚持培养本地人才与引进人才并重"。为能够全方位完善海南本地人才培养体系,海南省相继推出了"南海名家"培养计划、"南海英才"培养计划、"南海工匠"培养计划和"南海乡土人才"培养计划,以期通过围绕重点领域、重点产业需要,建立健全全方位、多元化、立体式的人才培养体系,营造良好的本地人才培养政策环境。

一是"南海名家"培养计划。聚焦教育文化、医疗科技等领域,基于各大科创平台和创新项目,分别选拔100名左右国内领军型的先进创新人才和100名左右科研创新青年项目人才进行重点培养,以期通过5年时间将"南海名家"培养对象和青年项目培养对象培养至《计划》中的杰出和领军以上水平标准,争取进入国家级人才行列。

二是"南海英才"培养计划。聚焦重点领域与关键产业,面向经营绩效好、成长性强,拥有自主知识产权或核心技术,或属于海南省重点支持产业企业,选拔300名左右的创业人才进行重点培养,以期通过5年时间将"南海英才"培养对象培养至《计划》中的领军以上水平标准,争取进入国家级人才行列。

三是"南海工匠"培养计划。重点选拔200名左右、具有强创新能力和引领作用的高技术技能人才培养对象，以期通过 5 年时间，将"南海工匠"培养对象培养至《计划》中的领军以上水平标准，争取进入国家级人才行列。

四是"南海乡土人才"培养计划。围绕乡村振兴战略，以农为先、以农为本，重点培养 300 名左右的基层优秀农村实用人才。以期通过 5 年的培养时间将"南海乡土人才"培养对象培养至《计划》中的拔尖以上水平标准，争取进入国家级人才行列，并能发挥其特色绝活或培养其经营、管理、服务能力造福乡村。

（三）创新创业扶持政策

海南省在加大高层次人才引进与本地人才培养的基础上，不断完善创新创业扶持政策。在该政策上，海南省一方面加强创新创业载体建设，另一方面不断完善创新创业政策支持，不断改善省内创新创业环境，为省内创新创业活动保驾护航。例如，首个国家海外人才离岸创新创业基地——海口基地于 2020 年 7 月 8 日获批设立，计划通过"1+3"①布局推动本省创新创业活动实施，具体措施如下。

首先，推动省内大学进行重点学科、重点实验室建设；加强建设经费支持，支持科研院所建设，促进科技成果转化。其次，大力集聚各类重点产业企业。通过招商引资、团队建设、项目拉动等一整套完整体系培育与引进高成长性与高质量的高新技术企业，集聚各类要素资源，设立众多创业孵化平台，从而带动本省高水平企业发展。再次，支持国际人才离岸创新创业。建立国际人才离岸创新创业基地，鼓励本省企业海外并购，充分学习发达国家先进经验，支持校企合作，充分发挥各方优势推动省内创新创业。最后，加强科技创新和成果保护。通过设立专门的知识产权保护机构，提高企业维权意识与维权能力，鼓励科技创新，对科技创新举措进行奖励从而推动创新创业。

---

① "1+3"是指以海口复兴城互联网创新创业园为核心区，以海口国家高新区、江东新区和海南师范大学国家大学科技园为共建区形成一核三区的国际离岸创新创业基地。

第二节　海南自由贸易港人员进出便利化演进

2018 年 4 月 13 日,习近平总书记在海南建省办经济特区 30 周年大会上强调"海南全面深化改革开放是国家的重大战略,必须举全国之力,聚四方之才……海南要坚持五湖四海广揽人才,在深化人才发展体制机制改革上有突破,实行更加积极、更加开放、更加有效的人才政策"。① 由此可见,人才在海南自由贸易港建设中发挥了重要作用。海南也在不断完善人才引进与培养模式,推动人才制度体系的建立。目前,海南省的人才环境、人才引进政策、产业发展支撑、人才集聚载体、本土人才培育优势日益凸显,逐渐建立全方位、多元化、立体式的人才培养发展体系。

一、海南人才环境与经济发展日益协调

经济发展是影响各地区人才集聚的重要因素。这主要表现在,地区经济实力的提升,除了促使教育、医疗、居住等社会保障领域进一步优化,也相应带来了广阔的发展空间、完善的生活配套社会,这些都是人才工作城市的重要考虑因素。总的来说,经济实力较强的地区往往具有更好的人才环境,以提升对人才的吸引力。

近年来,海南省经济运行总体平稳,产业结构不断优化,对人才引进和培养力度不断加大,人才环境得到长足提升,与经济发展日以协调。特别是随着自贸港的建设,海南省经济态势进一步向好,海南省的人才规模也在不断增加。智联招聘发布的《2020 年海南自由贸易港人才发展报告》显示(图 7.15),海南省人才招聘需求规模从 2016 年开始就快速增长,且在全国招聘规模收缩的情

---

① 新华社.习近平总书记出席庆祝海南建省办经济特区 30 周年大会并发表重要讲话[EB/OL].(2018-04-13)[2021-01-10].中国政府网.

况下,2018 年与 2019 年仍保持增长态势。2020 年海南省正式启动面向全球招聘首批 3 万个岗位的人才招聘活动。从招聘岗位需求看,专业技术人才需求量最多,岗位占总数的 40%,技能人才、社会工作人才和农村实用人才、经营管理类岗位分别占总数的 25%、10%、7%①。此外,经济新业态激发了对国际联络专员、AI 工程师等一些新职业岗位的需求。

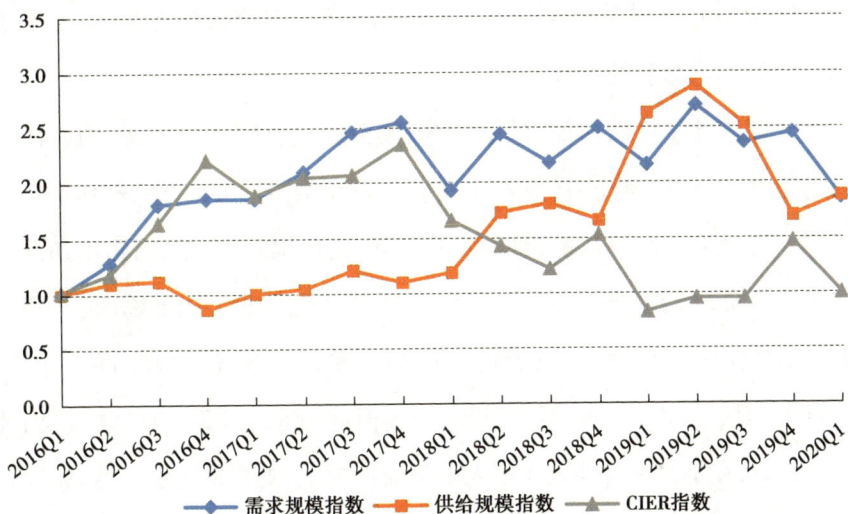

图 7.15　2016 年第一季度至 2020 年第一季度海南省总体人才规模变动情况

资料来源:智联招聘。

二、"候鸟"人才引进政策创新

海南拥有气候、环境等天然优势,每年吸引不少老人选择来海南休养越冬。"候鸟"群众有 30%~40% 是各领域的人才,被称为"候鸟"人才。"候鸟"人才除了指在海南休闲、度假、养老的尚可工作的已退休的返聘人才外,还包括来琼短期工作的国内外人才。海南省政协 2018 年调研课题显示,在 2017 年 10 月—2018 年 4 月,由全国各地迁徙至海南省的"候鸟"人数高达 164.77 万人,约占海

① 刘博.海南面向全球招聘 3 万名人才[EB/OL].(2020-03-31)[2021-01-10].中国政府网.

南户籍人口的 17%。海南省的"候鸟"群体具有 5 个明显特征。在年龄结构上，60 岁以上的占 56.62%，其中 60～69 岁中低老年人年龄段是候鸟人群的主力军；在候鸟迁入上，具有明显的季节性与流动性，每年 10 月至次年 4 月是"候鸟"人才来琼的高峰期，此时正是北方严冬、海南温润的季节；在学历职称结构上，中大专及以上学历占 43.7%；中级职称及以上占 30.5%，涵盖农业、教育、科技等各领域的优秀人才，人才层次高；在来源结构上，绝大多数来自北方地区，东北地区的"候鸟"约占总数的 52%。

"候鸟"人才工作站的设立旨在挖掘独特的"候鸟"人才资源，为海南自由贸易港建设添动力。海南省委人才发展局调研数据显示，2015—2020 年海南 12 个重点产业人才缺口数量约 28 万人，其中高层次、复合型、国际化和高技能人才尤其紧缺，人才资源紧缺依然是海南自由贸易港建设中最突出的短板。海南独特的气候优势使"候鸟"人群大量涌入，带来了丰富的"候鸟"人才资源。海南省将"柔性引才"——"不求为我所有，但求为我所用"作为"候鸟"人才潜力的突破口，在不改变省外人才用人单位的情况下，支持采用退休返聘、项目合作、短期兼职等方式使用国内外人才智力，为海南自由贸易港建设提供智力支持。全国首创设立的"候鸟"人才工作站对接需求侧与供给侧，发挥桥梁服务作用，让"候鸟"发挥所长。主要表现在，一是建立"候鸟"供需信息采集报送制度，通过全面登记人才信息与岗位需求，精准掌握"候鸟"人才状态与服务意愿，并搭建便利化平台，与各企业、学校等用人单位联系。二是为"候鸟"人才提供就业指引、在线咨询、在线对接等服务。三是进一步开展各类服务活动提供社群互动等生活服务需求，为"候鸟"营造更宜居的生活环境。为了给"候鸟"人才工作站建设提供制度保障，2019 年出台了《海南省"候鸟"人才工作站管理实施办法（试行）》，进一步规范工作站的建设，打造高标准、高品质的"候鸟"人才服务平台。评选各市县优质的"候鸟"人才工作站，并给予经费支持；建立绩效考核机制，对站点运行及发挥作用情况进行绩效考核，激励全省各领域"候鸟"人才工作站建设。

海南"候鸟"人才工作站的设立充分发挥了"候鸟"人才资源优势，已取得显著的效果。一是"候鸟"人才工作站的规模迅速扩大。截至 2019 年 12 月，海南省利用高等院校、医疗卫生机构、企业、城市社区等载体，已建立 40 多个各类"候鸟"人才工作站点。二是"候鸟"人才工作站的服务对接功能逐渐显现，联系人才日益增多。通过积极宣传人才政策活动，汇集大规模"候鸟"人才，截至 2019 年，全省已成功联系的"候鸟"院士已多达 227 名，其中包括 21 名海外院士。① 三是"候鸟"人才在专业领域的才智得以充分发挥。据不完全统计，海南省在教育、医疗卫生、科技、文化社科领域已使用高层次"候鸟"人才依次为 313、202、297、80 人，这些人才已成为自由贸易试验区建设的重要人才补充。②

三、海南产业发展支撑力不断提升

引进、培养各类人才能为海南自由贸易港建设提供强有力的智力支持，且进一步带动重点领域、重点产业发展。海南省坚持把人才作为战略资源，实施积极、开放、有效的人才政策。《海南省人才团队建设实施办法（试行）》《首批百个"海南省人才团队"建设工作方案》于 2020 年 4 月出台，主要是围绕海南 3 大产业类型、10 个重点领域、12 个重点产业发展需求，重点培育一批高层次、国际化的人才团队，形成人才与产业协同发展的有利局面。入选团队可以获得更多的优惠政策支持，可获得最低 1 000 万元的建设资助经费，优先推荐申请国家或省级项目与申报科研经费等。2020 年 6 月，"双百"人才团队——100 个人才团队和 100 个储备人才团队名单正式向社会公布。在 100 个人才团队名单中主要分为旅游、热带高效农业、互联网、医疗健康等 21 个类别，入选团队最多的产业类型为热带高效农业与医疗健康团队，数量均为 15 个，其次为教育、互联

---

① 李磊.展全球视野 聚四海英才［N］.海南日报，2020-04-10（3）.
② 赵叶萍.海南首创设立"候鸟"人才工作站［EB/OL］.（2019-04-11）［2021-01-10］.新华网.

网、医药等产业类型(表7.4)。在"双百"人才团队评审中,海南省突出了以服务重点产业发展为导向,且入选团队所实施的项目都符合该省重点领域、重点产业的规划要求和发展需要。

表7.4 100个人才团队各领域产业类型个数

"人才团队"个数	产业类型
>10	15个热带高效农业,15个医疗健康
5~10	9个教育,8个互联网,8个医药,7个海洋,4个旅游,4个现代金融
1~5	5个低碳制造,4个航运、航空、航天,4个文化,3个油气,2个智库,2个现代物流,2个房地产,2个电信,2个会计,1个会展业,1个体育,1个社科,1个宣传媒体团队

资料来源:中央海南省委人才发展局。

　　海南省随着引进人才规模的增加,产业结构也得到不断优化。数据显示,截至2020年8月,海南省共成功引进人才138 625人,同比增长476.2%。① 智联招聘发布的《2020年海南自由贸易港人才发展报告》显示,从近3年海南省在不同行业的人才招聘变动情况可以看出,海南省产业结构逐步向服务业和高端制造业发展。从图7.16可以看出,与2018年相比,海南省对教育/培训/院校、娱乐/体育/休闲、医疗设备/机械、计算机软件、农/林/牧/渔、医药/生物工程、IT服务(系统/数据/维护)、零售/批发、电子技术/半导体/集成电路等行业的人才需求显著提高,而对房地产/建筑业以及物业管理/商业中心两大行业的人才需求则急剧减少,说明海南的产业结构正在逐步从房地产主导型经济走出来,向制造业和服务业,特别是高端制造业和健康产业发展,产业结构不断优化,对人才需求市场的支撑力不断提升。

---

① 金昌波.数说海南自贸港[N].海南日报,2020-09-18(2).

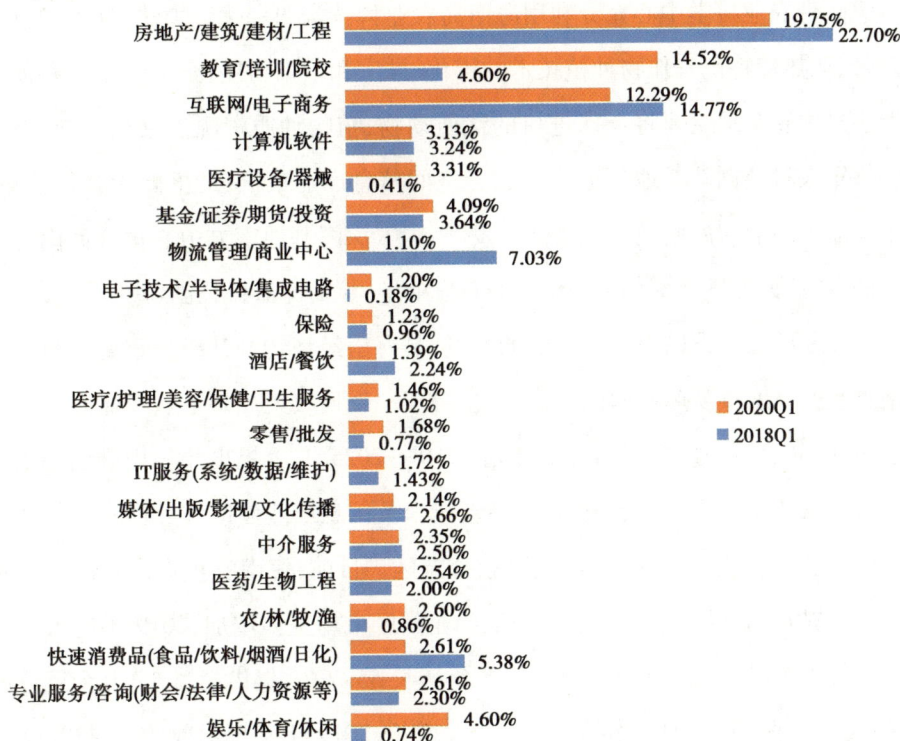

图 7.16　海南省人才需求前 20 细分行业招聘人数占比变化

资料来源：智联招聘。

四、海南人才集聚载体与日俱增

海南省通过大力支持创新创业平台建设、推动各类产业园区开发建设来打造人才服务平台，加快人才集聚培养。《百万人才进海南行动计划（2018—2025年）》提出大力支持创新创业平台建设，吸引一批高层次人才来琼工作。"五大平台"——国家南繁科研育种基地、国家热带农业科学中心、全球动植物种质资源引进中转基地、航天领域重大科技创新基地、国家深海基地南方中心的建设得到了海南省政府的大力支持。国家南繁科研育种基地是"国家宝贵的农业科研平台"，是集科研、生产、销售、科技交流、成果转化为一体的南繁"种业硅谷"；

国家热带农业科学中心充分利用海南岛农业科技资源和优势力量,加大粮食和热带、亚热带特色农作物种植技术的孵化、推广和培训力度;全球动植物种质资源引进中转基地主要将全球进口的优质动物、植物种质资源汇聚到海南;航天领域重大科技创新基地打造军民融合空间信息产业集群,助推航天强国建设,推动航天产业与海南地区经济融合发展;国家深海基地南方中心集合海南岛内外的资源,大力发展深化科技产业,打造国际一流的深海科技创新平台。

产业园区建设助力海南经济的发展,是海南经济转型升级的重要力量。海南省政府高度重视产业园区的发展,出台了一系列政策规划重点产业园区的功能布局。《百万人才进海南行动计划(2018—2025 年)》提出要积极推动海南省六类重点产业园区开发建设,包括高新技术及信息产业园区、旅游园区、产业园区、物流园区、临空产业园区、健康教育园区。目前,海南省重点产业园区质量进一步提升,取得显著的成效。一是产业园区市场主体增加,2019 年超万家企业已落户海南重点产业园区,比 2018 年增长 55.25%,提供超过 17 万个就业岗位;二是产业园区的税收收入有了较大增长,2019 年实现税收收入 420.49 亿元,占全省税收的 33.38%,比 2018 年提高 1.78%;三是产业园区营业收入增加,2019 年产业园区创造营业收入 3 178.16 亿元,同比增长 12.48%;四是产业园区的创新提高,2019 年海南省重点产业园区专利申请增加 228 件,达 302 件。[①] 海南省通过优化产业园区规划布局,为人才提供优质高标准的发展平台,充分发挥吸纳聚集人才的作用。

五、海南本土人才培育优势渐现

海南提出加大本地人才的培养支持力度,出台了一系列措施吸引本土人才参与自由贸易港的建设。《百万人才进海南行动计划(2018—2025 年)》提出把本地人才作为建设人才强省的主体,实施"海南系列"——"南海名家""南海英

---

① 陈雪怡.近万家企业落户我省重点产业园区[N].海南日报,2019-03-07(1).

才""南海工匠"和"南海乡土人才"育才计划。入选"南海系列"育才计划名单的人才，实行 5 年两次跟踪考核。培养对象在此期间获得人才补贴，入选"南海名家"的人才每人最低补贴 30 万元，最高 50 万元；入选"南海英才"与"南海工匠"培养计划的对象均获得每人 30 万补贴；"南海乡土人才"培养计划给予培养对象的补贴是每人 15 万元。目前，"南海系列"育才计划自 2019 年开始实施以来，首批共评选 691 人，拨付创新创业支持资金 4 200 多万元；2020 年 4 月有 343 人入选第二批"南海系列"育才计划，在短短一年多的时间里，育才培养对象已超千人，涵盖海南省"三大领域""五大平台"和"十二个重点产业"。① 与此同时，参与第二批评选活动的人才规模明显增加，此次共有 2 631 人申报，比 2019 年第一次评选提高了 64%。"南海系列"已成为海南省人才培养的重要品牌，遴选出的超千人的育才培养对象都在各自的领域发挥了巨大的作用。

海南省近年来大力发展基础教育，大力引进优质的教育资源，促使本土人才集聚。2015 年海南实施《海南省引进中小学优秀校长和学科骨干教师工程实施方案》，为一所学校引进一名校长和若干名学科骨干教师，组成管理团队。方案实施的 3 年间，吸引全国 3 220 名优秀人才报名，成功引进 51 名校长，249 名骨干教师。此外，"一市（县）两校一园"优质资源引进工程也开始实施，即一个市县引进至少 1 所中学、1 所小学和 1 所幼儿园。截至 2019 年 9 月，海南省共引进 100 多所国内外名校，为海南和国内一流学校间搭起了一座桥梁，逐步引入先进的教育理念、模式、方法，助力当地人才培育。海南省通过实施系列的教育引进政策，优化了对海南省教师队伍结构，提高了对本地人才的培养能力。

---

① "三大领域"是指旅游业、现代服务业、高新技术产业；"五大平台"是指国家南繁科研育种基地、国家热带农业科学中心、全球动植物种质资源引进中转基地、国家深海基地南方中心、航天领域重大科技创新基地；"十二个重点产业"是指热带特色高效农业、互联网产业、医疗健康产业、现代物流业、海洋产业、金融服务业、会展业、教育文化体育产业、汽油产业、低碳制造业、房地产业、旅游产业。

第三节　海南自由贸易港人员进出便利化破局与创新

自 2018 年海南建设自贸港以来,海南省对人才机制进行创新,不断提升进出自贸港人员的便利程度,激发人才的创新活力,主要对国际人才进出"负面清单"、人才集聚载体、人才管理服务机制、国际职业认证体系、重点项目、人才生活环境 6 个方面进行创新。

一、明确国际人才进出"负面清单"

"负面清单"是指除了清单上政府禁止的某些行业、领域、业务外,其余的领域都对外开放。一个国家在引进外资的过程中,大多数实行"负面清单"的管理模式。实行"负面清单"管理模式,可扩大该地区的对外开放程度,减少外商进入的管制、阻碍与壁垒,给外资提供一个相对自由的投资环境,提高进入的透明度与效率,从而形成全面开放新格局,为推动经济高质量发展提供保障。

同理,海南省创新实施国际人才的负面清单是一次重大改革,这主要是因为目前全国各地区对国际人才主要实行的是"正面清单"制度。2020 年 9 月,《关于开展海南自由贸易港国际人才服务管理改革试点工作的实施方案》通过,海南省是全国第一个出台国际人才服务管理改革系统性文件的省份。海南对外籍人员赴海南自由贸易港工作许可实行"负面清单"管理。这是海南扩大对外开放的重要举措,是加大对国际人才吸引力度的重要表现,是引进国际高端人才的重要举措。外籍人员工作许可的"负面清单"包括禁止类与限制类,禁止类是指不允许外国人从事的行业和职业,限制类则实行配额管理,根据当地的就业市场供需状况与在控制限制类工作许可配额总量的情况下,自主决定配额分配情况。境外人员办理工作或居留许可实行"容缺承诺+失信惩戒"制度,对缺失的材料可先给予审批,境外人才需要取得许可证明后及时补充相关材料,对不履约的个人或单位实施失信惩戒。同时,建立与国际接轨的全球人才招聘制度,根据国际人才的具体情况,允许境外人才参与国内的职业技能认定考试并承认由权威的国际机构认定的职业资格证书,放宽职业的职能认定,建立外籍人才评审制度。总的来说,海南省在保障对国际人才的有序管理下,对国际人才服务管理进行改革,出台便利国际人才的政策,大力吸引重点领域的高端人才。

二、加快搭建高端人才集聚载体

海南加快搭建高端人才集聚载体,持续打造人才沟通交流合作平台与搭建人才创新创业载体,为人才营造了广阔的发展舞台。这主要表现在两个方面:搭建人才沟通交流合作平台与国际国内创新创业平台;举办中国(海南)人才交流大会暨"一带一路"人才发展论坛,加强与国际知名行业协会和基金会合作交流,打造国际人才交流合作品牌,大力吸引重点领域的高端人才。

在人才沟通交流合作平台上,举办中国(海南)人才交流大会暨"一带一路"人才发展论坛、成立海外留学归国人员协会等。海南省海外留学归国人员协会于 2019 年成立,是一个综合性、跨行业的省级协会,是面向海归人员的宣传服务平台,旨在帮助海归人才尽快融入国内、省内社会经济环境;是沟通交流平台,给全省海归与华人华侨留学生提供了一个桥梁,方便加强内部交流;是招才引智平台,储备海归人才,为海南自由贸易港建设做出贡献。设立人才交流合作品牌,可以大力吸引重点领域的高端人才来海南发展。

在国际国内创新创业平台上,吸引国内各地区人才和优秀国际人才到海南自由贸易港创新创业。第一,在国内平台建设上,海南重点建设重大科研基础设施平台,落实创新发展战略。海南根据科技创新产业发展的需要,搭建基础研究、关键技术研发、技术成果转化等重要载体,分为三类科技创新平台——科学与工程研究、技术创新与成果转化、创新创业与科技资源支撑服务。在科学与工程研究平台上,建设重点实验室进行基础研究,聚焦和培养优秀科技人才。

在技术创新与成果转化平台上,设立省工程研究中心、新型研发机构、中试与转化基地、技术转移转化中心等。在创新创业与科技资源支撑服务平台上,设立企业孵化器、众创空间等作为支持人才创新的重要载体,截至 2018 年 12 月,37 家省级科技创新创业孵化服务机构海落户海南,为海南的创新创业营造了良好的环境。[1] 第二,在国际平台建设上,大力发展如海外人才离岸创新创业基地、海口国家高新区留学人员等国际人才载体。海南省首个国家海外人才离岸创新创业基地于 2020 年 10 月设立,主要是探索创新国际离岸创新创业体制机制,为外国人来海南省工作提供政策解读、咨询及工作签证等便捷服务,助力海南自由贸易港实施更加积极、更加开放、更加有效的人才政策,实行更为开放灵活的国际招才引智举措。目前,海外人才离岸创业基地的核心——复兴城产业园,已吸引 75 家外资企业落户园区,如普华永道、特斯拉(海口)等;开展近 20 场关于国内外的外资企业招商活动,19 场外资企业服务及交流活动等。[2] 海口国家高新区留学人员创业园为留学归国人员提供多层次的创新创业服务,截至 2017 年 4 月,留学生创业园已吸引 60 余名留学归国人员入园创业,搭建起了一座留学人员与企业之间的桥梁。

三、主动提升人才管理服务制度

海南自由贸易港创新打造"四个一"人才服务机制,营造宜居宜业人才环境。"四个一"指的是制定"一系列"服务政策、"一站式"服务、"一张卡"服务人才、"一专员"个性服务。一是制定"一系列"服务政策,提供人才落户、购房购车、子女教育等方面全方位的人才服务保障。在人才落户上,海南省目前有积分落户和人才引进落户两种方式。具有高学历、高职称的人才落户海南不受社保、房产、工作年限等方面的限制。全日制应届高校毕业生、获得海南省颁发的中高级职称、有统招全日制大专或本科学历的人均可落户海南,且提供办理落

① 王玉洁,钟川.我省再添 21 家省级科技企业孵化器和众创空间[N].海南日报,2018-12-05(3).
② 金昌波.国家海外人才离岸创新创业基地(复兴城)举行揭牌仪式[N].海南日报,2020-10-28(1).

户手续的绿色通道,免去排队、跑腿、补资料等步骤。在购房购车上,落户的人才享受与本地居民同等待遇,享有立刻买房资格,未落户的且在海南无房的人才缴纳社保的时间由2~5年缩短至1年以上;尚未落户的引进人才也可申请购买新能源小客车。在子女入学上,出台高层次人才子女入学方面专项政策,解决引进人才子女上学的后顾之忧。对于引进的大师级人才、杰出人才、领军人才等高层次人才,其子女享受与报考地户籍的同等待遇且参加高考不受报考批次的限制。二是实行"一站式"服务。海南省为各类人才提供"只进一次门、只用一张网、只打一次电话"的高效便捷服务。采取人才项目办理就近办、快捷办;"一窗受理"全流程服务;"无障碍办"移动办公平台,提供全天候的服务;"一线通办"实现人才咨询、业务办理、投诉建议等诉求的快速受理。三是在"一张卡"服务人才上,启动实施"天涯英才卡"更好地服务于高层次人才的现实需要。持卡人可享受11项服务,涵盖落户、住房、子女教育、医疗保健、交通、海关便利、就业创业、商事主体登记、税务、金融以及科研,享受政府提供的个性化与全方位的社会保障服务。四是提供"一专员"个性服务,1名高层次人才配备至少1名人才服务专员,因为人才服务专员熟悉各部门的政策规定与业务办理流程,具有很强的执行力,可以为高层次人才提供精准高效的服务,从而打造"覆盖全省、上下贯通、专员服务、高效办理"的高层次人才服务保障新模式。

四、着力对接国际职业认证体系

海南积极对接国际职业认证体系,引进和培养与国际接轨、体现中国特色、符合海南定位的国际化人才。2020年9月审议通过的《关于开展海南自由贸易港国际人才服务管理改革试点工作的实施方案》,在引进国际人才的招聘制度、国际化人才培养评价激励、境外人员职业资格管理制度等方面进行改革创新。

海南首先将建设与国际接轨的全球人才招聘制度,根据海南自身建设发展需要,发布行业紧缺高层次人次目录,通过全球人才线上招聘平台招募国际化人才。其次,对接国际化的人才培养、评价和激励。在人才培养上,积极引进国外知名高校,实行中外合作办学,打造具有国际化视野的人才;在国际人才评价上,可对具有贡献的国际人才实行特殊的职称评审制度,工作经历、学术成果等都可作为职称评审依据;在国际人才激励上,实行灵活有效的薪酬激励机制,如年薪制、项目股权激励等,并且允许股权在资本市场变现以增加收入。最后,放宽境外职业资格管理制度,放开外籍人员参加职业资格考试的限制,及时公布外籍人员参加职业资格考试的名单与获得职业资格证的认可名单,对境外人员获得的境外职业资格或国际专业组织的资格证书实行互认制度,且鼓励获得资格证书的境外成员在海南工作。

例如,2017 年首家美国饭店协会教育学院在海南海口成立,其国际酒店职业认证体系亦随之被引进海南。美国饭店协会教育学院成立于 1953 年,是全世界最早建立、具有国际权威的酒店管理教育、培训和资格认证的教育机构。该协会按照国际化酒店教育培养课程体系以及国际认可职业资格标准,每年在海南培训约 1 万名的高水平酒店优秀人才。海南通过培养国际化酒店行业人才,提高对海南旅游酒店行业人才的数量和质量的需求,促使海南旅游业及休闲度假业快速发展,从而带动海南经济发展。

五、落实重点项目带动人才集聚

落实重点项目吸引人才集聚,将引进人才和引进项目紧密结合起来,以重大招商引资项目为载体,为人才提供合适的工作岗位,实现项目与人才的相互促进。

海南省加大力度出台优惠政策加快面向全球开展招商项目与推进重点项目的建设进程。海南省商务厅与海南国际经济发展局等相关单位,根据各市的资源优势和产业发展定位,围绕旅游业、现代服务业、高新技术产业,在 2020 年推出 100 个高质量项目。海南省按照"成熟一批推出一批"的原则,在 2020 年 8 月首批推出 20 个重点招商项目。据海南发展改革委的信息,2020 年海南省安排 105 个重点项目,总投资 3 772 亿元,年度计划投资 677 亿元。项目以旅游业、现代服务业、高新技术产业为主导,三大产业项目投资数量及投资规模均超1/3,34 个三大主导产业项目投资规模达 1 461 亿元;以金融、互联网、体育、文化等领域为重点,引导更多产业项目向重点园区集聚,延长产业链,完善价值链,提升国内外竞争力。年度投资规模不小于 10 亿元的项目有 19 个,其中有10 个是超百亿级以上的重点项目。2020 年初—10 月 18 日,项目建设进度加快,完成投资 554 亿元,完成率达 82%,累计开工项目 19 个,开工率为 95%,超过序时进度;累计竣工项目 7 个。[①]

海南在推进重点项目建设的同时,要把企业创新主体放在重要地位,推动产业结构优化,促使其高质量发展。通过加强人才资本与项目的对接,以项目吸引人才创业继而带动产业发展,形成"项目策划—引进人才—创办企业—产业集聚—带动项目"的高质量产业发展闭环。然而,《2019 年海南省国民经济和社会发展统计公报》显示,三次产业比重为 20.3∶20.7∶59.0,第二产业的比重较低,产业结构单一对人才的吸引力度有所欠缺。因此,海南要加快推进项目建设进程,以吸引大量世界 500 强企业、行业领军企业落户海南,从而带动海南省的产业升级。

六、打造宜居、宜业、宜游、宜学自贸港

打造宜居、宜业、宜学、宜游自贸港,是吸引人才落户海南的重要决定因素,给人才提供舒适的居住环境、便利化的营商环境、创新发展的旅游业、国际化的教育水平,有助于提升海南省的总体生活品质,在吸引人才上可获得独特的优势,同时也利于增加人才在海南省的幸福感、归属感,为海南自由贸易港建设做出突出贡献。

一是在宜居方面,优良的生态环境是海南省的独特优势。2018 年颁布的

---

① 金昌波.数说海南自贸港［N］.海南日报,2020-09-18(2).

《海南省大气污染防治条例》，对生态文明建设、生态环境保护提出了更高标准和更严要求，制订了海南省2035年生态环境质量和资源利用效率位于世界领先水平的发展目标。海南省通过制定法律法规使生态环境法治化，已取得显著的成果。按《环境空气质量标准》，2020年9月，海南省环境空气质量总体优良，优良天数比例为100%，优级天数比例为98.5%，良级天数比例为1.5%，无轻度及以上污染天数。与去年同期相比，优良天数比例上升11.8%，优级天数比例上升38.1%。①

二是在宜业方面，海南省通过创新招商工作机制，发布优化营商环境行动计划，激发各类市场主体活力和创造力，加快形成法治化、国际化、便利化的营商环境。海南省政府根据《海南省营商环境评估报告》中存在的问题，在2020年颁布实施高起点、高标准、高质量的《海南省创一流营商环境行动计划（2020—2021年）》，借鉴国际国内先进城市营商环境的先进做法，对照世界银行营商环境评价指标体系框架，从11个方面提出了31项改善海南省营商环境的措施。例如，推广运用集装箱码头无纸化系统，节约通关时间；创新企业破产流程制度，解决债务担保问题等。

三是在宜游方面，《总体方案》对旅游行业进行了规划——建设具有世界影响力的国际旅游消费中心，构建旅游消费新业态。实施开放便利的离岛免税政策，打造全球免税购物消费中心。支持发展国际旅游，鼓励国际邮轮注册，并且与世界著名邮轮公司合作，将海南纳入国际旅游航线。放宽游艇旅游管制，简化入境手续等。发展培育国际医疗旅游消费，引进一批先进的医疗机构且支持自主创新医疗技术研发，为出入境人员提供高质量的卫生服务。海南应充分利用当地的独特自然资源，发展健康医疗、养老养生的旅游产业等。促进旅游行业结构不断优化、旅游产业规模不断扩张，旅游需求潜力不断释放。

四是在宜学方面，《总体方案》针对教育提出了中国首创、海南独有的政策。

---

① 海南省生态环境监测中心.海南省环境空气质量日报（2020年9月份）[R/OL].(2020-10-18)[2021-01-10].海南省生态环境厅官网.

这主要表现在,允许境外理工农医类高水平大学、职业院校在海南独立办学,或合作办学、设立国际学校。加快推动国内重点高校和国外知名院校共同在海南合作设立具有独立法人资格的中外合作办学机构。通过引进国际化高水平教育,加快与国际接轨的步伐。为引进人才子女提供良好的教育,打造一个良好的教育发展环境。目前,海南省进行教育全方位拓展,已吸引一大批国际知名学校与机构进驻海南,如英国历史悠久的哈罗公学、德威公学、威亚公学等。

8

物流畅通：
自贸港运输来往自由便利

从世界各国建设自由贸易港的发展经验来看,凡是世界领先的知名国际自由贸易港,大多能够实现货物、资金、人员的自由流动,其贸易便利化、自由化程度也往往高于一般的自由贸易区,而实现自由贸易港要素自由流动的基础,除了要有优越的地理位置,硬实力——发达的交通基础设施与软实力——自由开放的物流航运制度都是建设世界一流自由贸易港不可或缺的因素。譬如享誉世界的三大自由贸易港:阿联酋迪拜港、新加坡港,以及中国香港港。除了得天独厚的地理位置外,迪拜拥有拉希德港和杰贝拉里港两大现代化中转贸易港口,高度开放的航权制度;新加坡在基础设施建设方面位居全球第一,[①]拥有全球最繁忙的集装箱码头、最受旅客欢迎的机场、[②]高度信息化的港口物流系统以及发达的互联网通信网络;而作为全域自由贸易港的香港则凭借其高度自由的贸易制度、高效的通关效率以及较为彻底的免税政策为自贸港实现贸易便利营造了良好的制度环境。

海南省位于我国最南端,北依琼州海峡,西邻北部湾,背靠经济活动发达的粤港澳大湾区,面向人口庞大的东南亚市场,地理位置独特,战略区位优势明显,既是我国最大的经济特区,同时也是第一个自由贸易港。提升自贸港运输来往便利水平、打造现代化物流航运枢纽,不仅仅是落实党中央、国务院关于支持海南全面深化改革开放的决策部署和《交通强国建设纲要》的内在要求,也是推动建设海南省现代化交通运输体系的迫切需要,从而有利于自贸港与周边地区产业互动实现物流畅通,也为周边地区经济发展进一步提速奠定了基础。而实现内联外拓的海南自由贸易港也将成为联通大陆与东南亚的重要交通枢纽,成为 21 世纪海上丝绸之路的关键战略支点。

---

① 根据世界经济论坛(World Economic Forum,WEF)发布的《2019 全球竞争力报告》,新加坡以全球竞争力指数 84.8 的得分位居全球第一,其中,在基础设施、健康、劳动力市场等方面均排名第一。

② 根据国际航空运输评级组织 Skytrax 发布的"2019 年全球最佳机场奖",新加坡樟宜机场继续位列第一,实现"七连庄",其排名由全球机场客户满意度决定。

专栏8.1 世界主要自由贸易港区位比较

阿联酋迪拜港:

　　位于阿联酋东北沿海,濒临波斯湾南侧,地处亚欧非三大洲交汇点,是通往波斯湾沿岸地区、南非、印度、中亚以及东欧各国的重要门户。

新加坡港:

　　位于新加坡南部沿海,西临马六甲海峡东南侧,南临新加坡海峡北侧,扼守太平洋与印度洋交汇的咽喉要道,被誉为"世界十字路口"。

中国香港港:

　　位于中国南部沿海,西与中国澳门隔海相望,北与深圳市相邻,地处我国与邻近亚洲国家的要冲、亚洲太平洋周边的中心,既是欧洲、非洲通往东南亚的要道,也是中国联通世界的重要桥梁,其中维多利亚港是全球三大天然良港之一。

第一节　海南物流航运政策的历史发展

　　世界著名自贸港的发展都离不开自由开放的物流航运政策,开放的物流航运政策对世界各大自贸港的自由贸易和生产要素的自由流动起决定性作用。海南由于其独特的海岛特性,海运和航空运输成了海南联通世界最传统也是最主要的方式,自海南建省以来,为促进运输来往自由,建设国际物流航运枢纽,国家和地方推出了一系列降本增效的物流政策、便利的船舶运输政策、开放的航权政策。

一、"地宽载万物"——降本增效的物流政策

　　近年来,为激发物流业发展动力,降低实体企业经济成本,提升物流发展效

率,促进海南商贸物流进一步发展,打造现代化国际物流枢纽,海南省政府配合中央出台了多项政策,并已取得一定成效,海南省全社会物流总费用占全省地区生产总值比重持续降低,虽高于全国平均水平,但二者的差距在不断缩小(表8.1)。

表 8.1 海南省社会物流总费用占 GDP 比重变化情况

	2015 年	2016 年	2017 年	2018 年	2019 年
海南省	17.1%	15.9%	15.48%	15.2%	14.96%
全国	16.0%	14.9%	14.6%	14.8%	14.7%

(一)海南国际旅游岛建设背景下的物流政策

2010 年 1 月 4 日,国务院发布《关于推进海南国际旅游岛建设发展的若干意见》(以下简称《意见》),至此,海南国际旅游岛建设正式步入正轨,《意见》明确指出海南在推进国际旅游岛建设中,要加快发展现代物流业。2010 年 6 月 21 日,国务院批准《海南国际旅游岛建设发展规划纲要(2010—2020)》,现代物流业被确定为海南省重点扶持的八大支柱产业之一。2015 年 12 月,海南省人民政府出台《海南省"十三五"现代物流业发展实施方案》,明确提出把海南省建成"海上丝绸之路"亚欧航运干线经停、中转、分拨和补给服务的战略支点,建成面向东南亚、连接北部湾、服务于中国-东盟自由贸易区的连南接北的区域性国际航运中心和物流中心,到 2020 年基本建成适应海南省现代物流业发展需要的基础设施和综合运输体系。2017 年 3 月底,海南省人民政府正式批准《海南省物流业降本增效专项行动实施方案(2017—2018 年)》,提出了全省促进物流业"降本增效"七大工作任务 26 条,明确到 2018 年全社会物流总费用占全省地区生产总值的 16% 以下。

(二)海南自由贸易区(港)建设背景下的物流政策

2018 年,习近平总书记在庆祝海南建省办经济特区 30 周年大会上郑重宣布,党中央决定支持海南全岛建设自由贸易试验区。2018 年 12 月,海南省商务厅印发了《海南省推进商贸物流标准化行动指导意见》,旨在提升全省商贸物流标准化水平,降低物流成本,提高物流效率,促进全省商贸物流业健康发展。2020 年 9 月,为进一步降低物流成本,提升海岛枢纽物流竞争力,海南省发展改革委联合海南省交通运输厅印发了《海南省关于进一步降低物流成本的实施方案》,旨在通过六大方面 24 条举措,力争将海南省全社会物流总费用占全省地区生产总值由 2019 年的 14.96% 降到 2025 年的 13.2% 左右。

二、"海阔凭鱼跃"——日趋便利的航运政策

(一)航运税收政策

2009 年 12 月 31 日,国务院印发《关于推进海南国际旅游岛建设发展的若干意见》,明确提出在完善监管制度和有效防止骗取出口退税措施的前提下,在洋浦保税港区实施启运港退税政策,①由此洋浦保税港区成为继上海洋山保税港区之后,第二个获得中央批准实施启运港退税政策的保税港区。但是目前国内启运港退税政策主要覆盖长江流域沿岸港口枢纽,离境港为上海市外高桥港区和洋山保税港区(2012 年开始实施)。受制于海南经济腹地有限、货运需求严重不足、洋浦港港航配置和航线设置不完善等多种原因,启运港退税政策至今尚未在海南落地实施。

(二)船舶登记制度

2020 年 6 月 1 日,中共中央、国务院印发了《海南自由贸易港建设总体方案》,明确海南要建立更加自由开放的航运制度,建设"中国洋浦港"船籍港,支持海南自由贸易港建立国际船舶登记中心,创新设立便捷、高效的船舶登记程

---

① "启运港退税"是指出口企业在洋浦以外的港口报关装运后,只需确认货物离开启运港口发往洋浦港中转至境外,即被视同出口并办理退税。启运港退税政策落地后,可以有效提升企业资金周转和利用效率,吸引更多的货物从洋浦港中转出口,对进一步提升洋浦港国际中转枢纽港地位具有重要的意义。

序。同年 6 月 4 日，海南海事局、洋浦经济开发区管委会为"中远海运兴旺"号轮颁发首张"中国洋浦港"《船籍国籍证书》，标志着海南自由贸易港有关船舶的登记政策正式落地实施。目前世界较为成熟的自由贸易港多为航运发达地区，譬如新加坡港，截至当前，新加坡船舶注册处（SRS）是世界第五大船舶注册处，其注册船舶有 4 400 多艘，总吨位超过 9 600 万总吨，[①]而目前在海南注册的国际航行船舶仅 54 艘，总吨位为 172 万总吨，发展空间潜力巨大。随着"中国洋浦港"船籍港相关政策陆续落地，洋浦港将吸引更多的国内外航运企业把旗下船舶注册到洋浦港，对进一步推动海南各航运要素流动，促进投资贸易增长，打造现代化国际航运枢纽具有重要的意义。

（三）航运金融、融资租赁政策

改革开放以来，我国的航运金融总体上呈现出平稳发展、发展潜力巨大等特点，但仍存在着航运金融服务能力与快速发展的航运业不匹配、不平衡的问题，与世界领先的航运金融服务中心相比，在船舶融资租赁、保险服务、清算服务、航运衍生品等领域存在较大的差距。[②] 近年来，为促进航运金融业稳定发展，我国开始以自贸区为试点推动航运金融中心建设，例如，2009 年和 2011 年国家先后出台相关政策支持上海、天津积极开展国际航运税收、航运金融和租赁业务等方面的政策创新，构建现代航运金融服务体系，推动建设国际航运中心。

2018 年 7 月 25 日，交通运输部印发《交通运输部贯彻落实〈中共中央 国务院关于支持海南全面深化改革开放的指导意见〉实施方案》，提出对注册在海南的国际船舶代理企业，取消外资股比不超过 51% 的限制，在海南率先实现国际海运领域全面对外开放。2019 年 11 月 19 日，商务部等 18 部门联合印发了《关于在中国（海南）自由贸易试验区试点其他自贸试验区施行政策的通知》，明确将加快航运领域发展列为单独一项，并提出了包括允许特定条件下租用外籍船

---

① 数据来源：新加坡海事及港务管理局。
② 李振福.航运金融：现状、趋势与发展策略[J].中国船检,2018(4):30-32.

舶从事临时运输在内的 7 项具体内容。2020 年 6 月,《总体方案》提出率先在海南自由贸易港落实金融业扩大开放政策,支持建设国际能源、航运、产权、股权等交易场所。交通运输部明确表示将进一步支持指导海南建设航运交易所,重点发展船舶买卖和租赁交易、邮轮游艇交易,探索开展航运期货、运价指数衍生品交易等服务。

与上海、天津相比,海南建设航运中心具有两大优势:一是有"一区一港"的政策创新优势叠加;二是后发优势,上海、天津等地建设航运中心已经进行了多年的探索和实践,积累了大量的经验教训,可为海南航运中心建设特别是航运金融服务业建设提供宝贵的参考、借鉴,有助于海南自由贸易港进一步谋划航运金融、融资租赁等业务,试点建设航运金融离岸中心,打造面向东南亚的航运交易中心、航运定价中心。

三、"天高任鸟飞"——不断开放的航权政策

(一)开放初探——第三、第四、第五航权开放

长期以来,海南都被外界誉为中国最开放的"天空特区",事实上,获益于"得天独厚"的地理位置,自海南民航业起步,到三亚凤凰、海口美兰国际机场相继建成以来,中国推动航空自由化,海南一直走在前沿。2003 年,国家民航总局批准同意海南进行开放第三、第四、第五航权试点,海南由此成为国内首个开放航权的试点省份。2004 年 4 月 2 日,国家民航总局又追发了《关于对营运海南航线的国外航空公司扩大经营权的复函》,允许国外航空公司将经营的至海口和三亚的国际航线,逐步延伸到国内除北京、上海、广州以外的所有对国际航班开放的城市;从海口和三亚延伸至上述城市以及这些城市延伸到海口和三亚的国际航线可享有中途分程权,这意味着海南正式成为中国天空间接向世界开放的窗口。2007 年 2 月 16 日,国家批准海南新开辟和对外开放海南地区部分航段,6 月 13 日,南航部队和海口空管中心在海口签署航路航线管制协议,标志着

"南面开口,北面开放"的海南航路正式开始实施。

截至 2019 年,海南省已经开通了 68 条国际航线,通航国家 16 个,通航机场 54 个,与建省前相比,海南省的航空运输已经有了极大的发展,但与新加坡、中国香港以及阿联酋相比（表 8.2、表 8.3）,还存在着较大差距,海南省的通航国家、通航机场和已开通第五业务权航线的数量远少于新加坡和中国香港,难以满足现代货运和客运所要求的高频率、多目的地的需求。①

表 8.2　国内外航空公司第五航权利用概况

航空公司	已开通第五业务权航线/条	合计
新加坡航空	7	7
阿联酋航空	15	15
中国国航	3	
东方航空	1	
南方航空	1	8
海南航空	2	
四川航空	1	

表 8.3　国际自由贸易港机场通航情况

机场名称	通航国家	通航机场
香港国际机场	49	169
新加坡樟宜机场	47	161
海口美兰国际机场	9	—
三亚凤凰国际机场	8	—

（二）最高水平开放——第七航权开放

无论是中国香港,还是新加坡、阿联酋,航权开放政策对推动航空运输发

---

① 郑兴无.航权开放与海南自贸港建设［N］.中国民航报,2020-06-18（1）.

展,促进自由贸易港旅游、贸易乃至金融服务等现代产业发展都有至关重要的作用。以新加坡为例,2001 年新加坡签署了首份"天空开放"①诸边航空运输协定,开放包括货运第七航权在内的航权,截至 2019 年,新加坡签订的 140 多份双边航空运输协定,有半数以上为"天空开放"协定。

2020 年 6 月 1 日,中共中央、国务院印发了《海南自由贸易港建设总体方案》,提出实施更加开放的航空运输政策,在进一步推动第三、第四、第五航权的基础上,支持在海南试点开放第七航权。这是我国民航首次试点开放第七航权。6 月 9 日,民航局官网公布《海南自由贸易港试点开放第七航权实施方案》,对日前出台的《总体方案》中有关"支持在海南试点开放第七航权"的政策做了具体细化和落实,鼓励指定的外国空运企业经营第三、第四、第五航权及试点经营第七航权的定期国际客运和/或货运航班,这是我国民航首次同时试点开放客运和货运第七航权,同时也代表了全球自贸港的最高水平航权开放。目前国际上采用"天空开放"政策的国家(如美国、澳大利亚)和新加坡、迪拜等自贸港主要开放货运第七航权,国际上还未有过其他自贸港开放客运第七航权的先例。

第二节　海南自由贸易港物流航运发展现状

从 1988 年海南省正式成立到设立海南经济特区,再从国务院批复同意设立海南自由贸易试验区到海南自由贸易港建设,在 30 多年的时间里,海南省交通运输快速发展,物流园区建设工作取得巨大进展,交通基础设施网络不断完善,交通运输服务质量不断提升,为进一步提升自贸港运输来往自由便利水平,打造面向印度洋、太平洋的现代化国际交通枢纽奠定了坚实的基础。

---

① "天空开放"是一项民用航空政策,旨在减少政府对航空政策的干预,消除国内或国与国间飞航的经营限制,或者降低航空公司的成立门槛,以营造自由的航空营商环境。

一、物流园区建设工作不断开展

早在 2015 年 12 月 1 日,海南省人民政府便印发了《海南省"十三五"现代物流业发展实施方案》,提出以港口和机场货运枢纽为依托,建设海口、洋浦双核心枢纽,三亚、东方、琼中 3 个次枢纽,布局海口、洋浦、三亚、东方以及琼中五大物流集聚区,建设海口美安物流园、澄迈金马物流园、三亚综合物流园、洋浦国际海产品及冻品物流产业园、琼中湾岭热带农产品综合物流园、东方物流园六大物流园区,形成省级物流园区、市县物流中心、乡镇物流货站三级物流设施体系。如今各大物流园区建设已经取得长足的发展。

海口综合保税区位于海口市中心区南部,距海南省最繁忙的港口——海口秀英港 3 千米,距海口美兰国际机场 18 千米,距粤海铁路通道 10 千米,区位优势明显,交通便利,是海南建设自贸港的 11 个重点园区之一,也是海南目前唯一的综合保税区。海口美安物流园创新发展了保税加工制造、保税物流、跨境电商、整车进口、现代金融、保税文化、研发设计、检测维修等新业态,集聚了保税免税仓储分拨、流通加工、钻石珠宝加工展销、跨境电商及国际物流配送等 7 个重点功能,是自贸港现代化功能复合型园区,而非单一的物流产业园。2019 年,海口综合保税区全年完成营业收入 484 亿元,同比增长 101.7%;税收 21.14 亿元,同比增长 13%;外贸进出口货值 92.8 亿元,同比增长 134%,跃进全国百家综保区外贸 26 强。截至 2020 年 6 月,共有 400 多家企业先后落户产业园,完成跨境订单 9.6 万单,超过 2019 年全年的 50%。

琼中湾岭热带农产品综合物流园位于琼中黎族苗族自治县北部的湾岭镇东北部,规划面积 6 021 亩,①是海南省五大物流园区之一,也是唯一的省级农产品物流园。湾岭镇属于海南田字形高速公路的交汇点,是海南岛陆路交通的关键节点。在过去,由于交通不便,区位优势不突出,进驻园区的多为木材加

---

① 1 亩 ≈ 666.67 平方米,余同。

工、仓储类企业,随着琼乐高速路、万洋高速路正式通车,琼中正式融入省会 1 小时经济圈,由海岛腹地跃升为中部交通枢纽,区位优势逐渐凸显,目前园区已经吸纳了多家优质企业签约入驻。未来,物流园的功能将以农产品批发、农副产品加工、转运、仓储配送以及商贸服务为主,以包装、电商、旅游观光、会展为辅,打造海南顶尖、国内一流,辐射东南亚及"一带一路"市场的绿色生态产业园。

澄迈金马物流园于 2009 年启动建设,近十余年里已经成长为海南现代物流服务业集群地。澄迈金马物流园紧邻环岛高铁、高速公路、马村港和海南老城经济开发区、海口综合保税区,处在海南西部工业经济走廊重要位置,区位优势明显。凭借显著的区位优势、便利的交通条件,园区目前已经吸引了京东、苏宁、新加坡淡马锡丰树集团、普洛斯公司、小松机械等多家世界 500 强、中国 500 强和行业前五企业投资落户。未来,澄迈金马物流园将继续以现代物流、临港物流、供应链金融等为产业发展方向,打造成立足海南、面向全球的国际供应链物流金融中心。

专栏8.2 海南自由贸易港其他物流园(项目)建设现状

洋浦国际海产品及冻品物流产业园:

项目于 2020 年 7 月初开建,预计 2021 年 1 月 31 日完成主体结构建设。项目建成运营后,主要从省内、国内沿海省份及"海上丝绸之路"沿线国家采购水产鲜品及冻品,并在产业园内进行集散和加工等。

三亚综合物流园:

项目规划尚处于公示阶段(公示时间:2020 年 9 月 15 日—10 月 30 日),三亚综合物流园位于三亚凤凰国际机场以北,天涯区梅村以西,规划范围面积约 209.9 公顷,①规划建成自贸物流区、空港物流区、商贸物流区、

---

① 1 公顷 = 10 000 平方米,余同。

物流服务区 4 个功能片区。依托三亚凤凰机场和绕城高速的区位优势,进一步完善三亚空港型国家物流枢纽功能,重点发展自贸物流、空港物流、高附加值城市配套物流、高附加值和无污染的高端制造加工业,打造三亚市重要物流节点。

海南中部集运物流中心项目:

项目于 2019 年 9 月 18 日开工建设,海南中部集运物流中心项目拟建在琼中湾岭热带农产品综合物流园,项目占地面积 50 亩,建设内容包括集装箱服务区、商务配套区、物流配载区等,是一个具备保税、仓储、商品展示、出口加工和综合服务与商贸相结合功能的海南中部区域性物流中心。

二、交通基础设施网络不断完善

(一)"四方五港多港点"港口布局初步形成

1988 年海南建省前后,全岛共有商用港口 14 个,其中素有"琼州门户"美誉的海南最大港——海口港仅有 14 个泊位,5 000 吨级 2 个,当年货物吞吐量为 241 万吨,约占全岛的 1/3。[①] 经过 30 多年的开发建设,海南省港口建设取得了长足的发展,北有海口港、南有三亚港、东有清澜港、西有八所港和洋浦港的"四方五港多港点"发展格局已经初具规模。截至 2019 年,全省沿海港口万吨级及以上泊位 74 个,沿海港口货物吞吐量达 19 839 万吨,同比增长 29%。下一步,海南将全面推进洋浦港小铲滩集装箱码头起步工程改造项目、海口新海港锚地工程、马村港区航道改扩建工程、海口港马村港区作业区一期工程、琼州海峡滚装运输通道改扩建工程、新海港综合客运枢纽等重点项目建设,加快构建现代化港口枢纽基础设施建设体系。

(二)"南北东西,两干两支"机场布局逐步完善

在 1988 年以前,海南还没有独立的民航机场,只有海口大英山机场和三亚

---

① 司徒尚纪."开放门户"海南港口群[N].中国经营报,2020-06-08(1).

机场两个中小型军民合用机场,也没有本地航空公司及驻场基地。但自建省办经济特区以来,海南的民航事业发展已经发生了翻天覆地的变化,航空运输成了海南岛与外界联通的主要交通方式之一,在过去的 30 多年里,海南省已经建成海口美兰国际机场、三亚凤凰国际机场、琼海博鳌机场以及三沙永兴机场等一批区域重要的航运枢纽,成为见证海南航空运输发展的标志性工程。如今伴随着海南航空运输高速发展的迫切需求,海口美兰国际机场、三亚凤凰国际机场的扩建工作以及三亚新机场、东方机场、儋州机场的规划、建设工作也已经提上日程。

专栏8.3 海南自由贸易港航空枢纽建设项目现状

三亚凤凰国际机场:

2018 年 9 月 20 日,三亚凤凰国际机场三期工程新扩国际航站楼正式启用,目前三亚凤凰国际机场拥有两座航站楼,共开通国内外航线 104 条,通航城市 93 个,扩建完成后的机场可以满足 2 500 万人次旅客的出行需要。

海口美兰国际机场:

截至 2020 年 9 月,海口美兰国际机场二期扩建项目 T2 航站楼民航专业工程已经顺利通过竣工验收,项目有望年底正式投运通航。

三亚新机场:

2020 年 9 月 10 日,三亚机场建设有限公司发布《三亚新机场人工岛工程环境影响评价》,三亚新机场人工岛工程项目位于海南省三亚市红塘湾海域,距三亚市中心区 27 千米,距现有三亚凤凰国际机场约 15 千米,离岸约 4 千米。

(三)高速公路网由"田"字形向"丰"字形升级

在 2011 年的全国高速公路里程排名中,海南省排在第 30 位,仅高于西藏,高速公路路网密度为 2.16 千米/百平方千米,排在全国第 18 位,在"田"字形高速公路网规划中仅建成环岛高速公路,总体高速公路建设仍显滞后,仍存在着总量不高、布局不平衡、配套服务设施不完善等诸多弊病。经过近 10 年的补短板、强弱项,海南的公路网建设已经有了长足的发展,截至 2019 年,海南岛内公路通车里程达 38 106 千米,其中高速公路通车里程 1 171 千米,较 2018 年增长24.8%,增速明显,而万宁至洋浦(万洋)高速公路的正式通车,也标志着海南省"田"字形高速公路网全面建成。目前海南自由贸易港已经初步形成以"田"字形高速公路为基础,以环线铁路为骨干的"田"字形+环线的陆路交通主干道布局。G360 文昌至临高公路在文昌的正式开工,则写下了海南省国省道路网"丰"字形高速公路主骨架中"丰"字的第一横,也标志着海南省高速公路网开始由"田"字形向"丰"字形提质升级。

专栏 8.4　海南陆路交通主要通道布局

"丰"字形主通道:

　　一纵——海口经琼中至三亚运输通道,自海口,经屯昌、琼中、五指山、保亭,至三亚。

　　三横——文昌至临高运输通道,自文昌,经安定、澄迈,至临高。琼海至洋浦运输通道,自琼海,经屯昌、儋州,至杨浦。陵水至东方运输通道,自陵水,经保亭、五指山、乐东,至东方。

G15 沈海高速公路海口段:

　　2020 年 4 月 13 日,G15 沈海高速公路海口段正式开工,此段高速公路是国家高速公路网中 G15/G75 高速公路在海南的"最后一公里",建成后将连接海口的海秀快速路、椰海大道和海口绕城高速三大主干道,从而将海南高速公路枢纽连成一体,是建设海南自由贸易港的重要公共基础设施项目。

三、交通运输服务质量不断提升

（一）航空、航运服务方面

受益于 2003 年以来的航权开放政策,海南省的航空运输服务发展迅速,早在 2011 年,海口美兰国际机场和三亚凤凰国际机场就已经实现旅客吞吐量突破 1 000 万人次,双双迈入"千万机场俱乐部",海南也由此跨入我国航空大省的行列。2019 年海南四大民航机场:海口美兰国际机场、三亚凤凰国际机场、琼海博鳌国际机场以及三沙永兴机场合计完成旅客吞吐量 4 501.13 万人次,通航城市达 200 多个,执飞境外航线达 103 条,航线网络覆盖俄罗斯、日本、韩国、印尼、泰国等十几个重点市场。其中海口美兰国际机场、三亚凤凰国际机场的旅客吞吐量约占全岛 98%,作为航空枢纽的地位不断凸显(表 8.4)。

表 8.4　海南两大航空枢纽运输服务主要指标

指标名称		2015 年	2019 年	增长
三亚凤凰国际机场	旅客吞吐量/万人	1 619	2 016.4	24.5%
	货邮吞吐量/吨	85 369.3	99 821.0	16.9%
	执飞航班/万架次	10.8	12.3	13.9%
	执飞航线/条	—	151	—
	通航城市/个	—	98	—
海口美兰国际机场	旅客吞吐量/万人	1 616.8	2 421.7	49.8%
	货邮吞吐量/吨	135 944.6	175 566.5	29.1%
	执飞航班/万架次	11.68	16.39	40.3%
	执飞航线/条	—	297	—
	通航城市/个	—	149	—

在 1988 年海南建省前后,海南省港口完成货物吞吐量仅 826 万吨,其中海口港、八所港的货物吞吐量约占全省的 76.6%。经过 30 余年的发展,2019 年海南省港口完成货物吞吐量已经达 1.98 亿吨,同比增长 8.5%,外贸吞吐量完成

3 581万吨,同比增长11.7%,增长趋势明显。其中海口港完成货物吞吐量1.24亿吨,洋浦港完成货物吞吐量5 015万吨,两大港口的货物吞吐量约占全岛的87.9%,海口港和洋浦港已经成为海南省两大关键航运枢纽。

（二）铁路、公路网服务方面

1988年,"琼州海峡通道"的概念首次被提出,2002年,粤海铁路正式建成通车,结束了海南和大陆不通铁路的历史,但到2010年,海南省铁路客运量仅有104万人,直到2010年年底海南首条高速铁路——东环铁路正式开通,海南的铁路客运服务才迎来巨大的变化,2011年海南省铁路客运量一跃升至1 066万人次,一年间增长了10多倍。如今海南省高速铁路服务覆盖了全省3/4以上的人口,"海澄文"与"大三亚"经济圈交通一体化驶入快车道,实现了1.5小时的快速联通。2019年海南省铁路客流量达3 085万人次,同比增长4.12%,公路客运达9 366万人次,全省农村公路累计完成里程1.33万千米,实现20 278个自然村全部通硬化路,2 560个建制村全部通客车,提前一年完成交通运输部下达的任务,实现了海南农村地区"出门有路、出行有车"的出行愿望。

（三）邮政、快递业服务方面

截至2020年上半年,海南省邮政服务业务总量累计完成5.42亿元,同比下降2.40%;邮政寄递服务业务量累计完成7 950.97万件,同比下降2.52%;邮政寄递服务业务收入累计完成10 378.61万元,同比下降4.23%。受新冠肺炎疫情的持续影响,线上交易成了疫情期间消费者购物的首选,而伴随着后疫情时代国内经济恢复的加速,快递业继续成为促进消费升级、推动流通方式转型的先导行业,疫情实际上加速了快递业的发展趋势。2020年上半年,海南全省快递服务企业业务量累计完成7 616.56万件,同比增长48.97%;全省快递服务企业业务量累计完成6 086.38万件,同比增长52.47%;业务收入累计完成12.47亿元,同比增长34.42%,[①]增速十分明显(表8.5)。

---

① 海南省邮政管理局.海南省邮政管理局公布2020年8月份邮政行业运行情况[EB/OL].(2020-09-14)[2021-01-10].海南省邮政管理局官网.

表 8.5　海南综合交通运输现状主要指标

指标名称		2010 年	2019 年	增长
基础设施	大型物流园区数/个	—	6	—
	民航机场数/个	2	4	100.0%
	民用飞机驾数/驾	74	210	183.8%
	民用航空航线里程/万千米	107	262.1	144.9%
	万吨级以上泊位数/个	33	74	124.2%
	铁路营业里程/千米	700	1 039	48.4%
	其中:高速铁路营业里程/千米	—	653	—
	公路通车里程/千米	21 200	38 106	79.7%
	其中:高速公路通车里程/千米	700	1 171	67.3%
运输服务	铁路客运量/万人	84	3 085	3 571.6%
	公路客运量/万人	42 785	9 366	−78.1%
	水路客运量/万人	1 340	1 736	29.6%
	铁路货运量/万吨	542	1 133	109.0%
	公路货运量/万吨	13 947	6 770	−51.5%
	港口货物吞吐量/万吨	9 500	19 839	108.8%
	快递量/万件	681.2	7 616.6	1 018.1%

第三节　自贸港时代提升运输来往自由便利的路径

物流航运畅通是国际自由贸易港的基本特点,也是自由贸易和生产要素自由流动的重要前提,推动海南由自由贸易试验区时代迈向自由贸易港时代,实现自贸港运输来往自由便利,关键还在于建立自由开放的航运制度,提升运输服务的保障水平,加快海陆空基础设施建设,推动建设现代化智慧交通运输枢纽。

一、建立自由开放的航运制度

（一）实施更加自由的船舶运输制度

第一，创新船舶登记制度。进一步放宽船舶登记限制条件、逐步简化船舶登记注册程序、不断优化船舶登记手续，为国际船舶登记、换籍提供"一站式"服务，推动建设以"中国洋浦港"为船籍港，建立海南自由贸易港国际船舶登记中心，打造"海南船籍"，促进中资船舶回归，吸引中资方便旗船舶及外资船舶在海南注册。

第二，创新船舶投融资模式。一方面要逐步取消外资股比限制，探索以保险方式取代保证金，建立新的外债管理体制；另一方面要推动建设国际航运交易场所，重点发展船舶买卖和租赁、邮轮游艇交易、航运金融和航运保险等业务。

第三，出台配套航运财税政策。具体包括将符合条件的进口船舶纳入"零关税"清单管理，扩大启运港范围并落实启运港退税政策，推进洋浦港保税油加注中心建设，对符合条件的国际航行船舶加注燃料油实行出口退税，为进一步推行自由开放的航海制度，构建良好的税收环境。

（二）实施更加开放的航空运输政策

截至 2020 年，全国共有北京、上海、广州、烟台、武汉、厦门、海口、天津、南京、银川、郑州、哈尔滨、满洲里、鄂尔多斯 14 个城市已开放第五航权。但由于第五航权实际落地难度较大，目前实际使用第五航权的仅有 4 个城市，其中全货运航线仅郑州、西安两家。尽管航权的开放极大地推动了海南经济，尤其是旅游业的发展，但不可否认，海南距离成为现代化的国际航空枢纽仍有一定的差距，至海南试点开放第五航权以来，尚无外国航空公司开通第五航权国际航线。实施更加开放的航空运输政策，推动第五、第七航权落地实施，关键还应做好以下两点。

第一，实施更加开放的航权制度。一方面要继续推动开放第三、第四、第五航权。实现中国与其他国家在双边航空运输协定中推动相互开放往返海南的第三、第四航权,扩大第五航权的航权安排。另一方面要试点开放第七航权。应充分利用"一带一路"、《区域全面经济伙伴关系协定》(*Reginal Comprehensive Economic Partnership*,RCEP)建设的契机,通过双边或多边贸易协定谈判,积极引进具有潜在战略需求的航空公司到海南建设运营基地,鼓励国内航空公司到其他国家或者地区建设航空货运枢纽。

第二,积极出台配套支持政策。开放的航权政策是实现海南自由贸易港航空运输自由便利的重要基础,但更多的只是解决海南航空运输市场的准入问题。推动第五、第七航权切实发挥作用,建立区域现代化航空枢纽,首先要推动海南旅游资源、文化资源开发,做好旅游产业规划布局,全面提升海南生态旅游岛的国际知名度和影响力,促进入境旅游发展;同时,实行更大力度的进口商品零关税政策,实施更加便利的入境免签政策,进一步发掘海南自由贸易港的航空客货运输需求;创新协同合作监管服务体系,通过大数据、人工智能等技术加强机场同海关、旅游、税务等多部门的信息共享、合作监管。

二、提升运输服务的保障水平

(一)提升货运物流效率

第一,搭建物流信息化共享平台。2019 年海南省社会物流总费用为 794.37 亿元,同比增长 11.26%,社会物流总费用与 GDP 的比率为 14.96%,同比去年下降了 0.24%。就目前而言,海南省物流信息平台建设尚处于起步阶段,物流信息数据共享平台建设尚不完善,信息共享大多局限于省内区域,物流产业的整体信息化水平仍然较低,物流作业成本较高,货运物流效率亟待提升。进一步促进物流产业信息化,搭建物流信息共享平台,一方面要提升一线物流企业运用现代化物流信息技术,如 RFID 技术、大数据技术的普及率,实现对绝大部分货物运输数据的采集、入库、统计、分析、监测和服务功能;另一方面要在提升行业整体信息化水平的基础上推动企业间资源共享，继续完善海南交通运输物流公共信息平台建设，包括较为完善的物流管控系统、交通运输信息系统，实现与国家交通物流公共信息平台的互联互通，进一步降低社会整体物流成本。

第二，加强交通基础设施与物流枢纽的融合发展。目前海南的物流园区建设虽取得了长足的发展，但整体而言，海南还缺乏规模大、功能全、覆盖面积广的现代化综合物流园区，且部分物流园区与主干道尚无连接，进一步限制了物流园区的发展。提升物流园区货运物流效率，补齐部分物流园区发展短板，关键在于推动建设海口、洋浦双核心物流枢纽，发展以交通运输枢纽为主要依托的现代化物流园区和物流节点群，配套建设现代立体仓库和信息化管控系统，加快构建冷链物流体系。此外还应重点加强中部物流园区的交通基础设施建设，完善中部物流园区如琼中物流集聚区与主干道的衔接，以集装化和运载单元标准化为重点，融合电商、邮政、快递，发展区域、城市、乡村多层级货运物流服务网络，在促进城乡配送和农村物流发展的同时提升物流园区的物流效率。

（二）培育旅游服务新业态

第一，加快环岛旅游产业建设。一方面要进一步完善环岛旅游公路建设，海南环岛旅游公路是《全国生态旅游发展规划（2016—2025 年）》提出的 25 条国家生态风景道之一，加快环岛旅游公路建设，既可以串联沿线市县和各经济开发区，又可以将沿途特色海湾、海角、小镇、旅游景区和滨海度假区有机地连接起来，推动海南环岛旅游在资源整合、业态创新、产业升级等方面实现全方位的发展。另一方面要进一步优化环岛旅游产业布局、要素配置，根据环岛游东西部地区的不同旅游资源，引导特色海湾、小镇、旅游景区和度假村因地制宜地开发、发展环岛地方特色旅游，避免西部环线因缺乏足够的旅游吸引力而产生断链的风险。

第二，发展邮轮游艇业务。一是进一步放宽游艇旅游管制，在实行琼港澳游艇自由行政策的基础上，扩大政策的覆盖范围，针对港澳及更大范围内的国内游艇，推行海南自由贸易港进出、航行、停泊及旅游等方面的便利化监管措施。二是推行游艇船舶证书"多证合一",在三亚启动《船舶国籍证书》等七本法定证书由一本《三亚辖区船舶管理证书》替代试点的基础上,向海口、洋浦等区域港口枢纽推行,推动涉客船舶和游艇船舶证书向"多证合一"改革,简化证书程序。三是培育邮轮游艇产业新业态,打造从上游——生产设计,中游——销售消费,到下游——服务辅助的完整产业链条,塑造集文化旅游、海上观光、高端会议、科研载体、智能设备等于一体的海上文旅综合体。

第三,为民航运输发展注入新活力。一是充分发挥免签职能,扩大品牌影响力。加强免签职能的深度,可以对自由行开放简签乃至免签而非必须跟团的方式;拓宽免签职能的广度,目前海南面向 59 国实施入岛免签政策,并已经取得初步成效,下一步自贸港可以对目标地区、城市进一步开放免签范围。二是开发新航线,对目标旅客开展精准营销。2019 年海南两大机场,海口美兰国际机场和三亚凤凰国际机场的旅客吞吐量较去年虽有所增长,但同比增速明显低于同等及以上规模国内机场,且远低于全国机场平均增速,客运增长乏力。[①] 破解客源不足的难题,应基于大数据的结果对来海南岛旅游的游客进行地区、消费行为、习惯及趋势的研究,针对不同游客的消费特点开展精准营销,在提升航线网络丰富度的同时加强区域优势的推介。[②]

(三)培育现代化物流人才

第一,推动产学研合作培养智慧物流人才。结合企业发展过程中的现实需求,以培育现代化智慧物流产业人才为目标,鼓励高校、企业与物流协会进行合作,在课程体系中加入智慧物流模块,建设"教、学、做"一体化的智慧物流实训室,通过举办"智慧物流"系列竞赛、校企合作课外实践活动来提高学生的实操技能,保证高校人才教学与智慧物流行业的发展与时俱进。[③]

---

① 中国民用航空局发展计划司.2019 年民航机场生产统计公报[R/OL].(2020-03-09)[2021-01-10].中国民用航空局官网.

② 齐朝辉,谢泗薪.大开放视角下海南自贸港建设的民航运输发展攻略[J].空运商务,2020(8):10-15.

③ 远亚丽."互联网+"背景下高职智慧物流人才的培养——以上海中侨职业技术学院为例[J].河北职业教育,2020,4(5):76-78.

第二，积极引进高端商贸物流人才。为加快推动海南物流产业的发展，满足自贸港物流产业快速发展的需求，填补海南省高层次商贸物流人才的缺口，一方面高校要引进既具有较高理论素养又具备一定管理实践经验，既懂物流业务又能够应用物联网、大数据、云计算提高实操效率的骨干教师，进一步优化高校人才队伍结构；另一方面企业和政府职能部门要引进具有国际视野和全球运作能力，对世界一流自贸港物流行业领先的政策制度有一定认知的，掌握世界智慧物流行业高水平应用技术的高端应用型商贸物流人才，为海南自由贸易港建设提供源源不断的人才支撑。

第三，推广商贸物流人才在职培训。目前国内物流行业普遍存在着专业人才紧缺的问题，尤其是人数众多的基层物流从业人员，鲜有人受过专业的物流从业培训，越来越难以满足迅猛发展的智慧物流行业的需求。推广商贸物流人才在职培训，提高自贸港商贸物流从业人员的整体素质，一方面企业应该对在岗人员定期展开培训，将企业的服务理念、服务内容传递给在岗员工，让基层从业人员对物流服务、仓储物流等环节有充分的了解；另一方面可以依托高校、物流协会，企业定期开展物流研讨会、进修班，鼓励有进一步学习需求的在岗员工学习物联网、大数据等相关知识，培养能够满足企业现实发展需求的高素质智慧物流管理人才。

三、加快海陆空基础设施建设

（一）构建现代港航基础设施

第一，优化港口分工格局。在基本形成"四方五港多港点"发展格局的基础上，进一步优化自贸港港口的分工格局，重点支持海口、洋浦港逐步做优做强，打造立足海南、联通粤港澳大湾区、面向东南亚的现代化国际航运枢纽。进一步提升海口作为"全方位、多层次、宽区域"综合性港口，洋浦作为以货运物流、外贸进出口为主的区域性航运枢纽，三亚作为以邮轮旅游为主、以客运与货运为辅的综合性港口,八所港、清澜港作为地区性港口的服务职能。

第二,完善机场布局建设。目前三亚凤凰国际机场和海口美兰国际机场的实际运力和机场设计容量早已饱和,进一步完善海南机场布局建设,应在海南岛"南北东西,两干两支"的机场布局基本形成的基础上,重点推进海口美兰国际机场、三亚凤凰国际机场扩建工程,推动建设现代化的国际航空枢纽,加快三亚新机场、儋州机场、东方机场的前期规划、建设工作,缓解两大机场枢纽运力不足的问题。此外,还应完善各大机场集疏体系,实现高铁、高速公路、海运与机场的快速衔接,引入智能化信息平台,提升机场旅客出行的智能化和便捷化水平。

(二)完善岛内高铁、高速公路网络建设

第一,推进城市轨道交通建设。在现有环岛铁路骨干基础上,加快推动"田"字形高速铁路规划建设,并依托建成的高速铁路布局,率先在"海澄文""大三亚"经济圈开展城际高速铁路建设,打造海南"城际高铁 1.5 小时通达圈",实现"海澄文"与"大三亚"区域机场、港口、高铁、轻轨和高速公路融合发展,构建现代化城市综合交通基础设施体系。

第二,打造"丰"字形+环线的多层次公路网布局。在"田"字形公路基础上,依托现有环岛高速铁路,建设横向高速公路通道,研究纵向高速公路通道,以衔接全岛港口、机场、产业园、物流园、旅游景点等,实现岛内"县县通高速"的目标,提高现有农村公路覆盖水平,建设村村通达、便捷高效的农村公路,推动自贸港公路网布局由"田"字形向"丰"字形+环线迈进。

第三,加快琼州海峡跨海隧道建设。《总体方案》明确提出海南自由贸易港建设要推动建设西部陆海新通道,加快构建现代综合交通运输体系,目前航空和海运是进出海南岛的唯二选择,因气候异常叠加节假日返程高峰,海口大量车辆、旅客滞留的事情时有发生,轮渡和航空显然不是解决琼州海峡两岸交通的长久之计。尽快启动琼州海峡跨海海底隧道建设,一方面可以使海南接入全国高铁网和国家综合运输大通道,实现大陆与海南岛的陆路连接,结束海南"交

通孤岛"的局面；另一方面有利于粤西、北部湾和海南岛实现物流、人流的快速联通，打造"环北部湾-琼州海峡经济带"，与粤港澳大湾区形成联动发展态势。

四、推动建设智慧交通运输枢纽

（一）建设北斗交通融合先行先试区

截至 2020 年 6 月，全国已经有超过 660 万辆道路营运车辆、5.1 万辆邮政快递运输车辆应用了北斗系统，而海南省内卫星应用产业基础还较为薄弱，相关的卫星应用产业集群建设尚未成型。随着北斗卫星系统的日益完善、现代化运输枢纽的建设，以及实现自贸港运输来往自由便利的迫切需要，北斗卫星应用产业在海南有广阔的发展前景。建设北斗交通融合先行先试区，第一，应当推动北斗技术在交通运输层面的示范性应用。以北斗（海南）信息综合服务平台为先导，全面提高北斗导航系统在海南省主要营运车辆（公交车、出租车、邮政和快递车辆等）的应用率，充分利用北斗"融网络、融终端、融数据"技术，有效解决车辆定位、自主导航、道路拥堵的疏通治理等问题，提升现代化城市交通运输的安全、畅通水平。第二，推动"北斗+"技术在交通运输层面的推广。一是推动北斗与 5G、云计算、互联网融合技术相结合应用在交通基础设施，通过搭建实时监测云端平台，对公路易出现滑坡等自然灾害路段，隧道、桥梁等重要交通设施的关键节点定期开展健康性能监测，确保道路交通基础设施的"健康"、可靠，为交通畅通筑牢安全的堤坝。二是推动北斗与物联网、人工智能技术相融合，高精度的定位是实现自动驾驶的基础，而 5G、人工智能等技术与高精度的北斗导航定位系统深度融合，则可以实现车、路和云端的有机结合，提升车辆智能化水平，促进自动驾驶的迅速发展。

（二）推进智能化港航枢纽建设

第一，提升港口物流智能化水平。一是加快基础设施自动化建设，率先推动小铲滩码头等新建码头自动化建设,积极推动老码头关键装备现代化、自动化升级改造。二是搭建港口数字物流平台,充分利用物联网采集港口基础设施设备和货运信息,与港口物流企业搭建数据服务共享平台,充分整合港口物流数据资源,实现港口业务数字化。三是推动港口向绿色可持续发展,积极探索新能源应用技术,推广清洁能源,提高能源使用效率,减少能源损耗。建设完善的港口排污处理系统,实施港口生活垃圾与工业排污分类处理、回收利用,促进港口绿色可持续发展。

第二,提升机场客运智能化水平。推动建设集平安、绿色、智慧、人文于一体的"四型机场"。一方面要以旅客为中心,通过大数据+人脸识别,实现对航站楼内旅客动态的实时监管,为旅客提供更加个性化、贴心化的服务,推广自助值机及自助行李托运系统,搭建智慧安检通道,提高旅客值机、登机及机场安检处理效率;另一方面要以物流为辅,依托自动化系统和人工智能技术推广智能分拣、仓储平台,提升货物处理效率,降低物品分拣出错率,应用智能无人机技术,进一步降低人工运输成本,提升机场小件物品的集散效率。

第九章

9

数据治理：
自贸港数据安全有序开放

数据作为当今数字经济时代一种最为关键的生产要素,在驱动产业创新、赋能贸易发展、促进制度变革等方面发挥着无可替代的作用。海南自由贸易港作为我国重大经济战略布局,在发展数字经济、奠定数据技术基础和拓展数字应用优势方面具有试点和示范意义,同时,提升数据运用能力也将为海南自由贸易港的自身建设带来新机遇和重要支撑。在技术变革力量的驱动下,传统的服务贸易正在加速向数字服务贸易转型,从"不可交易"变为"超交易"。[①] 数字技术不断进步使零售、医疗、酒店、教育、娱乐等以往具有本地化特色的服务业走向全球化。特别是伴随着全球贸易投资、技术交流、资源共享等跨国沟通与合作的日渐频繁,商品流、人才流、数据流大量持续涌动,数字跨境流动的范围和内涵持续扩大。

然而,跨国界传输、访问和处理数据,存在极大的潜在风险,既可能导致个人用户数据被滥用、泄露,也可能引发企业在技术、资产和业务管理方面的重大损失,甚至还可能出现别国对重要跨境数据进行挖掘分析,导致重大战略信息泄露而使国家安全受到威胁的情况。因此,在海南自由贸易港建设中,需要在数据开放的价值创造与数据流动的风险传导之间找到平衡点,极有必要采取一手放得开、一手管得住的两手路线。

在《总体方案》中,重点指出了自贸港数据开放的几个关键问题。第一,数据流动要安全有序。从国家战略发展层面再次强调数据安全的重要性,指出确保数据流动安全可控是保障数据流动有序开展的必要前提。第二,数据安全不仅要在技术层面加强网络安全措施,更需要在国家制度层面进行重新审视和创新设计。进一步扩大数据领域开放,重新构思安全制度设计,才能实现有效数据的充分汇聚和运用,从而支持国家培育发展数字产业和数字经济,把握新的增长点。因此,要在海南自由贸易港的开放前沿阵地,尝试在国家数据跨境传输安全管理制度框架下,进行数据跨境传输安全管理试点试验,探索形成既有

---

① 曹晓路,王崇敏.中国特色自由贸易港建设路径研究——以应对全球数字服务贸易规则变化趋势为视角[J].经济体制改革,2020(4):58-64.

利于推动数据自由流动，又能兼顾数字安全保障的体制机制。第三，探索更加便利的个人信息入境制度对接和出境安全评估办法，寻求加入区域性数据跨境流动的制度性安排，促进数据跨境传输自由便利化。在此基础上，把握机会积极参与跨境数据流动相关国际标准和规则的制定，围绕数据确权、数据交易、数据安全等构建承认数据主权的制度框架。

第一节 海南自由贸易港扩大数据开放的危与机

数据开放是一把"双刃剑"。一方面，数字化、智能化是第四次工业革命的主要特征，将极大改变人类的生产和生活方式，也将改变传统经济活动以集聚、当地化与碎片化为本质属性的地域分割状态。数字技术起到了经济黏合剂的作用，能将分散在世界各地的生产和服务活动联结起来，进而改变经济地理基本格局。扩大数据开放不仅是落实"数字中国""网络强国"和"智慧社会"战略与促进我国经济社会转型的必然趋势，也是推动海南自由贸易港系统性开放、扩大贸易投资自由的客观要求。另一方面，任何技术创新都会伴随着风险，作为当代引领应用前沿的数据技术也不例外。允许数据自由流动隐藏着极大的经济、社会甚至国家安全风险。在当前开放成为治理主旋律的时代，深入了解数据开放风险，建立有效的数据开放风险评估与管理体系，对于维护国家数据主权、推动海南自由贸易港数据安全有序开放至关重要。

一、海南自由贸易港扩大数据开放的机遇

当今时代，社会、经济、文化的各个领域都存在着互联网应用，从而产生了大量数字信息。这些数据不仅是一种静态的信息类资产，还能反映经济、社会、技术等系统运行的特征、质量、趋势和问题。各个领域实行数据开放共享都能带来显著的效率改进和价值增值：运用于国家治理领域有利于提高政府决策水

平或改进公共服务,运用于研发领域可以推动科技创新和科学研究的繁荣发展;运用于供应链管理领域有利于提高需求预测精度和减少库存积压;运用于服务领域可以促进共享经济发展,创造新供给、激发新需求和转变消费方式。

（一）数据流动带动物资流

WTO在《2018年贸易统计报告》中指出,到2030年,数字技术将使全球贸易增加34%,而数字技术带来的变化将重塑全球产业链,从而改变世界贸易的传统运行模式,并使各经济体的比较优势发生变化。同时,报告还提到,物联网、人工智能、3D打印和区块链是值得关注并会改变未来贸易方式的4项数字技术,它们可以降低一国在劳动力方面的比较优势,改善数字基础设施的质量,扩大数字经济市场规模和加强对知识产权的保护监管,是顺应数字化时代到来的基本发展路径。

在生产运作方面,数字技术,特别是大数据与人工智能技术的结合,提高了商品需求的可预测性,推动制造工厂进行柔性生产,不仅有效控制了产业链上每个节点的库存水平,同时也实现了供应链的精细化管理。在物流运输方面,运用人工智能的数字技术可以进行货物跟踪、优化仓储库存配置、改善路线规划、实现自动驾驶,从而大大降低物流成本,减少仓储和运输时间,消除交货不确定性带来的供应链风险。此外,人工智能结合区块链技术还能大幅缩短企业消耗在海关的程序性时间,使物资流更加透明和可追溯。数字技术还改变了传统贸易方式,让消费者可以通过智能终端购买到全球各个国家的产品,推动了跨境电子商务市场的发展,让更多物资通过B2C和C2C方式实现跨境贸易。简而言之,数据流动和共享从总体上降低了物资生产和贸易成本,是推动物资流、实现全球产业链各环节之间无缝衔接的核心要素。将物联网、大数据、人工智能和区块链等数据管理模式应用于海南自由贸易港与境内外之间进出口货物流追踪,能够最大限度地实现经济价值和安全高效管理。

（二）数据流动带动人才流

海南探索建设中国特色自由贸易港,迫切需要弥补的资源和短板是人才。

经过几年自贸区的建设发展，海南在人才规模、人才结构、人才层次等方面聚集了一定优势，但高素质管理人才和高水平专业技术人才不足，特别是通晓贸易规则和国际惯例、具有丰富国际管理经验的高层次人才较为缺乏。虽然海南的基础设施建设已达到国际先进水平，但数据开放方面的限制仍然较多，导致人才信息不能被有效共享，发展现状和前景也得不到充分认知，对高端人才吸引力较弱。同时，人才市场规模小，服务水平偏低，人才结构与产业结构、经济结构存在明显的错位分布，高层次技能型人才短缺。

新加坡在以数据流带动人才流方面成效卓著，可作为海南自由贸易港建设的参考。新加坡在人才引进上，建立了专门性的揽才机构"联系新加坡（Contact Singapore）"，这是一个由新加坡经济发展局和人力部共同成立的组织，旨在吸引世界各地的卓越人才到新加坡投资、工作和生活，并在美国、中国、日本、英国、澳大利亚、印度等地设有分支机构，建立了重点国家人才库，基于大量有效的数据流，通过海外的各种活动、人才招聘会，以及提供各行业的最新资讯，将新加坡企业和全球人才联系起来。该机构利用网络信息平台，为有志于在新加坡发展的人才提供详尽的生活信息，定期发布"关键技能列表"，以"一人一策"的待遇套餐"点招"行业尖端人才。这种人才引进模式具有突出的参考价值，在海南自由贸易港建设过程中，可以适当学习新加坡以数据开放引领人才流动的经验。

（三）数据流动带动资金流

随着海南自由贸易港建设的不断推进，海南金融领域的对外开放程度将日益提高，跨境资金流动规模和速度也将明显加强。海南自由贸易港的建设，需要让资金流、数据流充分汇集，提供清结算服务，形成大数据平台，构建以城市群为基础的智慧生态圈。在用户用智能终端完成数据信息提交后，信息流一经交换，资金流就完成了，对于提高经济社会的便利性和实现资金流监控而言意义重大，这一点同样适用于跨境应用场景。以区块链技术为例，作为数字资产交易的支撑技术和价值转换通用平台，区块链可以帮助传统产业实现在数字世界的资产转化和流通，协助新型支付和清结算体系建设，提高货币流通效率；通过辅助数据确权,让数据、知识产权等无形资产进行数字化交易,增强金融风险控制能力,这是未来数字经济的重要基础,同时也对重构金融基础设施具有很强的推动力,是海南自由贸易港未来金融发展的重要方向。

将数字技术融入金融制度框架,并扩大数据开放领域,有助于海南自由贸易港逐步建立与跨境汇兑自由、贸易结算自由和投融资自由等自由贸易政策相适应的业务运营和风险管控体系,确保金融领域的"一线全面放开,二线高效管住"。

(四)数据流动带动技术流

数据流动的规模,与一个地方创新发展的活跃程度存在正相关性。大规模的数据流动,往往能够极大地调动技术创新活力。技术创新是系统性工程,要解决各种基础理论性问题往往需要多学科专业知识的支持,跨学科、跨领域合作。在产业实践中,整合价值链上各环节数据流的能力比强调单个环节的应用性能更重要,需要跨组织的团队协作、开放创新。多样、巨量大数据的高速流动为跨越各个领域的技术创新提供了支持。在技术快速变革的创新时代,基于数字技术的大数据、人工智能和实体经济,需要深度融合、立体创新。有研究表明,数据开放将会使民营组织和公众参与新型应用研发活动的比例提高 50%。在数据合法、保障国家安全、保护个人隐私权的基本前提下,对更多基础性数据开放共享,以填平数据鸿沟,能够帮助更多中小企业享受和充分运用数据资源,促进人工智能算法模型和解决方案的优化升级,以实现更灵活、更广泛的创新。

海南自由贸易港未来数据开放的一个重要方向是利用信息技术和数据要素的自由流动,加速海南自由贸易港建设、推动海南经济增长和改善社会文化环境,这些领域存在大量的技术创新空间。作为自贸港,海南将会成为连接国内国际数据流双循环的重要交汇点,汇聚巨大的数据量,需要更多的科技企业加入,为信息产业快速成长和数据开放提供更强大的技术支撑能力,同时也将吸引更多的信息企业奔赴海南共谋发展。2018 年,海南省互联网产业已经实现"四个一百"的突破:全省互联网产业空间超过 100 万平方米,产业投资超过 100亿元,引进腾讯、阿里、百度、华为、中兴、微软等超过 100 家国内外知名互联网企业,营收 8 000 万元以上企业超过 100 家。[①] 高科技企业的汇聚,将大大推动海南自由贸易港在开放环境下围绕巨量数据流开展的技术创新活动,带来丰硕的创新成果,提升国家数据利用能力,掌握数据跨境流动的国际话语权。

二、海南自由贸易港扩大数据开放的风险

尽管数据开放的利益是有目共睹的,但也不可忽视数据开放带来的各种风险。从技术的角度看,数据在传输、存储和运用过程中都存在不同种类的风险;从风险造成影响的领域看,数据开放可能引发国家安全、公民意识形态、个人隐私以及经济市场结构风险。在跨国数据流动的问题上,各国围绕数据权力的争夺和管控是当今数据全球化时代的突出特征之一。特别是 2013 年美国前中情局职员斯诺登将"棱镜"计划公布于众后,巨量的跨境数据流动触发了各国各界对个人隐私和国家安全的担忧,越来越多的国家对跨境数据流动实施严格监管。数据开放不可避免地会涉及跨境数据流量剧增,因而成为海南自由贸易港推动贸易与投资开放活动中一个潜在的风险来源。

（一）数据开放风险的技术分析

数据传输风险。在数据的全生命周期中存在大量的网络节点,数据在这些节点之间传输时安全性很难得到保证。传输协议的漏洞常常成为网络攻击的对象,从而造成数据被窃取或拦截。数据滥用越来越泛化,甚至于一些组织专门从事数据窃取非法活动,这些活动日渐产业化、高科技化和跨国化,严重的数据安全事件频繁产生,成为海南自由贸易港数字生态体系建设和数据安全管理的严峻挑战。

数据存储风险。在无处不在的网络环境中,海量数据处于网络信息存储状态,不可避免存在安全风险。网络环境的开放性和信息来源的多元化,导致数

① 陈碧琪.海南互联网产业实现"四个一百"突破 产业人才增逾万人[EB/OL].(2019-05-26)[2021-01-10].新华网.

据存储关系错综复杂。此外,不同类型数据的存储难度各异,造成数据存储安全水平不一。结构数据往往可以采取有效存储方法,而半结构化和非结构性数据却无法被有效存储,这给大数据存储的完整性带来了挑战,从而导致数据丢失现象时常发生。

数据运用风险。数据经过挖掘分析后,应用价值得到极大的提高,但在应用环节也存在数据泄露的风险以及数据完整性遭到破坏、未经授权的访问、恶意代码、元数据完整性遭到破坏等负面情况。[1]

(二)数据开放风险的领域分析

国家安全风险。数据开放可能会造成国家重大战略决策等关键信息的泄露,源自不同数据集交汇而形成的海量数据经过挖掘和分析会产生巨大的情报信息价值,成为西方国家对我国开展网络空间监视和实施长臂管辖的重要目标。特别是对发展中国家而言,由于工业发展的信息基础设施薄弱,网络和信息系统等核心软硬件技术多来自西方国家。这些舶来的技术极易留下嵌入式病毒、隐性通道、可恢复密钥的密码等,存在严重的安全漏洞和数据损失泄露的风险。

意识形态风险。我国民众在接触西方国家数据库时会潜移默化地被其中的西方意识形态与价值观影响,一定程度上消解了我国在意识形态领域的话语权,影响我国意识形态安全。当前数据汇聚与关联分析不充分,未经审核、不加深入分析及忽视前提条件的数据开放,可能会导致公众对公开数据的误解曲解,激化社会矛盾,影响意识形态安全。[2]

个人隐私风险。隐私权与信息权是基本人权的重要组成部分,任何利用个人数据的机构在一定程度上都要涉及与隐私风险有关的活动。随着数据开放与信息公开的不断推进,越来越多的数据集被披露,通过整合不同数据集,将数据汇聚并进行关联分析可以追踪到个人身份隐私,因此不恰当或非法使用个人

---

① 潘积文,陆宝华.大数据安全风险分析及保障策略技术研究[J].计算机时代,2019(7):27-28,32.
② 吴家庆,曾先杰.大数据与意识形态安全[N].光明日报,2015-10-14(13).

数据的概率也随之攀升。在个人信息与公共信息边界趋于模糊的背景下,个人隐私保护成为当前数据治理中亟待解决的重要问题。

经济风险。从数据开放再利用的市场结构来看,一些大公司依托自身已有的数据开发能力和市场优势,已经发展成为数据市场中的决定性力量,并不断扩大与中小企业的经济差距,形成所谓的"数字鸿沟"。这不仅是一个国家内部由不同人群对信息、技术拥有程度、应用程度和创新能力差异造成的社会分化问题,而且是全球数字化进程中不同国家因信息产业、信息经济发展程度不同而造成的信息时代的南北问题。它涉及当今世界经济平等、对穷国扶贫和减免债务、打破垄断和无条件转让技术等诸多重大经济问题。①

三、处理好数据领域的"放得开"与"管得住"

数据中蕴藏着巨大价值,经过挖掘和分析后可以释放其潜在价值。在当今信息社会的海量数据中,应用大数据思维,从海量数据中发现新价值、创造新知识、提升新能力、创建新模式,才能有效打通物资流、资金流、技术流和人才流。只有高度认识数据流动价值,才能不断释放数据红利、打造数据优势。互联网时代,海量数据和信息的生成、存储和使用从一开始就是在各种行为体之间相互分离的,作为数据主体,无从了解自己的信息和数据在何时、何地、被何人以何种方式收集、处理、控制和传播。因此,需要制定和巩固相关法律法规制度框架,从而明确组织与个人合法合规使用数据的边界。数据流动的法治化是数据产业健康稳定发展的基础,只有依靠制度约束和法律框架,才能实现数据应用发展与安全保障的平衡,这样既能发挥数字技术对经济社会进步的推动效应,还能同时满足国家和公共利益以及保护个人隐私等数据安全的基本要求。

当前有关数字产品的国际贸易规则由美国主导,2001 年的《美国-约旦特惠贸易协定》、2003 年的《美国-智利自贸协定》以及近年来的《美韩自贸协定》和

---

① 邓伟志.社会学辞典[M].上海:上海辞书出版社,2009.

2020年生效的《美国-墨西哥-加拿大协定》，都扩充了数字贸易等议题。这些贸易规则重点关注的内容包括：如何确保数据的跨境自由传输、最大限度减少数据存储与处理地点的限制、最大限度地减少产品供应商数字化认证或电子签名限制，以促进全球化的数字生态系统。[①] 相比国际上在数据流动和开放方面的规则导向，我国还存在诸多限制，数字市场监管仍依靠传统贸易监管和电信市场监管框架，没有形成一套专用的、系统的解决数字贸易特定问题和安全议题的监管制度。[②] 因此，作为全面对外开放的示范平台，海南自由贸易港有必要在平衡好数字安全与经济发展关系的前提下，最大限度地促进跨境数据流动的便利化和有序运行，这已成为我国全方位对外开放的重要议题之一。

海南自由贸易港建设，一方面要为数据领域扩大开放提供基础设施建设与政策支持，允许实体注册、服务设施在海南的企业，面向自贸港全域及国际开展在线数据处理与交易处理等业务，实施一线放开；另一方面要对数据出入境采取风险监控机制，制定数据出入境负面清单，并采用大数据、人工智能和区块链等新兴技术实现自贸港全域数据上网、上云。对海关、检验检疫、外汇管理、港口、航务等实现跨部门、跨层级之间的数据协同共享、互动，确保二线管住。例如，为吸引人才和企业，海南在个人所得税方面制定了有力的优惠政策，但同时要求其在海南岛内待满183天，海南省大数据管理局牵头开发的"进出岛人流信息管理系统"为此项政策落地提供了技术方面的支撑。不仅如此，海南自由贸易港还将建立全天候进出岛人流、物流、资金流监管系统，在做好数据管控的同时更好地服务于企业和个人，支持创建与国际全面接轨的自贸港营商环境，真正实现"管得住，才能放得开"。

---

① 王素云，沈桂龙.论国际贸易投资发展新动向下的海南自贸港建设[J].南海学刊,2019,5(2):20-27.

② 孙晋，阿力木江·阿布都克尤木，徐则林.中国数字贸易规制的现状、挑战及重塑——以竞争中立原则为中心[J].国外社会科学,2020(4):45-57.

第二节　海南自由贸易港扩大数据开放的现实基础

海南省信息化建设起步较早，早在 1997 年，海南省委、省政府就提出了建设"信息智能岛"，当年年底就在全国率先设立正厅级主管信息化工作的职能部门，在不少信息化领域是全国的先行先试者：首个开通全省公共信息网、首个实施"政府上网"工程、首个发行跨行使用的银行 IC 卡、首个提出利用非接触式 IC 卡进行人口管理、首个开通互联网网吧、首个实施药品网上采购、首个出台电子商务法规等。较早实施信息化，对海南省信息网络基础设施提出了较高需求，也打造了支撑数据流动的通信网络软硬件基础。

为加速海南自由贸易港建设进程，中央鼓励海南"按照适度超前、互联互通、安全高效、智能绿色的原则，大力实施一批重大基础设施工程，加快构建现代基础设施体系"。加快"数字海南"建设，"推进城乡光纤网络和高速移动通信网络全覆盖，加快实施信息进村入户工程，着力提升南海海域通信保障能力"。同时，加强安全保障，"落实国家网络安全等级保护制度，提升网络安全保障水平"。在过去的 6 年中，海南省明显加大信息基础设施建设力度，并率先开展信息管理体制改革，在产业数字化转型方面取得了显著成效。

一、基础设施建设

2015 年，海南省政府印发了《海南省信息基础设施建设三年专项行动实施方案》，提出建设目标：从 2015 年开始到 2017 年底，全省上下加大力度实施光网智能岛工程，投资总额 110 亿元以上，建设"全光网省"。专项行动方案实施 3 年后，全省 2 573 个行政村光纤宽带网络覆盖率达 99.9%，自然村覆盖率达 66.7%，行政村 4G 信号全覆盖，自然村覆盖率达 82.1%。海南省信息基础设施建设主要指标全国排名从 2015 年的倒数第 2 位提升到 2017 年的第 11 位，整体水平进入全国前列。在此基础上,2018年,海南省政府又发布了《海南省信息基础设施水平巩固提升三年专项行动方案(2018—2020年)》,进一步提出更具战略性的建设目标:从2018年到2020年,投资额超过120亿元,超前规划5G网络,建设国际海底光缆项目,在海南设置国际通信出入口局,提高海南国际通信互联互通水平。这项三年行动方案的实施,将进一步提高海南省信息基础发展水平,夯实光网基础,为海南自由贸易港建设提供重要支撑。

在两个专项行动方案的推动下,海南国际海底光缆及海南登陆点建设项目于2017年启动,这一重大举措是对海南自由贸易港信息基础设施建设的超前推进。该项目将通过衔接香港等国际重要海底光缆站点,大幅提高海南自由贸易港的国际通信互联互通水平,为海南自由贸易港打通国内国际数字双循环、开展"一带一路"沿线国家在数字经济、信息技术等领域合作提供网络基础设施条件。

2018年底,为保障网络安全性,海南省开展了社会管理信息化平台建设,利用5G、大数据、物联网、视联网等技术,建立基于实时动态感知的信息管理系统,加强对进出岛人流、物流、资金流的全天候、实时性监管。确保海南省能够深入实施网络安全等级保护制度,以关键信息基础设施和数据安全为重点保障对象,完善网络安全保障软硬件基础,提升海南自由贸易港建设相关的网络安全保障能力,促进海南自由贸易港内网络信息的汇聚、交换、共享和应用。这是海南自由贸易港建设制度创新的重点工程和先导性项目之一,为强化自贸港建设风险防范与管控工作打下了稳固基础。

随着5G技术在海南省由点到面普及应用,截至2020年7月,海南移动已建成5G基站2 100多个,基本实现了海口、三亚、琼海主城区的连续覆盖及其他县市城区的热点区域覆盖,并重点保障了重要园区、交通枢纽、商业中心、重点景区等区域的网络覆盖,①在全国率先实现县县通5G,为海南自由贸易港的数

---

① 欧燕燕,黄圣红.海南移动已建成5G基站逾2 100个[EB/OL].(2020-07-05)[2021-01-10].新华网.

字经济发展起到了明显的提速作用。海南省政府于 2019 年 11 月发布了旨在推动数字经济发展和落实网络强国战略的《海南省加快 5G 网络建设政策措施》，从深化网络建设统筹规划、无条件免费开放公共设施资源等方面，有效瞄准当前海南 5G 网络建设中的难点，为加速 5G 网络建设部署提供了政策保障。

2020 年 7 月，工信部批准了海南自由贸易港国际互联网数据专用通道建设项目，这是全国首个面向全省范围重点产业园区的专用通道。该通道主要覆盖洋浦经济开发区、博鳌乐城国际医疗旅游先行区、海南生态软件园、三亚崖州湾科技城、海口国家高新技术产业开发区、海口复兴城互联网信息产业园、海口江东新区、海口综合保税区、三亚互联网信息产业园 9 个园区，以园区为接入点，服务于园区内外向型企业，实现与国内北京、上海、广州国际通信出入口的专用链接通道。专用通道的建成，将会大大提升园区企业对国际互联网的访问速度和效果，改善国际网站访问、跨国视频会议、大文件传输等应用场景下的数据传输质量，为园区建设优质的国际信息沟通环境，支持自贸港国际金融服务、跨境电子商务、软件与信息服务外包、跨境物流、国际文化交流、国际总部办公等外向型产业的数据开放共享和协同发展，同时也有利于防范和化解网络安全相关风险。

二、管理体制改革

海南省委、省政府于 1997 年就提出建设"信息智能岛"的战略规划，在全国率先设立正厅级主管信息化工作的职能部门。当年，海南在全国率先出台了《海南经济特区公共信息网络管理规定》等一系列信息化管理法规。1999 年，海南省又出台了《海南省"信息智能岛"规划框架》，为信息智能岛绘制发展蓝图，提出"一个基础（大容量、高速率、安全可靠的信息网络基础设施）、三个电子（电子政务、电子商务和电子社区建设）、三个产业（发展信息产业、改造提升传统产业、带动相关产业）和一个环境（营造一个良好的发展环境）"的发展框架，为日后海南自由贸易港打造良好的数字产业发展生态环境提供政策支撑。根据 2018 年《中共中央 国务院关于支持海南全面深化改革开放的指导意见》，海南自由贸易港在现代化经济体系建设中,聚焦数字产业发展,在此基础上,成立了省级大数据管理局作为集中力量开展大数据建设、跨部门统一管理协调和提供行政服务的重要指挥和管理机构。同时,为了发展重点高技术园区,海南省还对园区管理充分授权,赋予园区管理局最大权限,精简行政手续,极大地促进了海南数字产业的飞速发展。

(一)数据集中化管理,率先设立省级大数据管理局

海南大力推进大数据管理体制机制创新,按照"全省一盘棋、全岛同城化"理念推进"数字政府"建设。2019 年,海南成为全国首个以法定机构形式设立省级大数据管理局的省份,这是海南自由贸易港建设背景下一个重要的制度创新举措。数字海南有限公司是由大数据管理局组建成立的,其中 51%股权为国有资本,阿里巴巴作为牵头企业拥有 49%股权。大数据管理局参考了中国香港和新加坡的建设模式,其行政职能和体制机制由省人大《海南省大数据开发应用条例》赋予,具有较强的决策灵活性和市场灵敏度。大数据管理局旨在建设全省统一的大数据平台,搭建全省统一的电子政务外网、省数据中心,形成"一张政务网、一个数据中心、一朵政务云、一个政务中台、一条政务区块链"的数据管理基础设施。2020 年,海南省成为全国公共数据资源开发利用 8 个试点省份之一。目前,海南省已率先在全岛完成各职能部门信息中心的裁撤,由省大数据管理局统一管理公共性、基础性的平台建设运维工作,各职能部门将专注于业务扩展和服务模式创新。统一运行维护工作由隶属省大数据管理局的数字海南有限公司承担,逐步将原先分属各职能部门的应用迁移到统一政务平台,有利于数据共享和协调控制,从而降低运维管理成本、提升安全性。该公司建设维护的国际投资全流程服务平台——海南省商务厅国际投资"单一窗口",实现了为企业提供投资咨询、注册设立、代理服务、外汇登记、银行开户、项目建设,甚至覆盖员工个人生活事项办理等全方位、全流程服务,在全国做出了表率。

(二)建设海南生态软件园,充分授权自贸港重点园区自主管理

在海南省"十二五"规划中,明确了"以旅游业为龙头、服务业为主导,提高

热带特色现代农业水平,形成以高新技术产业和新型工业为支撑的支柱产业体系"的目标,打造海南生态软件园成为海南"一岛一区两园"省级发展战略中的重要组成部分。海南生态软件园于2008年11月成立,2010年首批43家企业入驻孵化楼。2011年,生态软件园正式开园。园区制定了"三生态""四平台"和"特色产业布局"的发展思路,将软件与信息服务、服务外包以及数字文化创意等产业作为重点发展方向,搭建特色化微型生态城市。生态软件园采取了机制创新、快速推进的发展模式,以"政府支持、公司化运作"的机制保证园区企业数量和质量的快速提升。

2010年,园区实现产值13.9亿元;2011年,实现产值33.9亿元。"十三五"期间实现收入500亿元、税收100亿元。作为海南"多规合一"改革试点园区,生态软件园先行先试,探索改革经验,多项行政审批得到显著简化和提速,使改革的实践成果逐步呈现。为实现产业汇聚,海南生态软件园搭建了产业服务平台为企业提供人才、资金、市场与技术方面的支持,策划开展一系列极具行业影响力和国际影响力的活动,为企业间提供信息沟通交流平台,提供适合数字产业的优质营商环境,逐步营造产业氛围。以游戏产业聚集为例,为了充分发挥大企业的引领作用,园区还围绕龙头企业深耕,与腾讯公司合办了腾讯全球合作伙伴大会。自2014年开始,园区已经连续6年举办中国游戏产业年会,并以此为基础打造海南国际电竞港,于2019年开始举办全球电竞运动领袖峰会,组建全球游戏产业联盟。大会不仅成为中国游戏产业交流与合作的重要平台,也逐渐成为中国和世界游戏企业了解海南、布局海南的重要桥梁。

2020年4月海南省第六届人民代表大会常务委员会第十九次会议通过的《关于海南自由贸易港洋浦经济开发区等重点园区管理体制的决定》提出,在博鳌乐城国际医疗旅游先行区、海口江东新区、三亚崖州湾科技城、三亚中央商务区、文昌国际航天城、陵水黎安国际教育创新试验区、海南生态软件园设立管理机构。这些管理机构具有机关法人资格,在园区中执行相应行政管理和公共服务职责,承担园区开发建设、运营管理、综合协调、产业发展、投资促进、企业服务等具体工作。按照精简高效的原则,这些管理机构拥有独立的人事权,实行市场化的任人唯贤、能上能下的用人制度。成立管理机构后,海南各重点园区被赋予原属省、县级政府及其相关部门的管理权限,帮助园区在政策落地、业务创新、人才引进等方面扎实推进,最大程度实现"园区说了算"。在这种管理体制下,入驻企业无须到省级部门办理各种申报程序,园区的决策和审批效率大大提高。这种模式也有利于发挥海南省各个重点产业园区的优势基础和既有特色,探索"数字园区"建设,运用大数据、人工智能、区块链等前沿信息技术,打造园区综合服务网络平台,在企业设立、资质办理、税务申报、政策兑现等服务方面实现"一网通办",进一步深化精简审批改革。海南重点园区独特的自主管理模式有助于充分利用国家战略契机和政策红利,支持海南自由贸易港数字经济发展,为自贸港乃至中国数字产业集聚式发展的高效管理提供了模板。

(三)创建海南自由贸易港数字特色试验区,先行先试"链上海南"链接世界

在海南 12 个重点产业中,数字产业发展速度最快,数字相关产业园区已在全省范围内全面建设和运营。2018 年,数字产业引进 100 多家国内外知名企业投资,产业总投资高达 100 多亿元,提供的产业空间超过 100 万平方米,2018 年营业收入达 430 亿元。① 海南生态软件园、陵水清水湾国际信息产业园、复兴城互联网创新创业园以及海南数据谷等园区已经成为海南数字产业加速腾飞的重要载体。

2018 年 10 月,海南省工业和信息化厅(工信厅)授牌海南生态软件园设立海南自由贸易港区块链试验区,这是国内第一个由省级政府搭建的数字特色试验区。试验区目前已经聚集了 100 多家区块链顶尖机构和企业,在区块链关键技术和应用创新方面实现了重大突破,成为全国区块链领域发展最为突出的引领者。2019 年年底,为应对区块链在人才、技术、场景等方面存在的制约和瓶颈

---

① 王存福.产业结构从"一二三"到"三二一"的大跳跃——海南产业结构"蜕变"记[EB/OL].(2018-04-10)[2021-01-10].新华网.

因素,海南省工信厅在试验区主办的数字文明大会上发布了《关于加快区块链产业发展的六条措施》("链六条"),包括推动创新联盟、技术体系、应用场景、管理条例、产业基金和专家智库 6 方面举措,为海南数字产业健康发展加大了政策支持力度。"链上海南"以推进海南自由贸易港建设,构筑安全可信的数字治理与监测管控体系为主要目标,是海南自由贸易港数字"新基建"高效推进的重要基础。

2019 年年底,海南区块链试验区宣布 2020 年年底将举办首届数字文明大会,以促进海南自由贸易港"人流、物流、资金流、数据流"——"三自由一便捷"建设目标的实现。这次由海南自由贸易港区块链试验区发起的首届数字文明大会,初始成员来自国内外权威学术机构,包括牛津大学、麻省理工学院、清华大学、上海交通大学等。主题是"基于信任的数字治理",汇聚政府、企业、科研机构、专家学者智慧,针对当前信息时代全球面临的挑战和机遇,凝聚社会各界智慧和共识,共同商讨制定应对方案,共同创建公平可靠的数字文明。借助这一平台,海南自由贸易港发出了"'链上海南'链接世界"的声音,让世界为自贸港数据开放和数字安全治理献计献策,并由此将海南数字解决方案推向全国、走向世界。

三、产业数字化历程

21 世纪数字技术的飞速发展催生出数字经济的新特征:农业数字化、产业数字化、服务业数字化、消费数字化、贸易数字化、创新数字化等。在过去的 5 年中,海南省结合已有的行业优势基础,主要针对旅游业、热带农业和服务业等领域,在数字化推动方面实施了全面立体的政策和措施体系,成效相当明显,但仍存在一些问题。海南省围绕主要传统产业——旅游业和热带农业的数字化转型采取了一系列措施,取得了一定成效。

(一)旅游业数字化

在海南省三大产业中,服务业增加值占 GDP 的比重最高,并呈现逐年增长的趋势(图9.1),而海南省服务业又以旅游业为龙头。纵观海南旅游业过去10多年的飞速发展,从2010年接待国内外游客2 587.35万人、旅游业总收入257.63亿元,到2019年接待国内外游客8 311.20万人、旅游业总收入1 057.80亿元,旅游产业规模扩大了4倍,奠定了其在海南省产业中的支柱地位(图9.2、图9.3)。虽然在产品体系和项目建设方面成效显著,但与国际上其他成功的自贸港相比,海南自由贸易港吸引国际游客的规模还相对较小,急需通过现代化手段如国际社交网络等提升海南旅游业的国际声誉。同时,随着散客化、多元化、全域化旅游时代的到来,伴随着大数据、物联网、虚拟现实、人工智能等信息技术的快速发展,海南旅游产业得天独厚的先天优势日渐衰弱,尤其在数字旅游建设方面,同国内外旅游发达地区存在一定的差距,海南旅游业的数字化转型势在必行。

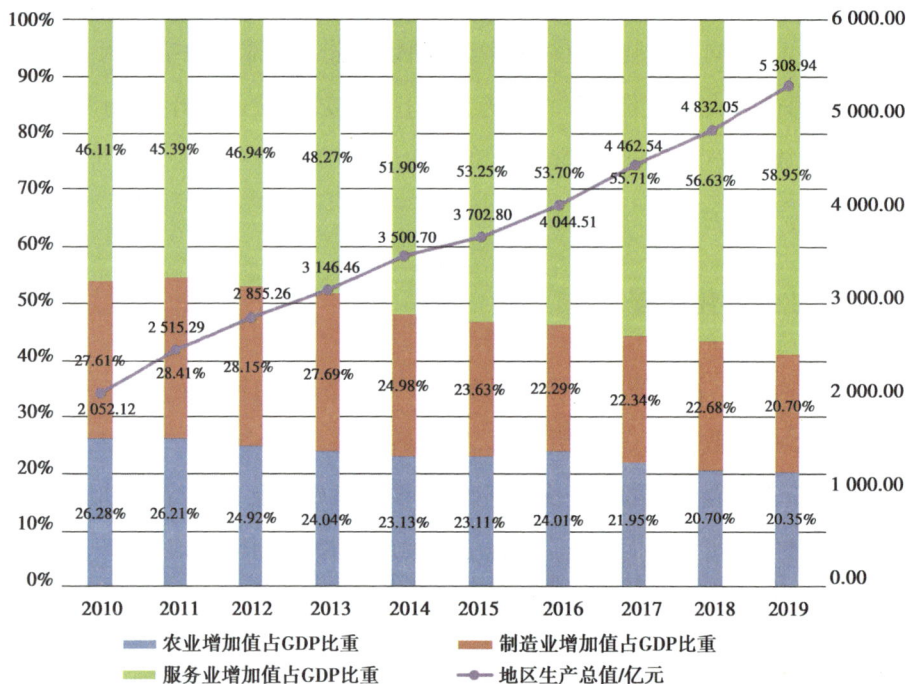

图9.1　海南省地区生产总值与三大产业增加值占GDP比重

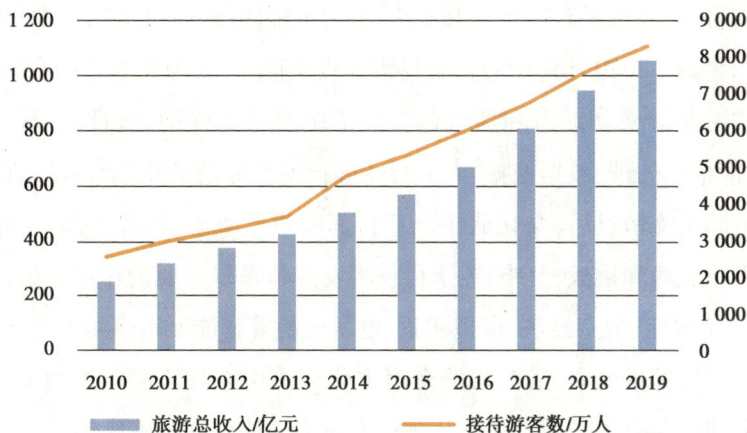

图 9.2　海南省历年旅游业收入与接待游客数（2010—2019 年）

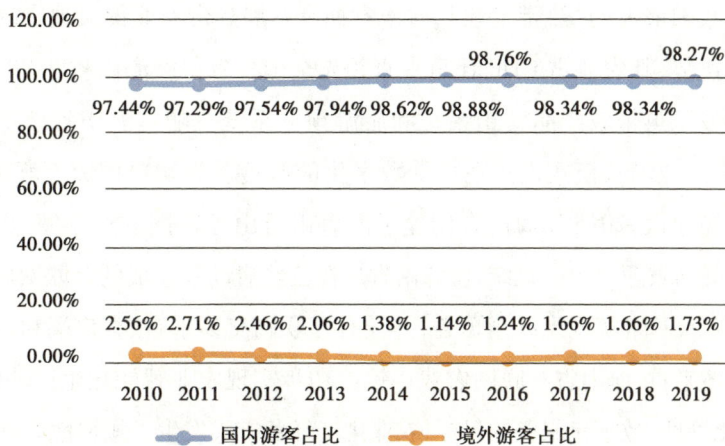

图 9.3　海南省历年不同游客类型占比（2010—2019 年）

在海南自由贸易港文化旅游产业加速振兴之际，相关部门对旅游市场秩序进行了整肃，打破陈规旧制，以数字化、智能化、网络化重塑旅游生态产业链。2017 年 7 月，海南旅游业率先开展"数字化转型"尝试。例如，海航集团进行线上线下资源整合，把科技、投资、金融、服务等业务整合为一体，发布数字化新旅游平台 HiApp，同时利用 AI 技术、旅游地图、大数据等手段，建立开放的旅游资源服务共享平台，正式向数字化运营转型。

尽管海南旅游业的数字化转型效果明显，但仍保留了一些旧有的痼疾，旅游资源闲置,服务水平有待进一步提升,这些问题可以通过运用大数据技术得以改善和缓解。2020 年海南自由贸易港建设全面启动,为原本就拥有突出优势的海南旅游业带来新动力和新机遇。数字旅游是物联网、云计算、5G 通信网络、高性能信息处理、数据挖掘、人工智能等技术在旅游业中的应用。在席卷全球的新冠肺炎疫情过后,文化旅游产业将面临供给重组、产品升级、多维度、一体化等多重机遇和挑战,其中,数字科技将发挥越来越重要的作用。依托"互联网+"和人工智能、数字经济、虚拟实景、电子旅游等智能元素将对海南文化旅游市场主体形成助推效应,成为打造海南文化旅游生态环境的新型力量,不断加强和提升海南在全国乃至世界文化旅游产业中的地位和竞争优势。

(二)农业数字化

作为我国最大的"热带宝地",海南省拥有发展热带农业得天独厚的气候优势和环境优势,其农业占 GDP 比重一直领先全国各省份。海南省在 20 世纪 90 年代就开发了热带农产品营销系统和旅游预订系统。随着海南省信息化的发展,海南省农业增长模式也正在接受数字化的改造。为响应国家互联网+行动和特色小镇建设,2015 年海南省创建了海口市石山互联网农业小镇,成为全国第一个互联网农业小镇。据统计,海南省现在已经启动及建成的互联网农业小镇高达 20 多个,基本实现光纤全覆盖,并设有互联网交易平台、客户端和公益微信平台。总体来看,海南省互联网农业小镇已初步实现农业智能化生产、网络化经营、数据化管理、数字化服务的目标,农业生产经营方式发生了颠覆性变革。[①]

一方面,农业数字化转型表现为农产品生产过程的数字化。海南省一些农业小镇利用物联网技术,用安装在设备和装置上的传感器简化农业资源的收集、检查和全面分配。这些传感器实时地向农民发送最新信息,从而使农民可以根据作物的生长情况做出相应的措施。无人机用来监测农作物和撒播农药,机器人技术也能够帮助提高农业生产率,提高产量和收割效率。在神泉集团南田现代农业示范区已经安装了多组传感器和气象站等数字农业物联网设备,采

---

① 陈颖君,蒙琳,王纪忠.5G 时代海南省互联网农业小镇的数字乡村发展路径探析[J].热带农业科学,2019,39(12):119-126.

集气温、湿度、光照度等数据,并将采集的数据实时传回系统,供观测农作物生长情况。示范区安装了虫情检测器、视频数据采集、水肥一体化喷灌等设备,出产的全国闻名的龙江红心橙、海垦茶叶和神泉杧果,都是农作物生产数字化转型的累累硕果。海南农垦控股集团旗下的金垦赛博公司,已经完成对土地资源管理、土地流转、数字农业大数据等平台的搭建,提供的数字农业解决方案包括农资、土地托管、农业保险金融、产品质控、农产品溯源等服务。不仅服务于海南农业数字化转型,还为广西、宁夏、安徽等外省发展数字农业提供了信息化方案。

另一方面,农业数字化转型还意味着农产品销售渠道的数字化。以海南澄迈为例,澄迈各类商户注册淘宝网店达 500 多家,各类企业、个人在微信商城上开设店铺超过 1 600 家。桥头地瓜、福山咖啡、无核荔枝等澄迈农产品,通过电商销售渠道被送到省内外消费者手中,并凭借其好品质收获了好口碑。在新冠肺炎疫情防控期间,澄迈 2020 年前三季度实现电子商务交易额 7.91 亿元,其中网络零售额 2.56 亿元,同比增长 44.08%。①

第三节　海南自由贸易港数据安全有序开放的路径

数据安全有序开放是建设中国特色自贸港的重要内容,为了在数据领域建成兼顾安全和便利的一线、二线监管机制,需要在整体上进行制度设计,让物资、资金、信息在价值链的每一个环节都自由流通的同时,还能够使其处于可控范围内。因此,海南自由贸易港要实现数据安全有序开放,应当以逐步扩大数据领域开放为指引,以创新安全制度设计为保障措施,通过这些指引和保障措施推动海南成为全球重要数据自由流动港,形成数据的充分汇聚,从而为自贸港乃至我国的数字经济产业发展提供有力支撑。

一、扩大数据领域开放

我国扩大数据领域开放发展存在诸多阻碍因素,西方主要发达国家在科技

① 余小艳,王家专.乘"云"而上 借"数"腾飞[N].海南日报,2020-11-13(11).

领域对中国实施"战略围剿",保护主义的兴起对中国信息技术发展所需的关键技术、设备、数据造成了"断供",拖延了我国数字经济发展的步伐。然而,我国在5G通信、区块链等关键新技术方面已处于世界相对领先地位,技术卡脖子、数据安全缺乏保障的状况正在逐步改变。我国在数字经济总体规模和电子商务、金融科技等领域也已位于世界前列,在全球数字产业价值链中的地位不断攀升,奠定了在海南自由贸易港建设全球数据自由开放港的使命担当和能力基础。2018年在三亚召开的SKYDIVE(海南)国际投资暨科技创新峰会上,就已经筹划打造国际离岸创新创业示范区、互联网国际合作综合试验区、区块链试验区、智能网联汽车与智慧交通应用示范区,全面建设数字海南,基本形成与海南建设中国特色自由贸易港相配套的数字经济体系。《总体方案》提出,允许实体注册、服务设施在海南自由贸易港内的企业,面向自贸港全域及国际开展在线数据处理与交易处理等业务,并在安全可控的前提下逐步面向全国开展业务;安全有序开放基础电信业务;开展国际互联网数据交互试点,建设国际海底光缆及登陆点,设立国际通信出入口局。就数据流动开放领域和开放程度而言,《总体方案》是迄今为止中国所有自贸区建设方案中政策力度最大的。

扩大数据领域开放,需要打破原有的外商企业投资限定条件,开放增值电信业务,逐步取消外资股比等限制。从而吸引全球数字产业中的龙头企业入驻海南,以发挥国内国外双循环中技术合作、跨境电商、金融创新、文化交流以及离岸数据服务外包等新领域、新业态、新商务模式、新技术应用的潜力和扩充发展机会。

扩大数据领域开放,需要加大力度借助数字技术构建现代产业体系,加速数字科技与传统产业的融合与协同演进,打造以现代服务业和高新技术产业为主导的数字产业生态系统。推进电子商务、数字传媒、数字旅游、网络教育、远程医疗、电子竞技、智能家居等领域的快速发展,扩大数字技术应用潜力和市场前景。

扩大数据领域开放,需要加强人才保障。为确保扩大数据开放领域的人才需求,海南自由贸易港应加大力度引进国内国际在大数据、人工智能、物联网、云计算等关键技术领域的领军人才和新生力量,支持高校设置大数据等新兴学科,政产学研联合建设大数据研发实验室、双创服务平台和实习基地,探索数据专业人才评审模式、工具和方法。同时，提供在税收、人才、政务服务等方面的扶持政策，为海南自由贸易港扩大数据开放领域强化制度保障。

二、创新安全制度设计

目前我国数据产业处于全球前沿水平，发展迅猛，需要发展与之相匹配的数据安全风险管理和数据安全保障能力。国际政治、经济的不稳定格局也成为影响数据安全制度设计的重要变量。在当前缺乏成熟经验与成功范例、国际形势又异常敏感的情况下，应深入比较探究先进国家和地区的数据安全制度性安排和设计理念，在数据开放大方向不变的前提下，采取以分级分类和重要数据重点保护制度为根本的逐步开放策略。

（一）国际现有的数据安全制度设计

全球各国对数据安全有着不同的核心价值诉求，每个国家都从本国利益出发，积极酝酿出台日趋完整的数据治理政策以及战略性法律法规，尝试通过建构系统化的制度配套以及多层次的执法司法机制在国内利益分配以及国际合作与竞争博弈中胜出。[1] 表 9.1 列举了近五年来美国、英国、日本及欧盟制定网络安全保障、数据开放与个人隐私保护等方面的专项政策。

表 9.1 世界上主要国家有关数据安全的重要法规政策

国家、区域	网络安全保障	数据开放	个人隐私保护
美国	《2015 年网络安全信息共享法案》 《联邦网络安全研发战略计划》 《增强联邦政府网络与关键性基础设施的网络安全》 《国家网络战略》	《美国开放数据行动计划》 《开放政府数据法案》	《电子通信隐私法修正案》 《国家隐私研究和发展战略》 《宽带和其他电信服务中用户隐私保护规则》

续表

国家、区域	网络安全保障	数据开放	个人隐私保护
英国	《国家网络安全战略2016—2021》	《英国开放数据路线图（2015）》《地方政府透明行为准则（2015）》《国家信息基础设施实施文件》《英国开放政府国家行动计划2016—2018》	《数据保护法》
日本	《网络安全基本法》《网络安全战略》	《促进政府数据开放》《地方政府开放数据促进指南》	《个人信息保护法》修正
欧盟	《网络与信息系统安全指令》《法国国家数字安全战略》《加强信息技术系统安全法（草案）》《信息技术安全法案》	《透明和协作公共行动:法国2015—2017年国家行动计划》《透明和协作公共行动:法国2018—2020年国家行动计划》《联邦政府实施G8开放数据宪章的国家行动计划》	《通用数据保护条例》《非个人数据自由流动条例框架》《欧美隐私盾协议》《数字共和国法案》《联邦数据保护法》
中国	《中华人民共和国网络安全法》《数据安全管理办法（征求意见稿）》《中华人民共和国数据安全法（草案）》	《促进大数据发展行动纲要》《国家信息化发展战略纲要》《"十三五"国家信息化规划》	《中华人民共和国电子商务法》《个人信息出境安全评估办法（征求意见稿）》

资料来源:张彬,彭书桢,金知烨,等."大智物云"时代数据治理国家战略比较分析——数据开放、网络安全保障与个人隐私保护[J].电子政务,2019(6):100-112.

　　各国数据安全制度设计中最有代表性的是美国体系和欧盟体系,分别反映了对比鲜明的数据治理立场,代表着不同的价值观、制度规范和机制设计理念,并在国际上引起了广泛的响应(表9.2)。全球各国均在迅速推动数字技术发展,争取在国家安全和经济利益竞争中获取数据资源优势。美国数据安全的运作和组织由私营部门负责,具有显著的规模效应和技术优势。欧盟虽然在个人数据保护问题上做出了表率,但各成员国之间的碎片化问题仍亟待解决。中国目前数字领域的重点仍然集中在发展电子商务上,而在知识产权保护、网络安全等方面立法起步较晚,与先进国家还存在较大差距,对常态化跨境信息流动仍有严格限制,因此被个别国家视为数字贸易壁垒和保护主义行为,某些数据相关的立法条款甚至成为他国抑制我国新技术、新应用的主要借口。

表 9.2　美国、欧盟与中国的数据安全制度体系比较

	数字治理战略	价值取向
美国	全球信息和数据自由流动以及对源代码、企业数据机密等进行保护	信息自由流动 数字产品的公平待遇 保护机密信息 数字安全 促进互联网服务 竞争性电信市场 贸易便利化
欧盟	同时强调隐私保护和数据本地化以及区域内数据自由流动的单一数字市场战略	为个人和企业提供更好的数字产品和服务 创造有利于数字网络和服务繁荣发展的生态环境 促进数字经济的快速增长
中国	推动电子商务快速发展的政策支持与强调信息安全	打造促进电子商务市场发展的良好政策环境 提高电子商务政策框架透明度 加强电子商务基础设施建设和技术开发 严格进行消费者保护、个人隐私保护和知识产权保护等

资料来源:武大国经法评论.数字贸易战略比较与分析——以美国、欧盟、中国为例[EB/OL].(2018-10-16)[2021-01-10].搜狐网.

　　根据上述分析,海南自由贸易港作为我国与世界开展自由贸易的前哨,在数据安全管制方面也要采取有效、高效的保障措施,在充分利用我国在跨境电子商务领域的领先优势前提下,积极探索推动我国数字贸易发展的规范、标准,参与国际规则制定。处理好国家利益、信息安全和数字流动之间的关系,在支持和引导数据自由流动的同时,注重对国家网络安全、个人隐私以及知识产权的保护。

(二)海南自由贸易港数据安全制度创新

　　在海南自由贸易港建设中,数据安全制度设计的尝试已经不是保护抑或开放的简单二元选择。特别是当前正值国际国内数据治理背景发生新旧交替、深刻变革的重要历史时期,变革方向由传统单向静态的"个人信息保护制度"向多重互动的"数据治理"政策体系转变,目前的焦点应当是从个人隐私与权利、产业发展和国家安全等多角度视域讨论如何建立多层次、多维度、多主体的复杂治理系统。

1.建立数据开放负面清单制度,引入数据开放优先级机制

　　目前我国在推进数据开放的过程中仍存在数据开放边界不清晰的问题,导致各地方政府、部门不敢、不愿开放和共享数据。政府掌握着绝大部分数据,但过去政府对数据开放的推动进程相当缓慢。2015年国家层面虽然多次发文鼓励各地方推行政府数据开放,但由于部门之间信息割裂,各个地方形成"数据孤岛",且共享和开放数据的意愿并不强烈。因此,有必要在海南自由贸易港先行尝试"数据开放负面清单"治理模式,即各个地方政府和各部门通过梳理、分类和审核自身管理的数据,遵循"开放为常态、不开放为例外"的原则,形成政府各级各部门数据开放目录的负面清单,将负面清单以外的数据尽可能全部向全社会开放。

　　在数据开放的负面清单整理过程中,可以采取逐步开放的模式。明确数据开放类别的优先级,对于最有必要流动的数据类型,同时又具有风险可控性,就要率先放开,敢于试验实践。明确数据开放对象的优先级,对于可行的数据流

动项目,应对哪些对象开放,授予其权限,对存在风险的对象可以暂不开放。可以从建立数据开放的特殊通道、特殊机构、特殊地区开始。在海南自由贸易港尝试建立区域或双边的跨境数据流动框架,对特定行业、特定领域的跨境数据流动采取开放措施,再逐步推广至全域。

2.建设自贸港数据开放全方位风险监控平台

面向未来数据流动全面开放的发展趋势,现有的单一监管体制已经无法做出有效响应。因此应借助海南自由贸易港建设契机,建立数字开放跨部门协同风险管理组织,作为中央直属派出机构进行风险监测与管控。运用数字化手段,对海南自由贸易港的资金流、信息流、人才流、物资流开展实时监测、全面控制和整体协调。同时,由中央授权海南自由贸易港风险管理机构综合行使管理权,加强对海关、商检、外汇、银行以及民航、港口等管理机构之间的数据协同,破除各类监管部门之间的数据壁垒,实现标准化、规范化的数据接入,形成跨部门协同监管模式。在金融领域,通过建立以人工智能为基础的国际反洗钱系统,防范利用数字金融手段洗钱的跨境犯罪行为;在税收领域,将数字监管技术运用到国际反避税领域,强化征税主体的信用监督,提升国际税收风险的监管效率和改善其效果。

对于从事数据存储、开发、应用等所有业务环节的企业和机构,应当要求其建立严格的数据安全防护管理制度,制定应急预案应对数据安全突发事件,并定期开展数据安全评测、风险评估和应急演练。派驻海南自由贸易港的中央政府直属数据安全管理机构应首先建立和完善数据开放风险识别与评估机制,依托拥有技术优势的第三方组织搭建具有数据安全保护层次和优先级的评估指标体系,加强政府数据风险内控机制,在此基础上逐步推进社会数据风险应对能力的培育和评估体系。

3.新技术融入数据安全制度设计

在数字经济飞速发展的时代,传统的自由港风险防控模式已经无法满足数据存储、传输和应用方面错综复杂的监管要求。大数据、人工智能、区块链等前沿信息技术具有较强的监测、跟踪和分析能力,应尝试运用这些新技术手段对数据流动建立一套具备风险识别、预警及防控等功能的智能监管体系。在逐步推动数据开放和数字贸易自由化的过程中,运用新型技术强化事前风险预防、过程风险控制和事后加强管控等,建立数据流动风险预警隔离机制。例如,区块链是一种具有数据分布式存储、点对点传输、加密算法和运用共识机制的新型计算机与互联网技术应用模式。首先,区块链采用分布式存储,数据在不同节点备份、更新,既能保证数据真实,也能保证数据安全,即使部分节点受到攻击也不会影响系统稳定和数据安全。其次,区块链中数据采用点对点传输模式,改变了层级式的集中管控,节点之间可以联系、传输、交流,所有权责信息深入精准到节点,并且在区块链内进行公开,能够实现区块链范围内的精准定位、奖惩和监督,提升治理效能。最后,区块链运用非对称的加密算法,使用区块链公开的公钥(Public Key)与用户自身保管的私钥(Private Key),仅当公钥和私钥配对成功时,用户才能获取相应数据信息。基于上述分析可见,将区块链用于数据安全制度设计有一定的合理性和可行性,目前已经在一些地方政府和产业部门治理系统中进行尝试,应用前景较为广阔。

然而,作为新兴技术,大数据、人工智能、区块链等本身还存在一定的监管风险。例如,当用户本人掌握的私钥发生丢失或遗忘时,会造成较大的信息安全风险。而且,基于工作量证明的共识机制可能存在51%算力攻击风险,当节点掌握超过50%的算力就有能力篡改和伪造区块链数据,这使得区块链技术存在内在的系统安全风险。新一代技术监管标准本身还极不完善,对区块链应用的监督还缺乏有效的规范。在发生数据跨境流动时,还涉及数据主权的问题,因而需要在国际层面上宏观地去推动主权数据意识和相应规则的形成。上述种种均表明,新兴技术虽然是改进数据安全管制的有效手段,但是需要持续投入大量的资源,去探索将其应用于数据安全治理的前景和具体操作模式。

三、实现数据充分汇聚

海南自由贸易港的高水平开放不仅要领先国内，还要跻身于世界开放型经济前沿阵列。从当前美国、欧盟、日本等先进国家和地区提倡的有关数字贸易的规则导向和发展态势来看，从 2020 年全球范围内迅速蔓延的新冠肺炎疫情及其防控措施来看，围绕数字经济产生了诸多新业态、新服务，创建了相当大的新市场，特别是数字贸易将在未来成为世界经济发展和中国经济保持长久活力的新型驱动力，因此建立和完善系统的数字交易规则体系将是今后一段时期加快数字经济发展和增强国家竞争优势的重要手段。基于这一出发点，海南于 2020 年 8 月正式公布了《智慧海南总体方案（2020—2025 年）》（以下简称《方案》）。《方案》以建设智慧海南为引领，以 5G、大数据、区块链、人工智能、物联网等数字经济核心技术的"建设、应用、安全、标准"为海南数字自贸港建设主线（图 9.4）。《方案》提出了与《总体方案》步伐一致的行动规划：2025 年前在国家数据跨境传输安全管理制度框架下，开展数据跨境传输安全管理试点，探索形成既能便利数据流动又能保障安全的机制；2035 年前创新数据出境安全的制度设计，积极参与跨境数据流动国际规则制定，建立数据确权、数据交易、数据安全和区块链金融的标准和规则等，实现数据安全有序流动。[①] 以打造跨部门跨行业跨层级的数字生态体系为抓手的《方案》，旨在加速提高交易数字化整体水平，加速促进数字贸易发展与产业数字化转型，同时还要确保数字交易和数据流动安全可靠，为数据要素自由流动提供安全保障，由此为建成全球数据汇聚的新型开放数字经济新高地夯实基础，充分挖掘数字经济价值和潜力。

---

① 胡长青.有序扩大通信资源和业务开发［N］.海南日报，2020-09-10（11）.

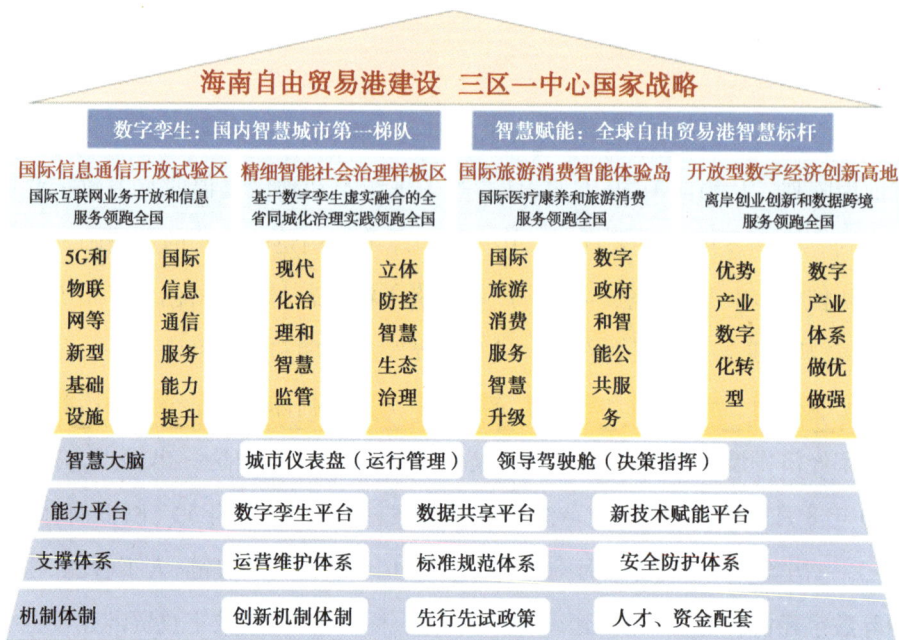

图 9.4 "智慧海南"总体架构

实现数据充分汇聚的前提是开放与共享,打破数据在不同实体分布的物理孤岛,形成统一链接的数据中心,为后续数据资产的价值挖掘提供原始材料。也就是要打破部门分割和行业壁垒,促进互联互通、数据开放、信息共享和业务协同,发挥数据流对物资流、资金流、技术流、人才流的引领作用,打破部门间条块分割和数据壁垒,强化统筹与合作,实现跨部门、跨层级、跨产业与跨地域的数据交换与共享,构建全流程、全覆盖、全响应的数据开放管理与服务体系。要使海南自由贸易港数据安全有序开放,有必要打通人才流、物资流、资金流的数据共享壁垒,挖掘数据应用价值,在充分共享数据的基础上加大数据监控力度。

促进数据充分汇聚需要自上而下的政策支持和引导。海南自由贸易港有必要构建省级专门机构负责政策引导,统筹全局并给予数字经济发展充分有力的政策支持。数据价值的开发与实现需要巨额研发投入,建立以政府项目资助和创投基金为主的多元投资渠道可以为实现数据价值和发展数字经济提供一定的资金保障,打消企业和科研机构开展创新活动的顾虑。政府还应发起、设立协同创新中心,为政府、企业、大学等机构实现跨部门、跨领域数据协同创新构建合作平台,加大多元主体合作力度,以多层次、多元化的人才培养机制为数据经济发展提供人力和智力支持。在智慧海南总体架构下,实现数据开放与共享、资金支持、网络平台、人才培养的有机统一,与数字产业价值链良性互动,协调发展,共同构建吸引数据充分汇聚的开放协同创新生态体系。

四、培育发展数字经济

大数据时代来临,数据在经济社会发展中发挥着日趋重要的作用,在数据开放与开发利用的基础上,可实现良好的跨组织、跨行业和跨地域的整合和创新,并进一步催生出一系列新的基于数字技术的产业形态和经济领域。依托海南自由贸易港建设扩大数字开放的一个重要目的是大力发展数字经济,形成围绕数字经济腾飞的中长期发展规划和布局,培育和提升数字经济关键产业,促进数字技术与三次产业的融合互动,推动海南实现以世界级跨境数据流动为引领的自贸港历史性跨越。

发展数字经济的重点是完善数据产业生态,建立涵盖从数据生产、采集、加工、技术研发、交易、应用等多层次、多角度的立体式数字经济产业链。

第一,应加快数字基础设施建设,发展基础型数字经济,如电子信息制造业、信息传输业和软件信息技术服务业等。基础型数字经济强调数字硬件基础设施,体现了数字经济的"硬实力"。与美国和欧盟相比,我国的数字基础设施建设、使用率以及公共部门数字化水平,总体上不弱于欧盟,与美国水平接近。因此,应保持在数据基础设施建设上的优势,加大重大技术研发支持力度,推进核心技术攻关,增强在关键领域的竞争力。

第二,创新发展资源型数字经济,体现为对数据资源的利用能力,以探索和释放数据资源新价值。资源型数字经济是一国数字经济"软实力"的象征。促进数字经济的蓬勃发展,需要鼓励公民、法人和组织利用国内外大数据资源创新和应用数据产品、技术和服务,鼓励具有资源和技术优势的企业开放平台数据,共享计算能力、开发环境等基础资源,推动公众基于数据开发、分析和应用的创新创业积极性。同时,还要认识到目前国内在数字资产交易方面还未建立起普遍适用的数据交易、流通规则,数据交易尚处于探索阶段,海南应成为培育和建设国内数字资产交易市场的先行者。此外,还应做好国际数据资产交易的对接,围绕跨境数据交易的关键问题,根据国家跨境交易相关法律法规设计跨境数据资产交易制度、合规准则、信任评估以及金融、贸易治理体系。

第三,发展技术型数字经济,加大前沿数字技术攻关力度,巩固全球数字价值链高端位势。数字经济从 2008 年以来内涵不断丰富,领域不断扩大,主体从消费互联网延伸到产业互联网,并随着产业的跨界融合,迎来了裂变式的发展阶段。在我国最新启动的新基建七大领域中,数字信息技术就占据其中 4 个:5G、大数据、人工智能、工业互联网。国际数据公司预计,到 2021 年,20% 的大都市将开始支持自动驾驶,增加实时自动驾驶试点,从而加快交通创新,改善道路安全。世界各国政府都在尝试通过促进公民参与和优化运营来提升当地在国际上的吸引力以及寻求经济机会。因此,海南自由贸易港应把发展数字信息技术作为先导,通过攻克数字技术前沿解决建设过程中的瓶颈问题和关键难题,形成自身的优势和特色,助力海南自由贸易港整体建设的顺利实施。

第四,发展融合型数字经济,促进通信、互联网等技术与传统第一、第二产业的融合,激发转型升级新动能。在更广泛的领域开发利用数字技术,为企业生产运营和供应链管理提供数据支持,并借助数字技术推动产业跨界融合,催生出更多新业态、新模式。同时,吸引更多基于数字技术的生产服务型企业入驻,充分发挥数字科技潜能,运用互联网、大数据、云计算、区块链等新技术,全面融合采购、生产、销售、服务等市场运作机制,提供一体化综合化解决方案,为海南自由贸易港各类交易平台、供应链核心企业及上下游打造资金流、信息流同步的服务生态圈,帮助企业提升管理效能、促进物资流通高效运转、推动资金畅通流动。

　　第五,发展服务型数字经济,加快消费者需求的响应速度和提高服务质量水平,培育数字应用新型业态。海南拥有大量的国际国内旅游人口,具备发展服务型数字经济的良好市场基础。因此,应大力推动数字技术与服务业的融合,针对消费者各方面的生活需求提供便捷、高效、快速的数字服务,推动数字技术与商业模式、服务业态的融合创新,为新型数字服务业态提供政策支持和宽松包容的发展环境,强化数字服务质量,提升数字服务水平和服务追踪能力。

10

产业升级：
自贸港现代产业体系构建

党的十九大报告将"贯彻新发展理念，建设现代化经济体系"提升到战略目标高度，海南省高度重视现代化经济体系建设，尤其是在中共中央、国务院于2020年6月1日印发了《海南自由贸易港建设总体方案》之后，意味着海南自由贸易港建设迈入全面实施阶段。尽管海南自由贸易港在制度特征、建设模式与政策支持上与当前成功的自贸港存在差异，但海南省丰富的自然资源、优越的地理位置、卓越的环境优势都是其依据自身特征形成的对现代产业体系的重要支撑，加上海南省背靠超大规模的中国市场，使贸易与投资便利化、热带农业与现代服务业协同发展，将有助于其培育出自身的国际竞争力。过去海南的传统产业包括旅游业和热带农业，近年来，随着海南着力培育壮大了12个重点产业构筑起海南经济发展主体结构，以及《总体方案》对海南提出的产业发展要求，未来产业结构调整的方向是在形成"处处有旅游、行行加旅游"的全域旅游格局和第一、第二、第三产业高度融合的热带农业格局的基础上，着力将旅游业、现代服务业与高新技术产业发展成为支撑海南自由贸易港建设的新支柱产业。海南自由贸易港利用地理位置优势、战略优势以及生态环境与热带资源优势，叠加《总体方案》的政策优势，能够更好地借鉴先进的国际发展经验，并结合自身发展特性与优势，通过制度层面的突破与创新，实现产业转型升级，构建起具有海南特色的现代产业体系。

在加快形成特色旅游产业体系方面，海南应当紧密结合自身地理环境和区位资源优势，充分利用零关税等政策红利，在硬件方面建设高标准的主题公园、交通、酒店、景区等各类旅游场所及其配套设施，在软件方面加大离岛免税购物政策宣传力度，吸引高端品牌入驻海南，同时以更加便利的免签入境、航班加注保税航油政策，进一步地将海南自由贸易港建设成为品牌集聚、业态丰富、环境舒适、特色鲜明的国际旅游消费中心。

在积极推进现代服务业体系开放方面，海南自由贸易港需要以医疗旅游为突破口，利用自身的自然禀赋对标国际先进水平，通过博鳌乐城国际医疗旅游先行区，打造全国医疗健康产业先行先试试验区和全球健康旅游目的地，发展医药医疗产业。对于相关人才引进政策,要做好精准对接,为高层次人才提供人才公共服务,落实相关待遇和保障措施,让"候鸟"人才更好地发挥所长。

在实施创新驱动发展战略聚焦高新技术产业方面,海南自由贸易港一方面要加快推动以大数据、移动互联网、人工智能、区块链等为代表的新一代信息技术产业发展,建设互联网产业创新发展集聚区和国际离岸创新创业示范区,以数字经济、数字服务向南辐射带动整个东南亚数字化建设,创建国家区块链试验区;另一方面还应当依托自身海洋产业的主导产业基础与优势,通过打造深海科技城、南繁科技城、文昌国际航天城等园区平台,积极培育深海、深空相关产业。

本章首先对海南省现有产业基础的总量与结构水平进行分析,结合国家政策层面对海南省的产业发展的要求与支持,确立海南现代产业体系的发展目标;然后,对现代产业体系的理论内涵进行界定,并分析海南省产业转型升级的政策机遇及其未来的发展前景;最后,遵循《总体方案》,通过"旅游+""贸易+""数字+"3 个核心产业链,以制度型开放促进产业合作,以创新引领产学研联动发展,以支柱产业带动产业链升级,提出构建适用于中国当前经济发展阶段和海南省自身区位资源优势的现代产业体系的具体措施。

第一节　海南产业基础与发展目标

过去海南的传统产业包括旅游业和热带农业,近年来,海南着力培育壮大了 12 个重点产业,构筑起海南经济发展主体结构,未来产业结构调整的方向是在形成"处处有旅游、行行加旅游"的全域旅游格局和第一、第二、第三产业高度融合的热带农业格局的基础上,着力将旅游业、现代服务业与高新技术产业发展成为支撑海南自由贸易港建设的新支柱产业。

一、自贸港产业发展总量水平

自 2015 年海南省委、省政府提出并实施 12 个重点产业发展决策部署以来，海南省产业结构逐步调整，产业布局日趋合理。2018 年习近平总书记发表"4·13"重要讲话，为海南省实现产业结构进一步优化发展提供了现实机遇，在中国特色自由贸易港与海南自由贸易试验区建设的双重背景下，海南现代化产业发展取得了可喜成绩。纵观 1978 年至今海南省产业发展的总量与三次产业的变化情况，可以更好地了解海南建设自由贸易港的产业基础。

表 10.1 1978—2019 年海南省地区生产总值与三次产业构成

年份	地区生产总值/亿元	第一产业占比/%	第二产业占比/%	第三产业占比/%	年份	地区生产总值/亿元	第一产业占比/%	第二产业占比/%	第三产业占比/%
1978	16.40	53.10	22.30	24.60	1991	120.52	41.30	20.50	38.20
1979	17.45	53.40	21.60	25.00	1992	184.92	29.00	20.70	50.30
1980	19.33	55.90	18.60	25.50	1993	260.41	29.50	25.40	45.10
1981	22.23	58.60	15.60	25.80	1994	331.98	32.00	25.10	42.90
1982	28.86	59.80	14.00	26.20	1995	363.25	35.50	21.60	42.90
1983	31.12	59.30	14.40	26.30	1996	389.68	36.20	20.90	42.90
1984	37.18	55.10	18.00	26.90	1997	411.16	36.10	20.20	43.70
1985	43.26	50.40	21.50	28.10	1998	442.13	35.30	20.70	44.00
1986	48.03	50.00	20.70	29.30	1999	476.67	36.20	20.10	43.70
1987	57.28	50.00	19.00	31.00	2000	526.82	36.40	19.80	43.80
1988	77.00	50.00	18.40	31.60	2001	579.17	34.00	23.10	42.90
1989	91.32	46.70	20.00	33.30	2002	642.73	34.70	23.10	42.20
1990	102.42	44.60	19.70	35.70	2003	713.96	34.20	24.60	41.20

续表

年份	地区生产总值/亿元	第一产业占比/%	第二产业占比/%	第三产业占比/%	年份	地区生产总值/亿元	第一产业占比/%	第二产业占比/%	第三产业占比/%
2004	819.66	34.00	25.10	40.90	2012	2 855.54	24.90	28.20	46.90
2005	918.75	32.70	26.20	41.10	2013	3 177.56	23.20	25.10	51.70
2006	1 065.67	30.40	29.00	40.70	2014	3 500.72	23.12	25.02	51.85
2007	1 254.17	28.80	29.00	42.20	2015	3 702.76	23.08	23.65	53.26
2008	1 503.06	30.00	29.80	40.20	2016	4 053.20	23.40	22.35	54.25
2009	1 654.21	27.90	26.80	45.30	2017	4 462.54	21.58	22.33	56.10
2010	2 064.50	26.10	27.70	46.20	2018	4 910.69	20.08	21.45	58.48
2011	2 522.66	26.10	28.30	45.50	2019	5 308.93	20.30	20.70	59.00

资料来源:海南省统计局。

根据表 10.1 给出的 1978—2019 年海南省地区生产总值与三次产业构成可以看出,总量上,海南省 1978 年的地区生产总值只有 16.40 亿元,到 2019 年已经达到了 5 308.93 亿元,增加了 320 多倍。结构上,海南省第一产业占比由 1978 年的 53.10%逐年下降至 2019 年的 20.30%,第二产业占比保持在较为平稳的状态,自 1978 年以来一直在 20%左右浮动,第三产业占比则由 1978 年的 24.60%逐年上升至 2019 年的 59%,服务业得到了大力发展。尤其是 2015 年以来,海南按照《国务院关于推进海南国际旅游岛建设发展的若干意见》明确的产业定位,以"敢为人先"的特区精神率先开展"多规合一"的改革试点,确立了以现代服务业为主的,以及旅游产业、热带特色高效农业、互联网产业、医疗健康产业、现代金融服务业、会展业、现代物流业、油气产业、医药产业、低碳制造业、房地产业、高新技术教育文化体育产业在内的 12 个重点培育产业,构筑起海南社会经济发展的主体结构,对海南省产业发展的总量和结构性影响突出,因而接下来将对海南省 2015 年至今的产业结构总量变化以及 12 个重点产业的具体情况进行概述。

从经济总量增长上看,2015年海南省地区生产总值达3702.8亿元,地区生产总值增长率达7.8%,增速比全国平均增速高0.9%;2016年全省地区生产总值达4044.51亿元,地区生产总值增长率达7.5%,增速比全国平均增速高0.8%;2017年全省地区生产总值达4462.54亿元,地区生产总值增长率达7.0%;2018年全省地区生产总值达4832.05亿元,按可比价格计算,地区生产总值增长率达5.8%,与此同时,2018年海洋产业被归并计入油气产业,使海南省当年油气产业增加值占全省地区生产总值的比重高达32%,油气产业成为海南省第一大支柱产业,海洋经济的发展成为海南省新的经济增长点;2019年海南省地区生产总值达5308.94亿元,增长率为5.8%。尽管从地区生产总值增长率来看,海南省自2015年的经济增长速度有所减缓,但经济总量的增长仍然保持着强劲的势头。

从12个重点产业的发展上看,2016年海南省12个重点对经济增长的贡献率超过90%,增加值的平均增速也达9.9%,比经济总量增长率高2.4%;2017年12个重点产业对经济增长的贡献率达73.8%,增加值总量达3291.6亿元,增加值的平均增速为10.1%,比经济总量增长率高3.1%;2018年12个重点产业对经济增长的贡献率达66.9%,增加值总量为3066.63亿元,增加值的平均增速为6.0%,比经济总量增长率高0.2%,其中除房地产业以外的其他产业增加值的平均增速高达9.2%,比剔除房地产业之后的经济总量增长率高1.6%;2019年海南省12个重点产业对经济增长的贡献率达67.4%,增加值总量为3339.27亿元,增加值的平均增速为6.0%,其中剔除房地产业之后的增加值为2841.41亿元,比剔除房地产业之后的经济总量增长率高1.4%。

二、自贸港产业发展结构特征

海南自确定"生态立省"以来,因传统制造业会造成环境污染等弊端,与海南生态立省目标相冲突,所以在旅游业、现代服务业等产业发展方面较为成熟,而高新技术产业则起步较晚,发展落后。

表 10.2　2015—2019 年海南省 12 个重点产业增加值增长率

单位:%

	2015 年	2016 年	2017 年	2018 年	2019 年
旅游产业	8.1	10.9	10.0	8.5	10.2
热带特色高效农业	—	4.6	3.7	4.5	3.1
互联网产业	14.8	25.9	25.4	27.4	18.1
医疗健康产业	11.1	11.3	7.2	10.4	10.3
现代金融服务业	19.6	15.7	10.1	0.8	1.6
会展业	9.9	10.3	15.4	9.1	10.3
现代物流业	—	7.7	5.2	9.7	13.4
海洋产业	—	10.5	5.4	3.9	5.7
医药产业	16.8	7.9	17.8	18.7	6.8
低碳制造业	—	3.5	8.7	8.3	1.6
房地产业		13.2	19.0	−12.0	−0.5
高新技术教育文化体育产业		12.5	11.0	7.9	6.8

资料来源:根据海南省统计局网站的统计分析数据整理所得,"—"表示数据缺失。

从表 10.2 也可以看出,自 2015 年海南省确立了 12 个重点产业以来,互联网产业、医疗健康产业、海洋产业、医药产业、低碳制造业、高新技术教育文化体育产业得到了快速的发展,传统的旅游产业、会展业、现代物流业和热带特色高效农业的增加值也在稳步提升。

表 10.3　2015—2019 年海南省 12 个重点产业增加值

单位:亿元

	2015 年	2016 年	2017 年	2018 年	2019 年
旅游产业	280.88	309.75	347.74	392.82	448.92
热带特色高效农业	629.47	703.83	725.19	758.30	785.00
互联网产业	103.31	142.79	179.55	230.95	238.6

续表

	2015 年	2016 年	2017 年	2018 年	2019 年
医疗健康产业	100.00	101.61	121.10	137.09	169.22
现代金融服务业	242.82	281.90	308.94	309.09	392.23
会展业	59.89	67.90	80.23	90.57	101.05
现代物流业	163.01	141.00	151.28	171.88	198.57
海洋产业	1 144.60	1 277.50	1 401.00	1 599.32	1 805.06
医药产业	35.58	52.10	64.00	76.70	78.4
低碳制造业	104.02	142.20	156.00	179.40	164.9
房地产业	299.69	349.95	434.90	389.66	497.86
高新技术教育文化体育产业	258.80	311.93	347.44	407.38	462.75

资料来源：根据海南省统计局网站的统计分析数据整理所得。

综合表 10.2 和表 10.3 的数据结果可以看出，自 2015 年以来，12 个重点产业的增加值均逐年上升，尤其是海洋产业一直位列 12 个重点产业增加值之首，且保持着较高的增长速度，同样，旅游产业、互联网产业、医疗健康产业、会展业、现代物流业、医药产业、高新技术教育文化体育产业等均保持着较高的增速，而传统的热带特色高效农业和现代金融服务业、低碳制造业、房地产业则受制于海南省金融和制造业发展约束以及房地产调控政策的影响，增长速度较为平缓。具体而言：

2015 年增加值增长最快的产业是现代金融服务业，增速达 19.6%，但从绝对值看，现代金融服务业的增加值则仍处于较低位置，仅为 242.82 亿元，而海洋产业的增加值绝对量达 1 144.60 亿元，超过排名第二的热带特色高效农业629.47亿元的增加值 515.13 亿元，作为刚刚起步的会展业和医药产业增加值则较少，分别仅有 59.89 亿元和 35.58 亿元，但其中医药产业的增加值增速达到了16.8%，增长势头较好。

2016 年增加值增长最快的产业是互联网产业，增速达 25.9%，但从绝对值看,互联网产业的增加值则仍处于较低位置,仅为 142.79 亿元,而海洋产业的增加值绝对量达 1 277.50 亿元,且增速依然保持着 10.5%。增速同样保持在两位数的产业包括旅游产业、医疗健康产业、现代金融服务业、会展业、海洋产业、房地产业和高新技术教育文化体育产业,而增加值绝对值较低的产业仍然为会展业和医药产业,分别仅有 67.90 亿元和 52.10 亿元。

2017 年增加值增长最快的产业依然是互联网产业,增速达 25.4%,但从绝对值看,互联网产业的增加值则仅有 179.55 亿元,而海洋产业的增加值绝对量则以 5.4% 的增速增加到了 1 401.00 亿元,而增加值绝对值较低的产业仍然为会展业和医药产业,分别仅有 80.23 亿元和 64.00 亿元。2017 年增速继续保持在两位数的产业包括旅游产业、现代金融服务业、会展业、医药产业、房地产业和高新技术教育文化体育产业。

2018 年互联网产业依然保持着 12 个重点产业中最高的增长速度,增速达 27.4%,但从绝对值看,互联网产业的增加值则仅有 230.95 亿元,而海洋产业的增加值增速虽然有所放缓,仅为 3.9%,但其增加值的绝对量仍保持在 12 个重点产业之首,达 1 599.32 亿元。在经济增长速度整体趋缓的背景下,2018 年增速继续保持在两位数的产业仅有互联网产业、医疗健康产业和医药产业,且在房地产调控政策的影响下,房地产业的增加值增长率首次为负,为 -12.0%,同年,增加值绝对值较低的产业仍然为会展业和医药产业,分别仅有 90.57 亿元和 76.70亿元。

2019 年整体经济增长速度有所回升,互联网产业依旧保持了较高的增加值增速,达 18.1%,其他增加值增速继续保持在两位数的产业还有旅游产业、医疗健康产业、会展业和现代物流业,增速分别为 10.2%、10.3%、10.3% 和 13.4%,房地产业相比于 2018 年有所回暖,但增速依然为 -0.5%。从产业增加值的绝对值看,海洋产业以 5.7% 的增速增加到 1 805.06 亿元,排名第二的为热带特色高效农业,增加值达到了 785.00 亿元,而排名最后的产业依然是医药产业,增加值仅为 78.4 亿元。

表 10.4　2015—2019 年海南省 12 个重点产业占 GDP 比重

单位:%

	2015 年	2016 年	2017 年	2018 年	2019 年
旅游产业	7.6	7.6	7.8	8.1	8.5
热带特色高效农业	17.0	17.4	16.3	15.7	14.8
互联网产业	2.8	3.5	4.0	4.8	4.5
医疗健康产业	2.7	2.5	2.7	2.8	3.2
现代金融服务业	6.6	7.0	6.9	6.4	7.4
会展业	1.6	1.7	1.8	1.9	1.9
现代物流业	4.4	3.5	3.4	3.6	3.7
海洋产业	30.9	31.5	31.4	33.1	34.0
医药产业	1.0	1.3	1.4	1.6	1.5
低碳制造业	2.8	3.5	3.5	3.7	3.1
房地产业	8.1	8.6	9.7	8.1	9.4
高新技术教育文化体育产业	7.0	7.7	7.8	8.4	8.7

资料来源:根据海南省统计局网站的统计分析数据整理所得。

从表 10.4 可以更为清晰地看出海南省 12 个重点产业占 GDP 比重的情况，以及随着时间的推移,这些产业在占比之间的变化情况。2015 年海洋产业占 GDP 比重最大,且仍在不断增加,从 2015 年的 30.9%增加到 2019 年的 34.0%。呈现同一趋势的产业还包括旅游产业、互联网产业、医疗健康产业、现代金融服务业、会展业以及高新技术教育文化体育产业,这些产业分别从 2015 年的 7.6%、2.8%、2.7%、6.6%、1.6%、7.0%上升至 2019 年的 8.5%、4.5%、3.2%、7.4%、1.9%、8.7%,而热带特色高效农业所占 GDP 比重则呈现出不断下降的趋势,由 2015 年的 17.0%下降到 2019 年的 14.8%,房地产业也在近两年呈现出阶段性下降的趋势。

综上所述,尽管近年来得益于经济特区和海南自由贸易港的政策红利,海南省产业结构不断优化升级,由过去单纯依赖房地产业和旅游业发展的边陲海岛逐步成为我国改革开放的前沿阵地与重要窗口,互联网产业、医疗健康产业、高新技术、教育文化体育产业等战略新兴产业都在不断发展,但长远来看,海南省经济基础相对薄弱、产业发展不均衡等问题仍然制约着其经济持续发展。同时,海南省不仅在传统支柱产业的热带特色高效农业和海洋产业上依然有较大发展空间,在由此带来的相关产业发展上也具有很大的增长空间。因此,海南应基于当前建设自贸港的政策红利,在进一步优化发展旅游业、现代服务业的同时,重点发展具有比较优势的战略性高新技术产业,以加快海南产业结构优化升级。

三、自贸港现代产业体系的构建目标

海南自由贸易港建设是党中央赋予海南新的历史使命,承担着进一步全面的扩大对外开放、探索新型经济特区并为我国经济制度改革提供范本等重要任务。目前我国虽然拥有世界上最完整的产业体系,但在高端制造业、高新技术产业的发展上,仍与发达国家存在着较大差距。因此,海南自由贸易港作为新阶段、新时代下我国对外开放的重要窗口,更应当肩负起制造业全面转型升级、战略新兴产业长足发展的重要使命。同时,通过探索海南自由贸易港现代化产业体系建设的路径,实现以点带面的经济高质量发展。

2015 年以来,海南省 12 个重点产业的发展已经为海南自由贸易港建设提供了坚实的基础和宝贵的经验,但随着海南自由贸易港建设的不断推进,海南省在我国对外开放中的作用也在不断加强,原先 12 个重点产业的发展侧重点也应当根据海南自由贸易港建设的实际情况进行调整,以满足与时俱进的发展需求。根据新华社于 2018 年 4 月 14 日受权发布的《中共中央 国务院关于支持海南全面深化改革开放的指导意见》以及 2020 年 6 月 1 日印发的《总体方案》,海南省应当不断发挥区域比较优势,一方面要继续"大力发展旅游业、现代服务业和高新技术产业,不断夯实实体经济基础,增强产业竞争力";另一方面要坚持统筹陆地和海洋保护发展,"通过加强海洋生态文明建设,加大海洋保护力度,加强海洋权益维护,科学有序开发利用海洋资源,培育壮大特色海洋经济,形成陆海资源、产业、空间互动协调发展新格局"。因此,立足于海南自由贸易港发展的新起点和中央对海南特区发展战略定位的新要求,海南在旅游业、现代服务业和高新技术产业以及传统海洋产业方面应当要继续深化供给侧结构性改革,集聚创新人才、资本等要素,积极发展极具海南特色的战略性产业集群,打造国际离岸创新创业示范区,提升海南现代产业体系的综合竞争力。

在海洋产业方面,结合海洋经济发展的特点,使海洋产业高质量发展。"海洋经济高质量发展是指在海洋开发的有关生产活动过程和生产结果的影响与成果分配中,能够满足人们对美好生活的需求,要素投入产出比高、资源配置效率高、科技含量高、区域与产业发展充分、市场供给需求平衡、产品服务质量高的可持续发展,是一种注重于创新、协调、绿色、开放、共享等众多方面的发展模式,是五大发展理念的深度融合,是传统发展方式在新时代新特征的背景下的提升。"[①]而当前海南省要进一步发挥海洋产业的支柱作用必然离不开科技创新的源动力、产业与区域的协调发展、人与自然之间的和谐共生、高水平的对外开放以及涉海公共服务体系的共享共赢。

在现代服务业方面,一方面,海南省应该首先聚焦于海南比较优势产业和三大支柱产业之一的旅游业。2019 年,海南省接待游客共计 8 311.20 万人次,同比增长 9.0%,旅游收入总计 1 057.80 亿元,同比增长 11.3%。但同时也应当看到海南在建设"国际旅游岛"的过程中,仍然与夏威夷、巴厘岛、马尔代夫等世界知名旅游岛之间存在较大的差距,仅从国际游客占比这一数据就可窥见一斑。2019 年海南省接待国际游客占比仅为 1.73%,"国际旅游岛"的实质性国际

---

① 鲁亚运,原峰,李杏筠.我国海洋经济高质量发展评价指标体系构建及应用研究——基于五大发展理念的视角[J].企业经济,2019,38(12):122-130.

认可度仍有待提升,这与海南国际市场宣传力度以及其自身国际化程度不够高有着密切的关系。因而,在大力发展旅游业的过程中,还应当不断通过提升旅游消费品质、培育旅游消费新业态、新热点来增强"国际旅游岛"的吸引力。另一方面,作为旅游业的衍生产业,医疗健康产业在海南仍属于起步阶段,博鳌乐城国际医疗旅游先行区也尚在发展中,因此,海南省应当在接下来的产业政策布局中,不断提高区域医疗中心建设的政策支持力度,提升博鳌乐城国际医疗旅游先行区的质量水平。

在高新技术产业方面,习近平总书记在"4·13"重要讲话中首次明确指出海南自由贸易港的建设不能遵循传统发展道路,以转口贸易和加工制造为重点,而应当以发展旅游业、现代服务业、高新技术产业为主导。其中高新技术产业的大力发展是中央对海南自由贸易港建设提出的新要求,这是海南产业定位的巨大改变,也是对海南产业选择的全新认识,因此亟须梳理新的发展理念,通过依托其支柱产业的上下游产业,发挥产业创新与产业集聚的优势,取得快速发展。

第二节　海南产业转型升级机遇与前景

海南自由贸易港以地理位置优势、战略优势以及生态环境优美和热带旅游资源丰富的优势,叠加《总体方案》的政策优势,借鉴先进的国际发展经验,并结合自身发展特性与优势,通过制度层面的突破与创新,实现产业转型升级,构建起具有海南特色的现代产业体系。

一、现代产业体系的理论内涵界定

现代产业体系是具有中国特色的经济概念,它与现代化理论、经济现代化理念息息相关。2017年习近平总书记最早提出建设现代化经济体系的战略目标,随后现代化经济体系的相关问题逐步成为学术界的研究热点。刘志彪在对政策理解的基础上,用分配体系、产业体系、区域发展体系、市场体系、开放体系、绿色发展体系和经济体制7个子体系对现代化经济体系进行概括与阐述,并提出现代化的产业体系是现代化经济体系的基础和核心。

现代产业体系是传统产业体系内涵和形态的新突破,是现代化经济体系的主要内涵和战略支点。该主题已成为近年学术界探讨的热点问题,目前研究主要涉及以下主题,分别为现代产业体系的内涵与特征、形成机制和评价体系、体系构建和实现路径等。

现代产业体系是指具有当代领先的竞争优势,又面向未来发展趋势的产业体系。随着由跨国公司主导的全球一体化生产体系的建立,当今全球范围内的产业体系主要以产品内分工为范式,通过国家或地区之间的产品生产环节的专业化分工和协调获得发展。[①]

结合学界对现代产业体系基本内涵的理解,可从以下3个方面来阐释现代产业体系的基本特征。

第一,生产和服务的知识化、高技术化、信息化。现代产业体系的本质是产业结构的优化升级,因而在优化升级的过程中会具备创新与集聚、开放与融合等特征。从国际经验来看,产业体系的发展演进是各国在特定发展环境下各类要素及其关系动态变化的综合产物,协同发展的产业体系要求具有系统性,同时也存在动态性、多样性、开放性的特征。当信息进入分工时可以有效提高交易效率,且区别于通过制度、运输等硬件设施条件改善来提高交易效率的方式,信息提高交易效率还具备自我加强、内生推动的创新,因而当信息要素出现在分工中并得到广泛运用时,即标志着现代产业体系雏形初现。

第二,产业体系的生态化。在现代产业体系中,绿色低碳的生产模式和循

---

① 刘明宇,芮明杰.全球化背景下中国现代产业体系的构建模式研究[J].中国工业经济,2009(5):57-66.

环经济成为主要模式,生产和服务都更加环境友好。当新型产业体系以互联网为支撑时,智能化大规模定制的生产方式可以有效降低冗余与浪费,形成绿色生产系统与生态自然环境的和谐相处。现代产业体系还应当和国家要素禀赋的阶段性特征相适应,通过兼顾经济发展与生态保护,超越资源环境约束,挖掘经济发展中的新增长点,实现经济发展与环境保护的内生和谐。

第三,现代产业体系是资本、技术、人才等关键要素以及各产业融合发展的系统。由于现代产业体系的多维性特征,从知识产权、企业创新、主体培育等方面进行一体化建设就显得更为重要。现代产业体系在战略导向和发展方式、产业内容和产业间关系、产业分工地位和分工形态、要素资源配置方式和效率、市场需求类型和竞争手段以及产业政策等方面表现出不同于传统产业体系的基本特征。

从以上分析可以看出,产业体系的现代化、融合性、创新性、开放性、动态性、集群性、生态化等都被认为是现代产业体系的特征。

在产品内分工状况下,一个国家或地区的现代产业体系是基于全球产品内分工的,占据产业链高端环节,主导全球价值链的发展,并引领全球生产体系未来发展趋势的具有竞争优势的产业体系。表 10.5 将传统产业体系与现代产业体系的差异较为清晰地展现了出来。

表 10.5　传统产业体系与现代产业体系的比较

	传统产业体系	现代产业体系
战略导向	快速增长偏向	高质量发展导向
发展方式	要素驱动、"扬长避短"的非均衡发展	创新驱动、"扬长补短"的均衡发展
产业内容	以低技术含量、低附加值和弱创新能力的传统工业制造业为主	以高技术含量、高附加值和强创新能力的现代服务业、先进制造业和高新技术产业为主

续表

	传统产业体系	现代产业体系
产业间关系	分散孤立,关联程度低,片面工业化	互动融合,关联程度高,四化协同
价值链地位	中低端	中高端
集群形态	工厂集聚的产业集群	创新要素集聚的创新集群
支配资本	物质资本	人力资本
资源配置方式	政府主导	市场主导
要素配置效率	较低	较高
市场需求类型	满足同质化、规模化需求	满足多样化、个性化需求
市场竞争手段	数量竞争、价格竞争	创新竞争
产业政策	选择性产业政策,行政命令手段	功能性产业政策,制度性引导手段

资料来源:杜宇玮.高质量发展视域下的产业体系重构:一个逻辑框架[J].现代经济探讨,2019(12):76-84.

党的十九大报告指出,"着力加快建设实体经济、科技创新、现代金融、人力资源协同发展的产业体系"。相对于传统产业体系,现代产业体系是具备区域性、先进性、协同性和开放性的发达产业体系。

海南省的发展,需要将实体经济、科技创新、现代金融与人力资源有机融合,在旅游产业、现代服务业、高新科技产业和海洋产业方面,利用产业链条、产业集群、产业园区与产业基地,共同构建基于海南省优势产业的现代产业体系(图10.1)。

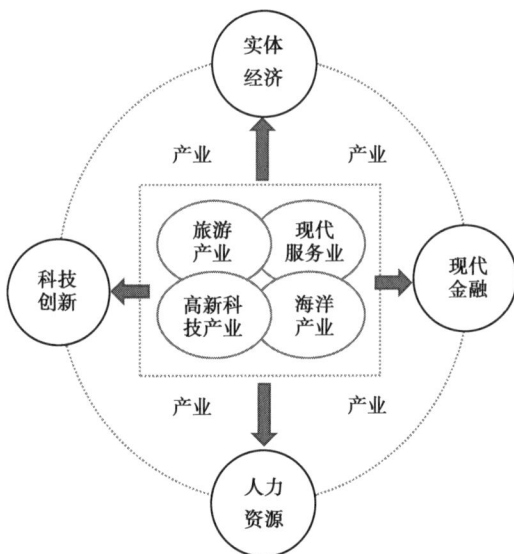

图 10.1　现代产业体系的外延

二、海南产业转型升级的政策机遇

自 2018 年以来,国家发展和改革委员会发布了《海南省建设国际旅游消费中心的实施方案》,中央全面深化改革委员会第六次会议审议通过了《海南热带雨林国家公园体制试点方案》,中共中央办公厅、国务院办公厅印发了《国家生态文明试验区(海南)实施方案》,国务院印发了《中国(海南)自由贸易试验区总体方案》,中共中央、国务院印发了《中共中央 国务院关于支持海南全面深化改革开放的指导意见》以及《海南自由贸易港建设总体方案》等支持海南自由贸易港建设的政策文件,对海南省进一步深化体制机制改革,促进产业转型升级起到了积极作用。为了进一步贯彻习近平总书记"要把制度集成创新摆在突出位置"的指示,2020 年 10 月 9 日,中共海南省委办公厅、海南省人民政府办公厅印发《海南自由贸易港制度集成创新行动方案(2020—2022 年)》和《海南自由贸易港制度集成创新任务清单(2020—2022 年)》,更加清晰地明确了未来 3 年制度创新的工作重点与任务。

自 2019 年 2 月 14 日海南省发布第一批自由贸易试验区制度创新案例以来,仅 2019 年全年,海南省已经连续发布了六批制度创新案例,具体案例做法与实践效果见表 10.6。

表 10.6　海南 2019 年营商环境制度创新案例清单

批次(时间)	制度创新案例
第一批 (2019.2.14)	• 商事登记"全省通办"制度 • 简化简易商事主体注销公告程序 • 商事主体信用修复制度 • 减免商事主体公示负面信息 • 施工图审市场化和"多审合一" • 全国首单知识产权证券化 • 天然橡胶价格(收入)保险 • 国际热带农产品交易中心
第二批 (2019.4.11)	• 全国首创设立"候鸟"人才工作站 • 社团法人等三类法定机构在省级层面实施 • 全国首单沪琼自由贸易账户联动业务 • 共享医院新模式——博鳌超级医院 • 全国率先实施境外游艇入境关税保证保险制度
第三批 (2019.5.20)	• 率先在全国实现 BIM 技术在招投标领域应用 • 人才租赁住房 REITs 产品成功发行 • 建立基于网上督查室的"多督合一" • 以市场为导向开创消费扶贫新模式 • 结合海南冬季"候鸟"人才优势,设置高等教育"冬季小学期" • 乡村振兴工作队全省镇村全覆盖 • 领事业务"一网通办"在全国率先实现 24 小时不打烊 • 设立重大项目检察工作站 • 优化创新服务贸易数据统计方式 • 以三亚中科遥感信息产业园为依托,首创了以卫星设计、运营和遥感技术推广为主要方向的全产业链孵化式招商新模式 • 开办脱贫致富电视夜校 • 在通信基站建设管理领域推进"放管服"改革

续表

批次（时间）	制度创新案例
第四批 （2019.7.23）	• 建筑工程施工许可告知承诺制 • 无税不申报 • 优质农产品出口动态认证+免证书免备案 • 打造全省不动产统一登记工作新体系 • "一站式"公共服务平台——椰城市民云 • 建立全天候进出岛人流、物流、资金流监管系统
第五批 （2019.10.31）	• 公共资源交易红黑名单再分类监管 • 博鳌乐城先行区医疗机构"两证一批复"审批 • 出台全国首张不予税务行政处罚正面清单 • 警税共治规范税收经济秩序 • 涉外公证实现全省通办 • 境外电视频道传送审批及监管新模式 • 基于"多规合一"创新自然资源资产审计管理流程 • 创新导游管理机制,规范旅游行业秩序 • 通信基站共享建设机制 • 国有企业"三标三系三受益"绩效管理
第六批 （2019.12.22）	• 发行首单国有土地承包金资产支持证券 • 创新不同品种保税油品同船混装运输监管模式 • 搭建会计师事务所准入和会计师引进"直通车道" • 创设"立、审、执"一体化涉外民商事法庭 • 与平台企业信息共享,实现税收征管"一次不跑、一步到位、一站办结" • 创新"不征不转"等土地利用制度保障建设项目快速落地 • 创建临床急需国内未上市进口药品监管模式 • 创新会计审计专业服务政府采购管理模式 • 推行更广泛容缺办税 • 实施琼港澳游艇自由行 • 率先建立帆船运动旅游管理专项制度
第九批 （2020.11.8）	• 外国人工作、居留许可联审联检一体化 • 社保关系转移"一次申请、全程代办" • "空地组网"推动低空空域管理改革 • 船舶登记"一事通办" • "五位一体"园区成片开发流程再造 • 临床急需进口药械多方协同追溯管理

资料来源:根据海南自由贸易港网站资料整理汇总所得,其中第七批和第八批数据缺失。

　　从表 10.6 可以看出，海南省在国家建设自由贸易港的制度红利之下，不断创新营商环境制度，深挖改革潜力、助推改革发展、实现政策落地，促进地方治理水平不断提升、营商环境不断优化、市场主体活力不断增强。近年来的制度创新主要集中于商事制度改革、金融体制创新、人才引进政策与保障措施、数字政府建设、财税政策与法律法规完善等方面，对旅游业、船舶业、金融业、医药产业等产业发展形成了强有力的支撑。

　　海南省近年来利用制度优势，也展现了强大的经济发展潜力。截至 2020 年 10 月 31 日，海南省市场主体共计 113.14 万户，尤其是自 2020 年 6 月 1 日《总体方案》发布至 10 月 31 日，市场主体的新增数量达到了 14.52 万户，同比增长 15.96%；尽管在疫情防控常态化的新趋势下，新设外资企业数量仍然达到了 281 户，同比增长率为 80.86%；海南新设央企的营业收入也从 2018 年全年的 50 亿元增长至 2020 年前 8 个月的累计 1 056 亿元，增长幅度超过 20 倍。这些由营商环境制度创新带来的市场活力充分反映了海南利用政策红利进行制度改革所取得的卓越成效，有力保障了自由贸易港的建设。

　　2020 年 11 月 15 日，在历经 8 年谈判之后终于成功签署《区域全面经济伙伴关系协定》(*Regional Comprehensive Economic Partnership*，RCEP)，全球最具发展潜力的自由贸易区正式启航，这对于海南自由贸易港而言也是一个重大的历史性机遇。在 RCEP 的合作框架下，海南服务贸易发展将进一步迎来"窗口机遇期"，通过外贸进出口市场的不断调整、自由贸易港"零关税"清单的不断完善、日用消费品免税和离岛免税政策的不断优化，将更大程度地发挥海南自由贸易港的枢纽作用，从需求端带动供给侧结构性改革，以产业集聚倒逼产业结构转型升级。

三、海南产业转型升级的未来前景

　　自贸港(区)在不同经济发展阶段有着不同的地位与作用，因而也会形成不同的与经济发展目标相适应的产业体系。① 世界上最早的自贸港(区)建设来

---

① 盛毅.海南自由贸易港建设的产业动力和产业体系——基于国际国内发展经验[J].南海学刊,2020,6(3):29-36.

自货物跨国贸易的需求,因而港口在功能设置上通常以货物储运、交易和转运业务为主。随着区域经济一体化的推进,自贸港(区)的产业体系逐步向贸易加工、服务贸易与货物贸易相结合的多元化方向转变,自贸港(区)的功能也随之发生变化。表10.7给出了当前全球部分自由贸易港(区)的产业结构特征,包括自由港(区)的所属类型、主要产业设立时间以及面积等情况。

表 10.7 全球部分自由贸易港(区)的产业结构

名称	贸易型	贸工型	综合型	主要产业	依托港口	设立时间	面积/平方千米
香港自由贸易港			√	贸易、金融、装卸、仓储、销售、包装、加工制造航运、信息和旅游等	海港和空港	1900年	400左右
新加坡樟宜自由贸易区	√			转口贸易、仓储、简单包装等加工	空港	1996年	0.72
迪拜自由贸易港		√		物流贸易供应链管理、加工制造再出口等		1985年	100
台湾基隆自由贸易港区		√		转口、贸易、仓储、物流、集装箱集散、期货、仓储、包装、修理、保养、加工制造、展览及技术服务	海港	2004年	0.68
台湾桃园自由贸易港区		√		70%为电子业	空港	2000年	0.45
韩国釜山自由贸易区	√			转口、贸易、仓储、物流、包装、金融、航运等	海港和空港	2004年	104
韩国马山出口自由区			√	加工制造业贸易、物流、流通、信息处理、服务业等,服务外包占80%		1970年	0.95

续表

名称	贸易型	贸工型	综合型	主要产业	依托港口	设立时间	面积/平方千米
巴西马瑙斯自由贸易区			√	进出口和转口贸易、仓储、商业性或工业性加工、商品展示及金融、货运等		1967年	221万
德国汉堡自由贸易港	√			咖啡、可可、香料和地毯的转运	海港和空港	1988年	占港区20%
爱尔兰香农自由贸易区		√		航空运输、飞机租赁、金融服务、物流服务、信息通信技术业	空港	1959年	2.4
日本冲绳自由贸易区			√	物流中转、储存、加工、制造、展示、交易、厂房出租		1988年	1.22
印度坎德拉经济特区			√	贸易、金融、加工		1965年	2.84
美国麦卡伦对外贸易区		√		物流型和仓储型企业外，还涉及制造业等多个行业	河港	1973年	3.14

资料来源：盛毅.海南自由贸易港建设的产业动力和产业体系——基于国际国内发展经验[J].南海学刊，2020(3)：29-36.

而事实上，海南省与香港地理位置毗邻，具有较为相似的气候条件和海洋资源，但由于香港自由贸易港设立时间较早，已经有超过100年的自由贸易历史，因此在产业结构方面更为成熟，相比于香港自由贸易港，海南自由贸易港的建设仍有很大的成长空间。为了更为方便地对比海南省和香港的主要产业增加值占比变化，根据数据可得性，绘制了香港2000—2019年主要产业增加值占比变化趋势图(图 10.2)和海南省 2004—2019 年主要产业增加值占比变化趋势图(图 10.3)。

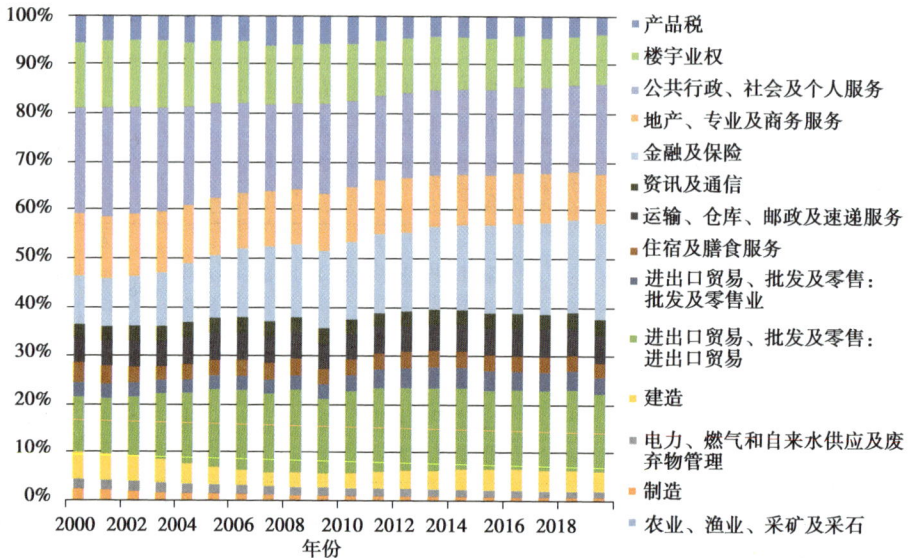

图 10.2　香港 2000—2019 年主要产业增加值占比变化趋势图

资料来源:Wind 数据库。

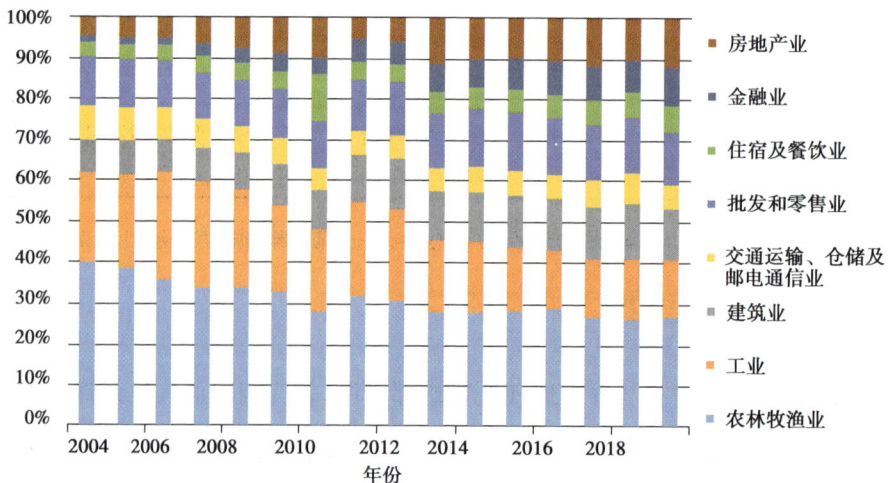

图 10.3　海南省 2004—2019 年主要产业增加值占比变化趋势图

资料来源:Wind 数据库。

从图 10.2 可以看出,香港的服务产业尤为发达,进出口贸易,金融及保险,地产、专业及商务服务,公共行政、社会及个人服务产业最为发达,尤其是进出口贸易和金融及保险自 2000 年以来呈现出显著的增长趋势。

从图 10.3 可以看出,海南省的农林牧渔业和工业的增加值占比较大,而住宿和餐饮业以及金融业则显得较为落后。尽管由于统计口径的差异,海南省和香港的产业结构无法完全直接对比,但总体上还是可以看出海南省的产业结构仍以农林牧渔业和工业为主,服务业发展相比于香港仍有较大的发展空间。

根据《总体方案》的指示,建设全面深化改革开放试验区、国家生态文明试验区、国际旅游消费中心和国家重大战略服务保障区是海南自由贸易港的战略定位。利用自身丰富的自然资源、独特的地理区位以及强大的中国市场和腹地经济作支持,海南自由贸易港应当进一步发展旅游业、现代服务业和高新技术产业,加快培育具有海南特色的合作竞争新优势,具体的海南省现代产业体系的产业结构与建设目标如图 10.4 所示。

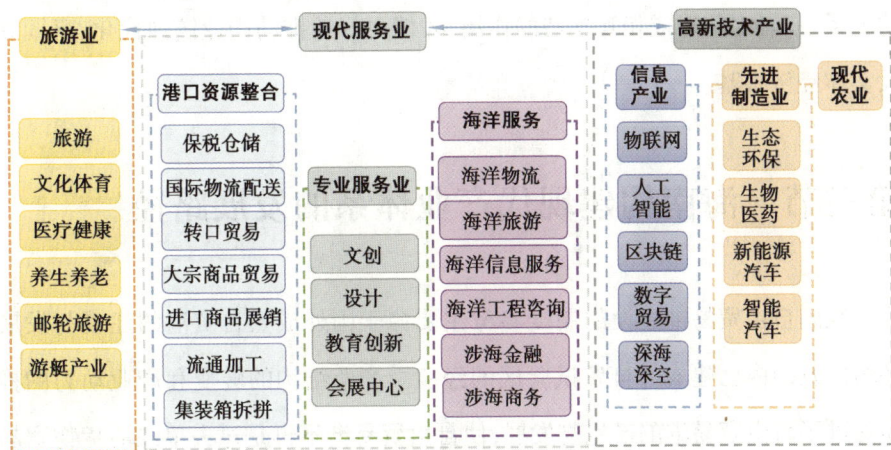

图 10.4　海南省现代产业体系的产业结构与建设目标

从图 10.4 可以看出,旅游业、现代服务业与高新技术产业都不是单一发展的,而应当以产业链或产业集群方式抱团发展。在旅游业方面,除了旅游本身以外,还应当包括文化体育、医疗健康、养生养老、邮轮旅游和游艇产业等产业。

在现代服务业方面,主要包括港口资源整合、专业服务业与海洋服务三大类。其中,港口资源整合是以传统的港口业务为主,包括保税仓储、国际物流配送、转口贸易、大宗商品贸易、进口商品展销、流通加工、集装箱拆拼等产业;专业服务业主要为其他产业提供专业化技能和服务支持,包括文创、设计、教育中心、会展中心等产业;而海洋服务主要以海洋产业的配套服务为主,包括海洋物流、海洋旅游、海洋信息服务、海洋工程咨询、涉海金融、涉海商务等产业。在高新技术产业方面,包括信息产业、先进制造业和现代农业三大类。其中,信息产业为建设数字经济自由贸易区做支撑,通过开展数字经济领域合作,提升高新技术产业的对外影响力,主要包括物联网、人工智能、区块链、数字贸易、深海深空等产业;先进制造业要以研发设计为重点,尤其是利用海南自由贸易港的人才、资本自由流动的优势,强化制造业领域的对外交流与合作,提升海南对区域内价值链管理与服务能力,主要包括生态环保、生物医药、新能源汽车、智能汽车等产业。而事实上,旅游业、现代服务业与高新技术产业之间也具有密不可分的关系,三者之间形成相互支持的作用,才能更好地推动产业链现代化,巩固壮大实体经济根基。

第三节　海南构建现代产业体系的发展路径

我国自由贸易港建设的制度参考主要源于国外成熟自贸港的建设与发展经验以及国内已建成的自贸试验区的经验。产业结构的转变和产业动力的推动促进了自由贸易港的产生与发展,使自由贸易港不再是过去单纯的货物贸易集散地,更多地向着货物贸易、服务贸易与贸易管理相结合的方向发展,因此海南自由贸易港应以制度型开放促进产业合作,以创新引领产学研联动发展,以支柱产业带动产业链升级,构建适用于中国当前经济发展阶段和海南省自身区位资源优势的现代产业体系。

一、以制度型开放促进产业合作

开放是经济全球化的内在要求，也是我国近年来取得经济飞速发展的重要制度保障。只有在开放的制度环境中，生产要素才能合理并自由地流动，也只有在开放的制度环境中，企业间的有效竞争才能得以实现，产业的培育和发展才会成为可能。

习近平总书记 2018 年出席庆祝海南建省办经济特区 30 周年大会并发表重要讲话，指出"新时代，海南要高举改革开放旗帜，创新思路、凝聚力量、突出特色、增创优势，努力成为新时代全面深化改革开放的新标杆，形成更高层次改革开放新格局。"这赋予了海南自由贸易港建设现代产业体系以新的历史使命——向改革要动力，向开放要活力。在一系列国家政策的支持下，海南正在成为中国内地"最高水平的开放政策"的试验田，而海南自由贸易港制度开放，可以有效促进传统旅游业和进出口贸易通过产业合作，形成新型"旅游+"与"贸易+"的产业格局。

旅游业是海南最具优势、前景最广阔、起步较容易的产业，也是最有实力成为海南服务业开放的轴心产业之一。而旅游业不仅仅是单纯地度假与游览，海南应该利用其得天独厚的优势，通过技术与产品市场的开放，引进更多国内外旅游业投资和管理的先进技术，通过各种游乐项目、养生养老、健康医疗、文化体育、游艇邮轮等服务，显著提升旅游业发展档次，为国内外游客提供高质量旅游产品。同时"旅游+"可以有效调动与旅游业相关的其他服务业的发展，例如，同属于 12 个重点产业的会展业，就可以依托旅游业取得长足发展，通过举办博览会、商品采购会、国际论坛等，提高地区服务业经济发展的整体实力，形成产业梯次协调的"旅游+"产业生态。由于海南地处中国最南端，海南自由贸易港还承担着中国对外交流与合作的重任，例如，海南与韩国济州岛都是知名的度假旅游之岛，如果从各自优势出发，在邮轮旅游、文化旅游和国际旅游市场共同营销等方面形成产业合作与优势互补，可以打造出"海南-济州自由旅游综合体"的海岛品牌等。而这些,都需要制度型开放为旅游业与其他服务业融合发展提供制度保障,如更加宽松的出入境政策、更加快捷便利的签证审查程序、更加优惠的离岛免税政策以及更加高端的消费品供给等。

从进出口贸易层面看,海南自由贸易港的进出口贸易模式应当打破进出口贸易和转口贸易的简单模式,整合国内贸易和国际贸易两个市场、两种资源,成为联通国内外的重要贸易枢纽港和要素资源集聚地。这就需要海南自由贸易港通过制度型开放建立高效、便利的监督管理机制,以实现供应链环节供求信息的精准匹配。自由贸易港的建设都依赖于强大的腹地做支撑,以实现港口集成与中转功能。海南自身市场规模有限,岛屿经济特征显著,因而需要从岛外寻找内需市场来支撑。由于自由贸易港主要依赖于地缘因素来选择腹地支撑,例如,新加坡自由贸易港就是地处马六甲海峡,依靠其与东南亚国家的毗邻与其东南亚国家联盟成员国的身份优势,使自由贸易港得以形成和发展;迪拜自由贸易港的形成也与其周围的伊朗等邻近国家被发达国家经济贸易制裁等地缘政治因素有着密切的关联。海南作为中国最南端的建制省,背靠强大的中国市场,这是海南自由贸易港建设的独特区位优势。同时,海南自明朝洪武年间就划拨给广东管辖,直至1988年都是广东省管辖下的海南行政区,因而海南自由贸易港与整个粤港澳大湾区有着同宗同源的文化认同,而粤港澳大湾区作为国内最发达的区域经济体之一,更是海南自由贸易港建设的天然腹地。加之近年来粤港澳大湾区的发展也获得了国家层面诸多政策支持,为两者实现联动发展提供了难得的机遇。因此,海南自由贸易港应当利用当前的政策红利,积极探索进出口贸易方面的制度创新,以货物贸易为基础发展国际国内航运、第三方物流、多式联运,形成较大规模的物流仓储体系,成为我国重要战略物资的储备基地。同时,通过制度型开放,还可以学习世界其他先进港口的多样化贸易业态模式,包括加工贸易、国际金融、跨境电商、离岸投资、离岸贸易等,形成多层次产业结构。在货物贸易和服务贸易的基础上,也可以为海南近年来一直较为薄弱的金融业发展提供机遇与空间,通过金融开放试点、自贸港内金融制度改革创新,形成金融发展服务贸易发展、贸易发展支持金融发展的互动格局。综上所述,负面清单制度完善、进出口贸易管制放松、一线进口货物"零关税"等制度型开放政策,有助于海南自由贸易港形成"贸易+"模式下的特色产业链。

除此以外,2020 年 9 月出台的《海南自由贸易港博鳌乐城国际医疗旅游先行区制度集成创新改革方案》、2020 年 10 月发布的提出了 18 项行动、60 项任务的《海南自由贸易港制度集成创新行动方案(2020—2022 年)》《海南自由贸易港制度集成创新任务清单(2020—2022 年)》,从多层次、多领域对海南省进一步开展"脱胎换骨"式的改革提出了具体方案,将为其构建现代产业体系提供优越的体制机制保障。

二、以创新引领产学研联动发展

创新是现代产业体系形成和发展的重要推动力。面对日益激烈的竞争环境和日趋严峻的资源约束,构建现代产业体系就更应当把集约型创新摆在第一位,通过理念、制度、知识、技术、管理等多维度的创新来寻求产业发展中各种矛盾的化解之道,摆脱我国产业"低端锁定"的困局。这就要求海南在自由贸易港建设过程中,强化产学研合作协同创新机制,通过产品创新、设计创新和服务创新实现可持续发展。尤其是对于海南自由贸易港基础较为薄弱的制造业环节而言,设计创新对于实现创新驱动战略、建设创新型国家具有重要意义。

对于高新技术产业而言,创新动力受各创新主体的影响,包括政府、企业、科研机构等,这些创新主体在促进高新技术产业创新方面都有着自身的优势与不足,只有通过产学研联动实现创新主体之间的良性互动才能有效加强创新信息交流、催生新思想,通过扬长补短实现"善治共赢"。对于海南自由贸易港而言,这种产学研的互动不应当局限于区域和产业限制,跨区域与跨界合作显得更为重要。对于区域间合作而言,高新技术产业的发展要秉持开放性原则,通过建立诸如"南-北跨区域常态化信息沟通机制"实现"候鸟"人才自由流动与技术交流。这不仅能够使先进创新思想与技术得到有效交流与沟通,还能够由点及面形成更大的创新动力,降低环境与政策不确定性带来的创新风险。对于产业间合作而言,海南自由贸易港以服务业为基础,因此推动生产性服务业的发展就需要利用跨界产学研合作,通过政府与企业、企业与企业、企业与科研院所、政府与市场以及所有涉及的高层次人才之间的优势整合,形成风险共担、利益共享的政产学研协作机制。

与此同时,在信息化时代下,服务业的发展也同样需要新技术的支持,通过互联网大数据、物联网、人工智能等技术手段,以产学研联动的方式,探索出具有中国特色的数字化服务业转型道路。在海南自由贸易港高新技术产业发展中,与数字制造密切相关的领域都具有强大的市场需求潜力。同时,得益于众多要素集聚,海南自由贸易港产业有望得到更快速的发展。

以海南金盛达建材家具商城为例,其通过高端科技集约经营的方式,积极打造家居建材绿色生态园区,引领海南家居建材走向节能、绿色环保。而海南金盛达建材家具商城在建设初期,政府的支持是重要的助力之一,配合企业自身独立的市场主体身份,以市场需求为导向,通过完善内部机制,探索产学研合作,整合科研、商业、管理等各方面的创新资源,激发创新活力,提升研发和经营的能力,取得了较好的发展成果。

三、以支柱产业带动产业链升级

支柱产业是指在地区经济中占有重要战略地位的产业,其产业规模通常也占有较大份额,并起着支撑、引领和主导的作用。支柱产业发展和壮大的"原动力"是市场,但政府的宏观调控和产业政策支持具有重要作用,通过调节和引导弥补市场失灵,促进支柱产业不断形成规模、优化结构。对于海南自由贸易港而言,过去其产业结构单一,产业发展不均衡,市场机制不够健全,因而政府需要通过产业政策规范引导支柱产业发展,并以此扩大和改善投融资格局,促进整个产业链的协同发展。

　　在全面推进重点产业不断发展的过程中，还必须意识到海南产业发展规划中的 12 个重点产业基础差异较大，所处的发展阶段、发展规律、增长潜力以及市场规模等都不尽相同，因而在这些重点产业中还必须强化支柱产业、主导产业以及特色产业的差异化发展，将当前经济发展阶段下的主导产业放在核心位置，以主导产业带动其他相关产业链条的整体升级。表 10.8 列举了 2019 年地区生产总值超过万亿元的城市，以及其支柱产业或主导产业的名录，可以为海南省各地级市不同产业寻求发展阶段相同的对标城市以及依赖自身比较优势形成差异化发展提供借鉴。

表 10.8　2019 年地区生产总值超过万亿元的城市及其支柱产业或主导产业分布

排名	城市	GDP/万亿	支柱产业或主导产业
1	上海	38 155	信息、金融、商贸、汽车、成套设备、房地产
2	北京	35 371	电子信息、汽车、石化、装备制造、医药产业和都市型工业
3	深圳	26 927	文化创意、高新技术、现代物流、金融
4	广州	23 629	汽车、石化、电子信息制造、新一代信息技术、人工智能、生物医药
5	重庆	23 606	汽车摩托、装备制造、天然气石油化工、材料工业、电子信息、能源工业和轻纺劳动密集型产业
6	苏州	19 300	电子信息、装备制造、轻工、纺织、冶金和化工
7	成都	17 013	电子信息、汽车制造、食品饮料、装备制造、生物医药
8	武汉	16 223	钢铁、光电、石化、汽车、商贸、交通运输、旅游、住宅
9	杭州	15 373	文化创意、旅游休闲、金融服务、先进装备制造
10	天津	14 104	航空航天、石油化工、装备制造、电子信息、生物医药、新能源、新材料、国防科技和轻工纺织
11	南京	14 030	电子、石化、汽车、钢铁
12	宁波	11 985	电、汽、水生产和供应，电气机械及器材制造，石油加工及炼焦，服装及其他纤维制品制造，普通机械制造和烟草加工

续表

排名	城市	GDP/万亿	支柱产业或主导产业
13	无锡	11 852	机械装备、高档纺织、电子信息、新材料、新能源和生物医药
14	青岛	11 741	家电电子、石化化工、纺织服装、食品饮料、机械钢铁、汽车机车、船舶海洋工程
15	郑州	11 590	电子信息、汽车及装备制造、生物及医药、新材料、铝及铝精深加工、现代食品制造、品牌服装及家具制造
16	长沙	11 574	工程机械、汽车及零部件、家电、电子信息、新材料、中成药及生物医药
17	佛山	10 751	家电、电子信息、机械装备、金属材料加工和制品、现代陶瓷

支柱产业的发展如果不能起到支撑和引领经济增长的作用,将导致社会资源的错配并进一步对产业规划和宏观政策的导向价值产生负面影响。而从海南省的资源禀赋与产业发展历程来看,旅游业、热带特色高效农业、海洋产业(包括油气产业)以及医疗健康产业应当成为海南最为核心的支柱产业。其中,热带特色高效农业和海洋产业(包括油气产业)对于自然资源的依赖程度较大,旅游业和医疗健康产业则隶属于现代服务业,对人力资本要求较高。上述4个产业都恰好可以成为海南依据自身比较优势进行差异化发展的经济增长点。

在发展旅游业和医疗健康的过程中,应当坚持绿色发展目标,通过博鳌乐城国际医疗旅游先行区、邮轮旅游试验区等产业集聚与整合试验区的不断建设,推动旅游业与医疗健康产业、养老产业、文体教育产业的深度融合,以旅游新业态新模式,带动产业链优化升级。

在发展热带特色高效农业和海洋产业(包括油气产业)的过程中,要充分发挥海南省气候条件与海洋港口优势:一是要做强做优热带特色高效农业,并进一步将农业发展与乡村振兴战略相结合,在打造国家热带现代农业基地的同时，通过打造具有热带特色的小镇经济，发展乡村旅游；二是要在现有的港口管理体制基础上，进一步整合港口资源，通过拓展航运服务产业链和创新管理机制，形成保税仓储、进口商品展销、转口贸易、国际物流配送、流通加工、大宗商品贸易、集装箱拆拼箱等业务发展的动力，对标世界上成熟的自贸港先进的体制机制建设方案，积极打造国际航运枢纽；三是要不断完善海洋服务基础设施，通过引进与创新高新技术和先进管理理念，构建具有国际竞争力的海洋服务体系，并基于此形成我国文化对外输出的重要窗口，拓展海洋工程咨询、海洋旅游、海洋信息服务、涉海金融、涉海商务等业务。海南自由贸易港在产业政策支持下，遵循《海南省旅游发展总体规划（2017—2030）》《海南省健康产业发展规划（2019—2025 年）》等，通过支持旅游业、现代服务业、海洋产业、新型农业和高新技术产业等支柱产业发展，充分发挥重点龙头企业的引领、带动和辐射作用，对相关产业链上其他企业的发展形成有力支撑。

11

减税让利：
自贸港的税收政策

自贸港的建设离不开优惠的税收政策。税收优惠政策是调节经济增长、促进社会发展的重要手段,然而,税收优惠是把双刃剑,它既可以吸引投资,促进经济增长,也可能成为纳税人逃税、避税的保护伞。因此,完善的税收制度对于建设海南自由贸易港是极为必要的。

第一节 税收制度对海南自由贸易港发展的重要作用

海南自由贸易港的建设是促进我国新时代构建更高水平开放型经济新体制的重要举措。海南自由贸易港的开放不仅仅是一个港口,更是一个全岛的概念,是我国开放新高地。它不仅包括货物交易,而且还涉及服务贸易、资金融通、数据流动、人员往来等方面;不仅发展商贸,还促进我国制造业的发展。税收体系是自贸港政策体制的一个重要组成部分,也是其核心内容之一。从税收体系的各组成部分看,在货物交易方面,海南自由贸易港逐步实行"零关税"政策,促进商品进口的同时,也带动国内相关行业的竞争;在服务贸易方面,实行"既准入又准营"的方式,促进贸易投资的自由化和方便性;在市场准入方面,实行承诺即入制,不禁止就准入,降低准入门槛,创造更加便利的营商环境,促进经济朝更开放的方向发展。

一、促进贸易投资自由化便利化

自由是自贸港最明显的特征,包括投资方便自由、贸易服务自由、资金流动自由、人员出入自由、交通运输自由、数据流动自由等。海南自由贸易港也正在努力实现这"六大自由"的目标。《总体方案》提出以贸易投资自由化为中心来建设海南自由贸易港,实行具有国际竞争力的税制。税收体制是自贸港建设和发展的重要保障,其他制度政策则需要税收优惠政策来保驾护航。

(一)贸易自由化

首先,实行"零关税"货物贸易自由化政策。在全岛封闭运营前,部分进口商品对关税实行免征;全岛封关开工后,简化了合并税制度,不断加强货物贸易自由化,对征收目录外的商品进口税,为货物交易提供了更多方便的政策措施,保证税收制度稳步推进,岛内实行"一线放开、二线管住、岛内自由"的货物进出口管理体系。

"一线"设在自贸港与其他国家或地区之间,是我们国家经济开放前沿的大门,实行开放的同时更要确保安全,提高监管的水平,加强各方面的安全事务管理,特别是公共卫生、食品安全等。"一线"从4个方面实行开放政策,一是明确哪些物品被禁止或限制进出口。在遵守与各国际组织签订的协议前提下,制定进出口限制清单,海关负责对物品进行监督检查,通过检查的货物可以在海南自由贸易港进出。二是明确征税的对象。制定海南自由贸易港允许进口商品征税目录,对该目录之外的物品不再征收关税。三是实行对转运货物的税收优惠政策。例如,对联运提单支付的转运货物,不征收进口税、免检验等,全力促进货物交易的自由便利。四是对海南自由贸易港离境的货物及商品,按出口政策进行管理。尽最大努力开放"一线",促进商品贸易的自由便利,建设国际高标准贸易窗口,营造良好的商业环境,积极推进自贸港的建设。

"二线"设在内地和自贸港之间,是连接内地和自贸港之间的纽带,要积极发挥纽带作用,以方便内地和海南自由贸易港的经济交往。"二线控制"主要从以下几个方面进行管控:一是支持鼓励类产业的发展,对鼓励类产业企业生产的不含进口料件,或包括进口料件的货物但同时在海南自由贸易港加工增值超过30%(含)的货物从"二线"进入内地,不再征收进口关税。二是对从内地进入自贸港的货物、物品和运输工具等,按照国内流通条例进行管理。三是对从自贸港进入内地的货物,原则上按照进口规定办理有关手续,并按章征收关税、进口环节税等。四是对经自贸港入境的行邮货物,按照规定监督管理,并按章征收税。我国拥有世界上最大的消费市场,因此海南自由贸易港不仅要对外开放,还要对内部开放,让国内强大的消费力量带动海南自由贸易港经济的发展。抓住国内市场的同时也要不断发展国际市场,使海南成为一个最开放的地区。

为保障岛内的自由，采取的主要措施：一是让岛内的企业充分地自由发展。海关按照相关规定要低限度干涉企业、高效率监管企业，充分地给予企业经营的自由。二是对中转货物的自由。货物从境外进入港口，在自贸港内更换包装、分拣集拼，然后运往他国（地区），最大限度地简化其海关的办理程序。三是储存在海南自由贸易港的货物，可以任意选择储存时间和地点，不设存储期限。四是给"零关税"的货物最大自由，免于海关的惯常监督管理。关于"零关税"的货物将在后面详细说明。

除了实行"一线放开，二线管住，岛内自由"货物的进出口管理，海南自由贸易港也采取其他税收手段，以促进自由贸易的方便化。例如，对部分进口商品、货物实施"零关税"政策，免征进口税、增值税和消费税等。一方面，除国家明确规定的不免税、禁止进口商品外，对企业自己经营的生产活动进口的商品，实行"零关税"负面管理；另一方面，对海南岛内的船只、游艇等经营交通工具的进口，岛内居民的消费和自用进口产品，实行"零关税"的正面清单管理。当然，清单中的内容，相关部门将根据实际的海南发展需求和监管条件对其进行动态调整。

服务贸易自由化是海南自由贸易港贸易自由化的重要组成部分。建立高标准服务贸易自由化制度体系事关打造全球最高水平开放形态自贸港建设大局。对服务贸易自由化，海南自由贸易港实行"既准入又准营"的政策安排。那么，什么叫作"既准入又准营"呢？它的意思是，外商不仅可以来到海南自由贸易港，而且还可以在这里开展相关业务。举个例子，一家国外服务提供商到海南进行投资，在他进入海南时享有国民待遇，即可按照投资准入原则直接投资，设立机构，甚至到海南本地为消费者服务。只要获得批准，投资机构就不必经过各种许可，也无须任何前提条件。当然，内地投资者，包括国有企业、民资企业，都可到海南进行投资，享受国民一视同仁待遇。"既准入又准营"是为了充分开放市场，吸引更多投资者来海南进行投资，是高水平服务贸易自由方面的一个重要表现。同时,随着数字技术的发展,企业服务贸易不断增多,海南自由贸易港实行了跨境服务交易负面清单,符合企业多样化的服务交易需求。

海南自由贸易港将以运输往来自由便利促进贸易自由便利。交通运输在海南自由贸易港建设中起着重要作用。贸易的自由便利离不开交通运输的自由便利,海南交通部门一方面积极加强了海南的交通基础设施建设,全面推进了万宁洋浦高速公路、文昌—琼海高铁、美兰国际机场综合客运枢纽等重要交通工程的建设;支持海南进出口航道建设,实现琼州海峡两岸航空资源的综合利用,促进海南岛港航运输自由便利。并对海南自由贸易港进口的交通工具和游艇实行"零关税"的政策。另一方面全力建设自由便利运输系统,在琼州海峡建立"定码头""定船舶"和"定班期"的客滚运输班轮化经营模式;支持国际邮船运输公司在法律允许范围内开发扩展涉及海南邮船港口的国际运输线路。运输线路开通,必然要涉及航运相关的税收优惠政策,《总体方案》中明确规定了在航运领域发展的税收优惠政策,例如:①中转港是洋浦港,经营内外贸易同船的境内舰艇,允许在本航次增加保税油。②加注本次航班所需燃料油,实行出口退税政策。③在国内建造的船只,经"中国洋浦港"注册并从事国际交通,视同出口并给付退税。既高效又可行的海南自由贸易港交通运输税收优惠政策,将成为海南自由贸易港交通系统建设的助推器,从而推进贸易自由的便利化。此外,在金融服务方面,海南自由贸易港还积极提供了方便船舶及飞机的融资服务,取消了对船舶及飞机的境外融资限制;健全了海南自由贸易港和内地之间便于运输和通关相关的设备。

（二）投资便利化

自贸港实行"非禁即入"的投资自由政策。为促进市场投资的自由便利,海南自由贸易港进一步放松了对市场的准入要求,吸引了各行各业投资者参与海南自由贸易港的建设工作。海南岛的"承诺即入制"迈出了投资便利化的重要一步,即全面实施"信用承诺制"。市场投资经营者依法履行其信用承诺的内容和要求,可以自由方便地在自贸港进行投资运营活动。同时,海南自由贸易港简化了审批制度，不断创新和完善投资自由方式，积极推行企业在经营、管理和破产等环节实行便利政策的建立。此外，自贸港继续加强产权保护，公平竞争，积极打造良好的商业环境，促进投资自由的便利化。

以资金的自由方便促进了投资的自由。资金的进出自由方便是自贸港的一个重要特点，也是促进贸易投资自由化的一个重要手段。海南博鳌国际医疗服务先行区率先实施资金流动自由化政策，推动医疗、药物和医疗设备跨境交易的结算便利化；同时成立金融服务中心，协调有关行业的主管部门，为入驻企业及项目提供跨界资金流动服务。这一政策的推行，将有助于中国与世界人民一起抗击新冠肺炎疫情，这是海南岛危中找到的"机会"。积极推进医疗建设，从而使海南岛成为一个卫生岛、健康岛。以国内现有的本外币账户和自由贸易账户为基础，建立多功能的自由贸易账户系统。深入促进跨境货物交易、服务贸易及新型国际交易结算便利化。

以低税率促进投资经营。"双十五"所得税率——企业的所得税率为15%，个人的所得税率最高为15%——引起了个人和企业的极大关注。所得税率大大降低，不仅减少了企业成本，而且提高了个体收益率，为广大纳税人带来"真金白银"的实惠。这将吸引更多企业投资商投资海南自由贸易港，吸引更多高端紧缺人才为自贸港的建设贡献智慧和力量。

二、促进产业转型

海南自由贸易港的设立是新时代我国对外开放的标志性事件，同时也是我国改革开放的延展和深化，向世界各国展示了我们不断扩大开放和深化改革的决心。海南自由贸易港与迪拜、鹿特丹、中国香港和新加坡等自由港相比，有许多相同之处，如实施"零关税"政策促进商品贸易投资的自由化，低税率降低企业成本等，但没有复制和照抄，而是走出了一条中国特色社会主义之路，建设中国的自由贸易港。[①] 旅游、现代服务、高新技术等行业是海南岛重点发展产业，也是中国现代产业体系中的一个重要组成部分。

海南自由贸易港的旅游发展，不能以环境污染为代价，要坚持以绿水青山为发展理念，优先考虑生态保护，坚持以绿色为主的发展理念。在发展过程中，加强行业融合，深入发展旅游、文化运动和健康医疗，培育新的旅游业态模式。博鳌国际医疗旅游先行区作为发展旅游业的重点地区，要提高发展水平，积极发展新的旅游项目，建设文化旅游高质量产业园区。高新技术产业发展，应重点开发平台载体，加强物联网、人工智能、区块链和数字贸易等信息行业的发展，不断提高产业能力建设智慧贸易港。而现代服务行业包含的种类繁多，包括全球供应链服务，如国际物流配送、保税储存、转口贸易和大宗商品交易等。此外还包括国际理工医学类教育，区域性国际展览中心等专业服务，以及海洋物流、海洋旅游、海洋信息服务等海洋类产业。

《总体规划》中，海南自由贸易港企业所得税率为15%，略低于新加坡及我国香港的自贸港税率。2025年以前，海南自由贸易港的旅游、现代服务、高科技产业等企业所获得的境外新增直接投资所得，不需缴纳企业所得税。此外，旅游、现代服务业和高新技术等行业属于鼓励性产业，"一线放开，二线管住"的货物进出境管理体系，有利于鼓励这些产业的发展，使其优先享受税收优惠政策，从而优先发展。这些政策鼓励海南自由贸易港大力发展现代产业，对高新技术产业和现代服务行业的发展以及促进由传统行业向鼓励类高新技术行业的转型起到了非常重要的作用。通过减税措施，可以减轻当地企业和居民消费负担，用真金白银鼓励各家企业开发旅游、现代服务业和高新科技产业，促进自贸港产业的转型升级，为海南经济发展提供动力。同时，能够增加对优秀产业资源和高级人才的吸引，提高地方经济发展的水平。为防止空壳企业大量转移利润，偷税漏税，《总体方案》规定，所有获得以上优惠政策的企业，必须实质上在

---

① 于文雅，王金荣.国际自贸区与我国自贸区的税收政策比较[J].中国集体经济，2019(32):98-99.

海南进行经营。

海南岛气候宜人，景色秀丽，适合于发展高质量服务行业，如旅游、医疗养生和娱乐，从而吸引大量的海内外人才到这里就业和生活。为促进海南自由贸易港的旅游业建设，新税收优惠政策对游客的离岛免税消费进行了大幅放宽。每个人的免税金额由每年 3 万元增加至 10 万元，免税产品的种类扩大，而且消费次数不限。海南离岛免税政策的调整，使免税销售量增长速度达 20%，政策调整的效果非常显著。

自 2011 年海南自由贸易港实行离岛免税政策以来，商品销售量迅猛增加，旅游业成为海南自由贸易港 2010 年实行国际旅游岛战略以来增长速度最快的行业之一。2018 年，海南自由贸易港离岛商品免税店年销售额为 101 亿元，增长了 26%，购物消费人数累计达 288 万人，增长了 20%；2019 年，海南自由贸易港的离岛销售额为 136 亿元，增长了 35%，购物人数为 384 万人，增长了 34%。离岛免税政策的推行，不仅促进了海南旅游收入增长和持续发展，而且对海南旅游业的转型和升级产生了明显的政策影响。2011 年，海南岛的购物旅客人数占当年全国旅客总量的1.66%，免税销售收入占当年全国旅游总收入的 3.29%；2019 年，这两种比例分别为 4.63% 和 12.87%。这些资料充分证明，游客对离岛免税的参与度越来越高，旅游购物消费收入在全省的比例正在稳步上升。离岛免税政策极大刺激了消费者购买欲望，提高了海南岛的旅游知名度，使海南成为国内外游客的旅行打卡胜地。真正的实惠和获得感使海南自由贸易港成为一座覆盖整个岛屿的免关税超市，规模比香港的"中英街"大得多。这些税收政策推动了海南岛国际旅游消费中心的建设，也为海南岛带来了经济增长。

为促进船舶运输业的发展，在全岛封关前实施出口退税政策。这些政策包括：①对将中国洋浦港作为船舶出口门户，在境内建造并从事国际交通业务的船只，视同出口并给予退税。②对以中国洋浦港作为中转港的境内船只，允许加注该航次需要的保税油、本航班所需燃料油，并实行出口退税政策。③对满足条件且经洋浦港中转出境的集装箱货物，试行启运港退税政策。此外，还有一些税收优惠政策,如允许给在海南出岛的航班加注保税油;对举办中国国际消费品展览会、全球国家级展馆的境外展品,在展期间的进口、销售不再征税等,这将促动相关产业行域的发展。

在全岛封关之后,不仅税制简化,而且按照低税率、轻税负的自贸港税制建设原则,要停征增值税,改为销售税。也就是说,之前分布在岛内外多地区、多环节实现的增值税收入将改为在岛内销售环节一次性实现,同时岛内生产批发向岛外销售的货物、服务以岛内实现的增值税收入也将不复存在。因此,岛内经济将主要靠消费拉动,生产和批发将不再是海南发展的主要产业,对海南税收收入增长也不再那么重要。但有一种情况除外,那就是能产生大量利润的生产和批发业,他们能为当地贡献企业所得税收入。现代服务、旅游、高新技术等产业是海南岛现代工业体系中的主要组成部分,旅游业是销售税贡献的重要主体,高新技术产业是出口企业所得税的主要贡献者,现代服务业做强,既可在岛内服务,也可吸引外资投入。

三、规范市场秩序,优化商业环境

营商环境主要指一个国家或地区,在企业开办、经营、贸易活动、纳税等环节所需的时间和成本等。优化商业环境的中心目的是降低商业交易费用。良好的经营环境,是海南自由贸易港高标准建设的内涵,是吸引投资者进行海南岛投资建设的基本条件,更是打造更高级别的开放型经济的迫切要求。好的营商环境,不仅是国家或地区的经济软实力的一个重要表现,也是我国高标准对外开放应达到的必然要求。良好的营商环境是生产力,是市场的竞争力、创新力和发展能力的重要保障。

在创造一流的营商环境中,市场环境十分重要,良好的市场秩序有利于营商环境的优化。自海南建立自贸港以来,营商环境一直在不断优化,但市场环境的建设还存在着一些问题。例如,企业的税费成本比较高,企业的老管理人员在退休后无法充分享受社保的高标准;企业招聘困难,培养费用高,留住高端人才困难；海南的生活费用高，但是工资较低；市场环境限制企业的发展，海南与国内第一线城市的商业配套相比，还有很大的差距；产业基础较弱，而且产业结构比较单一，导致岛内企业生产、经营、物流费用和能源价格高于国内平均水平。①《总体规划》提出的新税收体制将规范市场秩序，解决此类有关问题，优化经营环境。

习近平总书记对海南自由贸易港的营商环境建设提出了明确的要求，到2025 年时营商环境总体达到国内一流水平；2035 年营商环境更加优化。良好的经营环境使生产要素可以自由流动，使市场主体更加快速地发展壮大。一流的营商环境，可以促进人才、资金、物品和信息等要素的汇聚，让投资者感受到政策最优、成本最低、服务最好和办事速度最快的经营环境。《总体方案》所规定的两项 15% 的所得税率，降低了企业和个人成本，对吸引主体投资具有很强的竞争力。15% 企业所得税和个人所得税的最高征收率为 15%，具有很强的竞争优势。在国际上，只有 20 多个国家和地区企业的所得税不到 15%，而且经济的体量并不大。对高端人才和紧缺型人才实行最高 15% 的所得税政策，大大增强了海南自由贸易港的人才吸引力，将有效解决自贸港建设中的人才短板问题，进而加速自贸港的建设；15% 的企业所得税将有效解决企业税费成本相对偏高的问题，进而优化营商环境。

《总体方案》所提出的市场准入承诺制，大幅放宽了市场的准入门槛，降低了企业交易费用。在交通领域，海南岛在《总体方案》的基础上，将市场准入承诺制发展到"信用承诺制"，加强了制度的创新，简化了交通运输业市场主体申请市场准入的手续，有效降低了制度性的交易费用，激发了市场活力，促进了市场主体的依法诚信经营，优化了市场的商业环境。② 极简批准、证照分离、推进政府功能转换等任务，改革税制度，降低间接征收比例，既是减少市场主

---

① 蔡萌.让营商环境成为核心竞争力——海南自贸港：加码提速"优"无止境[J].今日海南,2020(8)：5-8.

② 李耕坤.海南自贸港诚信化营商环境构建路径研究[J].新东方,2020(4)：7-12.

体制度性交易成本的一项优惠政策,也是对营商环境进行优化的一项有力举措。为了避免类似"霍尔果斯空壳企业逃避税收"的情形,税收监督管理部门应按照实质经济活动的所在地和价值创造原则,对纳税行为做出评估和预警,制定简单易行的判断标准,强化对偷税漏税行为的识别,强调企业必须在海南自由贸易港登记并实质经营,助推海南自由贸易港健康可持续发展。不断完善税收制度,不断加强法治建设,从而规范海南自由贸易港的市场秩序,优化营商环境。

一流的企业营商管理环境体系建设主要涉及4个主要层次:真正公平竞争的企业市场经济环境,高效廉洁的地方政府管理环境,公正透明的企业法律法规政策执行环境,开放的社会人文环境。需要指出的是,市场在我国资源配置中起着决定性的作用,政府应更好发挥其作用。因此,要持续深化"放管服"改革,加快建立一流的营商环境。但是,改革开放40多年来的事实告诉我们,中国特色的市场经济并不能完全排除政府的主导作用,特别是在灾难、危机和经济困境中,政府主导常常是不可缺少的。海南自由贸易港的建设,存在中国特色的市场经济。只要市场经济存在,营商环境就必定存在。计划和市场就像车的两轮、鸟的双翼,海南自由贸易港建立一流的营商环境,要想跑得更快、更远,计划与市场两个都不可少。此外,海南30多年办经济特区的实践证明,国家对优惠政策的给予固然很重要,但如果不进行制度创新,这些政策就会大打折扣,因此创新税制可以规范市场秩序,优化商业环境。

我们可以清晰地看到海南自由贸易港的发展引起越来越多的国内外游客和企业家的关注。正如很多人所说:现在的海南就是之前的上海和深圳,这么好的机遇一定要抓住。2019年,海南省的外商直接投资达15.1亿美元,比2018年增加了106.2%。2020年,新冠肺炎疫情席卷世界各地,导致国家经济衰退,但2020年1—8月,海南市场新增主体仍大幅上升,全省新增市场主体16.26万户,企业增长速度居全国首位;海南离岛免税经济发展明显。2020年7月1日—8月31日,海南离岛购物额55.8亿元,购物人数83.2万,购物量612.2千件,同比增长221.9%、54.8%、147.3%。2020年10月13日,海南自由贸易港首批重点工程集中签订合同活动在海南国际展览中心举办。签约共有46个重点工程,包括9个外资工程和37个内资工程,涵盖了自贸港的建设、产业开发、民生公共服务等领域。其中,海南省政府与中国五矿集团签订战略合作协定。同时,特斯拉等一批重点外资企业成功落户海南。这些事实说明了海南自由贸易港的营商环境越来越好,越来越充满吸引力,未来的发展潜力无穷。

营商环境需要不断优化,没有最好,只有更好。正如习近平总书记在博鳌亚洲论坛2018年年会开幕式主旨演讲中的比喻:"投资环境就像空气,空气清新才能吸引更多外资。"这释放了进一步扩大开放的强烈信号,生动阐释了优化投资环境吸引外资的重要作用。如果自贸港确实能够实现公平统一的竞争环境,提升服务水平,更多外资企业将会主动融入当地建设。

四、发展更高层次的开放型经济

税收是影响企业经营和宏观经济运行的重要因素,这已在大量理论和实证研究中得到证实。① 建设高层次的开放型经济首先要厘清税收政策与经济开放程度之间的相关性。我国改革开放40多年的经验告诉我们,经济全球化的趋势是不可扭转的,只有发展更高层次的开放型经济,才能顺势而上。新冠肺炎疫情对全球的经济发展造成了冲击,但这并没有阻止我国对外开放。中国市场的门只会越开越大,吸引更多外商的投资,逐步建立起全方位的、宽区域、多层次的开放经济系统。开放经济的发展是社会主义市场经济客观发展的一个重要需求。事实证明,中国的开放带来了经济发展。顺应世界和我国发展的大势,开放的脚步不能停,必须进一步扩大对外开放,充分利用国际资源,促进我国经济向高质量阶段发展。

海南自由贸易港建设是我国对外开放发展的重要举措,将以更高程度的开

---

① 甘行琼,靳毓.税收不确定性研究进展[J].经济学动态,2020(6):123-135.

放形式向全球界证明,我国坚持开放对外、全力推进经济全球化的决心。海南自由贸易港的贸易体系以负面清单和不设限制为主,投资政策以自由、方便和高效为主,促进我国向更高级别的开放型经济发展。

为履行好海南自由贸易港在开放经济建设过程中的重任,海南自由贸易港积极调整了涉外税收政策。第一,优化进口关税的结构,对鼓励进口物品实行"零关税"政策。关税是建设开放经济中最直接涉及的税种之一,优惠的进口关税政策,促进海南自由贸易港"引进来"目标得到更好的实现。国外优秀资源被引入岛内,积极推进了海南自由贸易港建设工作。海南自由贸易港不同于我国的其他自贸区,它是全岛开放的,不仅企业生产所使用的设备和原辅料可以免缴进口关税,就连岛内居民满足生活需要所使用的商品、运输工具、消费品也可以免缴进口关税。这是更宽领域的对外开放,从多角度扩大进口。第二,优化贸易税收政策,深层次对外开放。为有效鼓励旅游、现代服务、高新技术产业的发展,对岛上依法进口运用于海上旅游的进口船只、航空器等运营交通工具和水上游艇,免征进口关税;将在中国洋浦港口区注册并依法从事海外交通运输管理工作的进口船只视为出口,允许给予出口退税。此外,优惠的所得税政策,加快了企业对琼投资,吸引了高新紧缺人才投身海南建设;简并税制,取消增值税,在商品销售环节征收消费税。用优惠的税收政策,吸引投资、引进人才、促进贸易,从而有利于自贸港向更高层次的开放型经济发展。

海南自由贸易港仍然处于前期开发阶段,《总体方案》详细描绘了自贸港发展的总体蓝图,主要包括 3 个方面的扩大开放。第一,加大金融对外开放。完善金融体系,支持开展国际贸易能源、航运、产权股票等交易所的建设;创新开发多种行业融资通道,减少外资企业使用资本金的约束,加快结算中心的建设,简化结算程序。金融业的发展,在自贸港建设中起着不可替代的作用,税收促进了金融业对外开放,从而推动了海南自由贸易港向更高级别的开放型经济发展。第二,加大对外航海运输业开放。积极推进西部陆海新航线国际航运枢纽、中国洋浦港船籍港的建设;在对等的基础上,推动实现了双方对承运人的第三和第四航权开放，扩大包括第五航权在内的海南自由贸易港建设所需的航权，支持海南开放第七个航权；创新的航运管理制度和海员管理体系，优化了航空线路，促进了交通业对外开放，为发展高层次的开放经济奠定了坚实的基础。第三，深化通信资源开放工作。开放增值电信业，取消对外资的股比限制；若注册地及服务设施均在海南自由贸易港，企业不仅可在自贸港开展营运，还可在国际上开展数据处理及交易等业务，实现资料的充分集聚。开放型经济的建设与政策制度的制定有着密不可分的关系。要想发展更高层次的开放型经济，需要不断优化制度设计，特别是税收制度，要在风险可控的前提下，制定更多的税收优惠政策。

第二节 海南自由贸易港税收政策体系的制度设计

从四大自贸港建设经验上看，税收制度越简单，税率越低，就越能吸引要素和市场主体进入。这些自贸港在税收制度方面有许多共同之处。一是零关税，除少数特殊商品之外，对绝大部分货物与服务在进口环节都不征收关税。二是低税率，各自贸港的税率都明显低于普通正常水平。三是简税制，为吸引要素进入市场的主体，各自贸港采用了极简税收体制，尽量降低交易费用。[①] 因此，海南自由贸易港的税制设计是在参照其他国家自贸港的税制基础上，结合我国的发展实践，以"零关税、低税率、简税制、强法治、分阶段"为设计原则，逐步确立的与高水平自贸港相匹配的税制。

一、高水平自贸港的税收设计原则

设计税收制度时，首先要明白我国要建设什么样的自贸港，国家对海南自

---

① 王春雷,杨晓萌,金哲.海南自贸试验区(自贸港)税收政策与制度安排的思考[J].南海学刊,2019,5(3):42-52.

由贸易港的定位是什么。显然,我国要把海南自由贸易港建设成为一个具有更强国际影响力的、高技术水平的、自由开放的贸易港,且必然是目前世界上最高水准的自由开放形态。这就必然要求它的相关税收管理体系更简单,税率也更低。海南自由贸易港税收体系设计的基本原则是:"零关税、低税率、简税制、强法治和分阶段"。可以从以下内容加以理解。

"零关税"是所有自贸港的基本特征,也是所有自贸港的标准设置。海南自由贸易港将分两步实施"零关税"政策。第一步,在全岛开放前对部分商品实行免征进口税,进口环节增值税和消费税。包括用于企业生产的设备、原辅料,岛内居民的消费产品和交通工具等,此时对它们采用正面清单管理。第二步,在全岛封关运作后,简并税制,除极少数进口产品外,海南自由贸易港的大多数进口商品都可以直接免征商品进口关税,实施负面清单管理。由正面清单转向负面清单,"零关税"覆盖范围十分广泛,惠及的企业、行业越来越多,大大降低了企业的生产成本。例如,企业进口游乐设施至少可以节省13%的费用,也就是说本来要花100万元才能购买到的东西,实施零关税政策后,只需87万元,可以节省13万元;购买游艇可以节省更多的成本,100万元的游艇,海南进口只需62万元,可以省去38%的关税费用;海南本地居民也可以享受免税服务,他们可以按照免税清单,购买生活消费品。免税政策惠及企业和普通民众,吸引了外来投资,刺激了居民消费,大大提升了海南岛的知名度和吸引力。

此外,原产地规则在国际贸易中起着重要作用,海南自由贸易港在特殊地区——洋浦保税港中率先实现了这一规则。原产地规则的主要内容是:物品生产原料中含有进口成分,若能在洋浦保税港等特别地区增长超过30%,则生产的成品在内地进行销售时免缴关税。例如,进口全头牛或半头牛的一般进口关税是70%,最惠国则是25%。如果洋浦保税港进口了整头牛或半头牛,再通过增加30%的价值进入内地,那么这些牛肉就省下了70%或25%的关税。企业省去大量关税,消费者以更低的价格购买牛肉,即现在消费者花30元可以买到以前价值100元的牛肉,这将大大刺激人们对牛肉的消费。当然,牛肉等只是其中一个例子，还有更多的商品在海南自由贸易港享受原产地规则。

"低税率"也是自贸港的标配，税率越低对投资者的吸引力越大。企业投资和高新人才是建设海南自由贸易港的主体部分，如何吸引跨国公司和高端新型人才齐聚海南呢？低税率是最简单有效的方法。海南自由贸易港的所得税税率以"两个15%"在国际竞争中取得竞争优势。

从企业所得税税率角度来看，海南自由贸易港的企业所得税率一般是15%。但是，这个"15%"的政策实施仍然需要大致分两步：第一步，在2020—2025年，只有在海南自由贸易港内和具有实质性生产经营的以国家鼓励支持的产业为主营业务的企业，可以合法获得企业所得税率15%的优惠政策；第二步，在2026—2035年，所有注册地在海南自由贸易港且发生实质性生产经营的企业（除负面税收清单外），其企业所得额的税率为15%，不再强调必须是鼓励类产业。① 也就是说，到2035年除了负面影响清单中所列的行业外，海南自由贸易港口发生的所有实质性经营的企业都可享受到15%的企业所得税税率。就现阶段而言，我国内陆企业的企业所得税率是25%。海南所施行的15%所得税率不但低于我国的标准税率，也远低于G20国家的标准税率，这对于海外投资具有强大吸引力。

对旅游、现代服务业和高新技术产业这三大鼓励类产业实行更多税收优惠，即对其2025年以前新增的境外直接投资收入，不再征收企业所得税。对企业资本支出符合要求的，允许扣除或在支出当期的一次性税收前加速折旧或摊销。② 这意味着一方面，通过购进设备降低了企业当期的所得税负担，给予鼓励类企业在海南自由贸易港投资所得税收优惠；另一方面，海南自由贸易港的企业进行海外投资适用原产地规则，直接投资所得不需要适用抵免法，可以直接免税。

从个人所得税角度来分析。高端紧缺人才的个人所得税政策提升了海南

① 李旭红.海南自贸港税收制度建设的鲜明特色[J].新理财(公司理财版),2020(8):40-41.
② 程光军.海南自由贸易港三大税收优惠政策解读[J].税收征纳,2020(10):42-44.

自由贸易港的人才储备能力。2020—2025 年,这一时期更加注重对高新人才和短缺人才的引进。对这类人才的个人所得超过 15% 的部分,不再征税。2025—2035 年,这个时期更多地关注吸引普通高知人才,吸引更多的人来海南定居,采取普惠式减税政策。如果一个人在一个纳税年度内,在海南自由贸易港内居住了 183 天以上,他的收入中来自海南自由贸易港的综合收入和经营收入的部分,按 3%、10% 和 15% 的超额累计税率征收个人所得税。"183 天"是国际上也是我国对居民的认定标准;"综合收入和经营收入"在一定程度上保证了"实质性经营"的要求。3%、10% 和 15% 的超额累进税率较适用于纳税人纳税所得收入低于 15% 的情况,15% 为最高税率,对实际税负高于 15% 的部分免征所得税。

"简税制"是指海南自由贸易港的税收制度的制定要与我国税制改革的方向相结合,不断探索出符合自贸港建设要求的、更简化的税收制度。改革税制,可以降低间接征收比例,实现税收制度结构的简单化科学化,使税收制度要素能够得到充分的利用和优化,明显降低税负。我国目前共有 18 个税种,海南自由贸易港的税收制度要在此基础上大幅度精简。《总体方案》中提出要在 2025 年之前,依法取消现行的增值税、消费税、汽车购置税、城市维修建设税和教育费附加等各项税收,启动与货物及服务零售相关的税收征收工作;2035 年前,实现地方税收管理权限的扩大。企业所得税、个人所得税成为我国中央和地方共同享有的收入;销售税和其他国内税种仅增加地方税收收入,促进地方政府积极引进投资,推动自贸港建设。值得注意的是销售税,销售税是一次伟大的制度创新。它既不是营业税也不是增值税。营业税通常在企业的起始环节征收,增值税在多环节征收,通过环环抵扣最终对增值额课税,而销售税通常在单环节征收,仅在零售环节对最终消费者征税,能够彻底解决重复征税的问题。同时,零售环节是货物及服务周转的必经之地,也是税收征收不可避免的环节,在零售环节征收销售税能有效管控税源、组织财政收入,比增值税更能体现"税不重征"的特点。

"强法治"是指要加快制定并尽早实施《海南自由贸易港法》,①以法律形式明确自贸港各项制度安排,为自贸港建设提供原则性、基础性的法治保障。这是构建自贸港法治体系的首要任务。作为中国首个自贸港,海南自由贸易港建设没有可以直接复制的经验,需要自己不断地探索和实践。② 在制定税收制度时,也需要不断探索,既然是探索就容易出错,会不可避免地产生税收制度的负面效应。自贸港是高度自由的,同时需要高度的法治,即自由与法治同在。这就要求税收管理部门结合《总体方案》中税收优惠政策的要求,制定简洁明晰的判定标准,强化对偷税漏税风险的识别,防范出现偷税漏税行为,防止出现消极被动的税基侵蚀。在实行税收优惠制度的过程中,要对纳税人的行为做出动态评价,看他们是否在适应纳税周期内,有从事这一优惠制度所要求的核心业务,并获得与优惠制度有关的收入,只有满足所有条件,才能获得相应的税收优惠;对于滥用税收优惠政策,仅以获得税收利益为目标的行径,应及时加以防范,避免造成有害的税收竞争。为保障税收政策的有效执行,税务部门除了积极参加国际税收征管工作外,还要加强税收情报的共享工作,加强涉税信息的共享工作,依照法律法规对失信的企业和个人采取必要的惩罚措施。

"分阶段"是指海南自由贸易港的建设要分阶段进行,分步骤实施零关税、低征收率和简税制度。政策体制要成熟,不可操之过急、急功近利,要稳扎实打,走好每一步,逐渐形成具备国际竞争力的税收体系,为海南高水平自贸港的建设增添动力。

短期目标:2020—2025 年,着力打基础,补短板、强弱项,加快落实政策早期安排,适时启动全岛封关运作。

中期目标:2025—2035 年,全面推行各项政策落地,实现各类货物、人员、资金和数据等要素的便捷、高效流动,基本建立成熟的自贸港体系和操作模式。

---

① 《中华人民共和国海南自由贸易港法》已于 2021 年 6 月 10 日经第十三届全国人民代表大会常务委员会第二十九次会议审议通过。
② 崔凡.海南自贸港建设的崭新蓝图[J].中国外汇,2020(13):14-18.

长期目标:到 2050 年,海南自由贸易港将成为一个具有更强国际影响力的高水平自由贸易港。

除上述原则以外,在税收政策的设计过程中,还应综合考虑包括金融风险、投资危险、贸易风险在内的其他因素;同时考虑生产和生活,货物和服务的统一问题,在制度设计和创新过程中保证整体系统的集成性。

二、高效可行的税收优惠政策

2020 年是艰难的一年,新冠肺炎疫情席卷全球,世界经济遭受了普遍严重的衰退。在此背景下,财政部和税务总局共同发布了《财政部 税务总局关于海南自由贸易港企业所得税优惠政策的通知》《财政部 税务总局关于海南自由贸易港高端紧缺人才个人所得税政策的通知》,财政部、海关总署、税务总局发布了《财政部 海关总署 税务总局关于海南离岛旅客免税购物政策的公告》。这 3 个政策文件对海南自由贸易港的三大税收优惠政策做了明确规定。

一是优惠企业所得税。科技创新是实现高质量发展的重要路径,制定适宜的税收优惠政策能帮助企业克服研发、创新过程中所面临的风险,提升自主创新能力。[1]《财政部 税务总局关于海南自由贸易港企业所得税优惠政策的通知》对企业所得税的具体优惠情况做了详细规定,载明了可享受企业所得税税收优惠的企业类型、税率和固定资产摊销等有关问题。优惠政策实施期为 4 年,从 2020 年 1 月 1 日开始实施,到 2024 年 12 月 31 日为止。具体的主要优惠规定:注册于海南自由贸易港和有实质性经营的鼓励类产业企业,对其实质性经营企业所得,减按 15% 所得税率征税。在执行税收优惠政策时要注意企业注册地在自贸港范围内、必须发生实质性经营且必须是属于鼓励类产业,3 个条件缺一不可。所谓实质性经营,是指在海南自由贸易港设立企业实际管理机构,对企业的生产、人员、账务和财产实行全面的管理、控制和监督。实质性经营是

---

① 余宜珂,郭靖,张再杰,等.激励企业研发的税收优惠政策的国际经验对比及评析[J].税务研究,2020 (7):81-85.

海南自由贸易港所得税优惠政策新增的条件,目的是避免形成政策洼地,防止企业套取税收优惠。而对"鼓励类产业"的界定,采取了与其他区域性税收优惠政策一致的方式,即采取目录式管理并规定主营业务收入占比的方式。海南自由贸易港的鼓励类产业可参考《产业结构调整指导目录(2019 年本)》《鼓励外资投资产业目录(2019 年版)》《海南自由贸易港鼓励类产业目录(2020 年本)》。① 具体要求:企业必须以海南自由贸易港鼓励类产业项目中规定的主营业务为企业项目,并在主营业务收入中占企业总收入的 60% 以上。

此外,对跨区汇收纳税企业,采取与西部大发展政策相同的处理办法,在保障企业所得税的法人税制下,保持中性税收,不影响海南自由贸易港的企业设立机构类型选择。只有总机构及分机构在海南自由贸易港内设立的企业,才能够享受减按 15% 税率征税的优惠;总机构设在其他地区的企业,仅有海南自由贸易港分机构适用所得税率 15%。企业享受优惠政策的所得税率采用不同的税收标准,其计算法是先按规定的应缴税所得额分配,然后按不同的税率区域分别计算应缴税后,加总计算汇总纳税企业应缴的所得税,并按规定分配应缴的所得税。例如,一个企业在海南自由贸易港设立了总机构和分机构 A,在其他省份设立了分机构 B。2020 年度企业应纳税所得额为 1 000 万元,按 A 的承担的比例为70%,B 的承担的比例为 30% 计算。该企业各机构应纳所得税额见表 11.1。

表 11.1　各机构应纳所得税额

单位:万元

机构	分配比例	分配应纳税所得额	计算应纳税额	分配应纳所得税额
总机构	50%	1 000×50%＝500	500×15%＝75	165×50%＝82.5
分机构 A	70%×50%＝35%	1 000×35%＝350	350×15%＝52.5	165×35%＝57.75
分机构 B	30%×50%＝15%	1 000×15%＝150	150×25%＝37.5	165×15%＝24.75
合计	100%	1 000	165	165

---

① 程光军.海南自由贸易港三大税收优惠政策解读[J].税收征纳,2020(10):42-44.

对旅游、现代服务、高新技术三大鼓励类产业企业 2025 年前其新增境外直接投资所得,免征企业所得税。《财政部 税务总局关于海南自由贸易港企业所得税优惠政策的通知》对"境外直接投资所得"的范围及条件做出明确规定,见表 11.2。

表 11.2　境外直接投资所得范围及条件

境外所得 范围	企业从境外设立的分支机构取得的营业利润
	持股超过 20% 的境外子公司新增投资对应的股息所得
条件	被投资国或地区的企业所得税法定税率不低于 5%

同样还要关注"新增"的含义,"新增"与政策实施期(2020 年 1 月 1 日—2024 年 12 月 31 日)有关,"新增"是指企业 2020 年 1 月 1 日以后在境外设立的分支机构。因此,"新增境外直接投资"可理解为 2020 年 1 月 1 日后企业新设境外子公司的投资总额。

与企业有关的税收优惠还有固定资产、无形资产加快折旧政策,以及国际船舶增值税的退税。《财政部 税务总局关于海南自由贸易港企业所得税优惠政策的通知》指出,2020 年 1 月 1 日—2024 年 12 月 31 日,对在海南自由贸易港设立的企业,新购置(含自建、自行开发)固定资产或无形资产,单位价值不得超过 500 万元(包括)的,允许一次性计入当期成本费用在计算应纳税所得额时扣除,不再分年度计算折旧和摊销;单位价值超过 500 万元的,可以缩短折旧、摊销年限或采取加速折旧、摊销的办法。[①] 相对于一次性扣除的普惠政策,该政策将无形资产列入扣除范围,并增加一次性税前扣除的资产种类。需要注意的是,房屋、建筑无法适用一次性取消和加快折旧的政策。此外,当内地船舶建筑企业将船舶出售给运输公司时,如果船舶在"中国洋浦港"登记,并从事海上运输及港澳台业务,则运输公司可向税务主管部门提出退税申请,实行增值税退税。

二是优惠个人所得税。个人所得税优惠政策是党中央给予海南自由贸易港的一项重磅支持政策,就是为了让更多市场认可海南自由贸易港,吸引更多

---

① 程光军.海南自由贸易港三大税收优惠政策解读[J].税收征纳,2020(10):42-44.

专业和社会人才,加快补齐人才短板,助力产业发展,推动自贸港建设。①《财政部 税务总局关于海南自由贸易港高端紧缺人才个人所得税政策的通知》明确规定,在海南自由贸易港工作的高端人才和紧缺人才,其个人所得税的征收率见表11.3。

表 11.3　海南自由贸易港个人所得税税率表

时 间	享受人群	政策情况
2025 年前	在海南工作的高端人才和紧缺人才	实际税负超过 15% 的部分予以免征
2025 年后	一个纳税年度在海南累计居住满 183 天的个人	在海南的综合所得和经营所得,按照 3%、10%、15% 三档超额累进税率征收

高端人才指的是经海南省各级人才管理部门确定的人才,或在一个纳税年度收入超过 30 万元的人才;紧缺人才应符合海南自由贸易港产业紧缺人才的目录。其享受政策优惠所得包括:来自海南自由贸易港的综合所得(包括薪资、劳动报酬、稿费和特许权使用费)的经营所得以及经海南省认定的人才补贴性所得)。高端人才和紧缺人才要想享受税收优惠,还必须同时满足 3 个条件:一是在海南自由贸易港工作;二是与在海南自由贸易港有实质性经营的企业或单位签订 1 年以上劳动合同或聘用协议;三是在一个纳税年度内在海南连续交纳 6 个月以上(包括当年的 12 月)社会保险(境外人才不要求)。注意在表 11.3 中,2025 年前,用的是"税负",2025 年后用的是"税率",这是因为税负与税率是不同的概念。税负是指实际缴付的税款与应征收入之比;税率是指按多少比例去缴税。

三是免税的离岛政策。《财政部 海关总署 税务总局关于海南离岛旅客免税购物政策的公告》称,每个人离岛的免税额由一年 3 万元提高到 10 万元,不

---

① 于文雅,王金荣.国际自贸区与我国自贸区的税收政策比较[J].中国集体经济,2019(32):98-99.

再限定购买次数和最高单件商品的免税金额。但是，对免税品的种类和每次购买都有限制，因此可以选择性购买。比如，化妆品，一个人一次只能购买 30 件；手机等电子产品，一个人一次只能购买 4 件；酒水类商品不能超过 1 500 毫升等。这里的"一次"是指游客在购物之后乘坐飞机、火车和轮船等交通工具离开海南岛这个过程。离岛的免税产品种类从 38 个增加到 45 个，并增加了天然蜂蜜、电子消费等 7 种商品。① 将热销免税化妆品购买件数从 12 件放开到 30 件，使消费者可以成套地购置高档化妆品。对超出免税限额、限量的商品要征收进口关税。

讲完可以买什么、买多少的问题，下面谈一下什么人可以购买、在哪买、去哪取的问题。首先，只有那些已经买了飞机票、火车票和船票，并持有有效身份证件、年满十六周岁的离开海南本岛但不离境的国内外旅客才能购买免税产品，包括海南岛当地居民。游客可到线下实体商店购物，海南岛现有 4 个"离岛"免税店：海口美兰机场免税店、海口日月广场免税店、琼海博鳌免税店和海棠湾免税购物中心；也可通过网上的"离岛免税窗口"在线购买。游客不能在市内购买完商品后直接拿走，应在省内机场、火车站及港口码头到内地隔离区设置的提货处办理手续，然后拿走已购买的免税商品。游客若在隔离区免税店购买商品，便可以直接取走。已免税购买的进口产品需要一次性地随身携带离开海南岛，属于消费者个人免税使用的终端消费品，不得再直接进入国内其他地区或市场进行销售。对非法倒卖、代购和非法走私离岛免税进口商品的企业和个人，依法按有关规定将其纳入个人征信不良记录，3 年内个人不得私自买卖离岛地区免税进口商品，造成其他严重后果的，依法追究其直接刑事责任。

自 2011 年 4 月我国开始试行离岛免税政策后，其运作状况较好，促进了建设海南岛国际旅游中心，带动了相关行业的发展。据统计，2019 年年底累计购物人数为 1 631 万人，免税销量为 538 亿元。自 2020 年 7 月 1 日开始实行离岛

① 程光军.海南自由贸易港三大税收优惠政策解读[J].税收征纳,2020(10):42-44.

免税新政策以来,海关监管的离岛购物总额为 108.5 亿元,件数为 1 162.8 万件,购物旅客为 143.9 万人,同比增长了 218.2%、142.0%、58.5%。这次政策性的调整还将大力提高海南消费者的旅游购物服务体验,释放更多政策措施红利,促进海南岛建设成为国际最大度假旅游购物中心。

三、税收政策实施的时空布局

海南自由贸易港处于建设初期,其税收政策处于发展和变革之中,为避免偷税、漏税行为的发生,税收政策的实施要充分考虑经济行为的时间、地点以及纳税人。① 根据海南自由贸易港建设规划,《总体方案》提出了一系列突破性的税收优惠政策。从时间布局来看,这些政策措施分 2025 年前和 2025—2035 年两个阶段。从空间布局看,海南自由贸易港分园区实施有针对性的税收优惠政策,充分授权重点园区,可以加快推动海南自由贸易港形成具有国际竞争力的税收政策。

(一)时间布局

2025 年前,税收政策主要是从特殊的税收制度安排、"零关税"政策、推动生产要素安全便捷流动、支持现代产业发展这 4 个方面来实施的。

实行特殊的税收制度安排。一方面,在海南自由贸易港内注册和有实质性经营的鼓励类产业企业,适用 15% 优惠的企业所得税;另一方面,全力减少个人所得税的实际税负,对高端紧缺型人才免征税负超过 15% 的部分。以最低所得税率吸引更多企业,留下更多人才,补齐海南自由贸易港建设中人才的短板。此外,积极精简税收种类,在全岛开始封关工作的同时,将现有增值税、消费税、汽车购置税、城市维修建设税和教育费附加等现行税收简并为销售税,仅在货物及服务零售环节征收。优化税收结构,提高税收政策的执行效率,降低了企

① PRETTNER K, ROSTAM-AFSCHAR D. Can taxes raise output and reduce inequality? The case of lobbying[J]. Scottish Journal of Political Economy,2020,67(5): 455-461.

业的交易成本。

自贸港进出口实行基本贸易税制政策安排,以"零关税"为政策基础,实行"三正一负"清单管理征税方式。在这种安排下,对所有交通运输工具、原材料、岛内居民生活消费品出口进行正面清单管理,对所有生产品及设备出口进行负面清单管理,对所有进口物品及相关产品直接进行进口免税正面清单管理,对所有纳入清单的商品,免征进口关税环节增值税及相关消费税。另外,园区之间的商品互为原料和中间品的,也不涉及相关的交易税。但如果商品离开园区进入岛内或内地市场,则需要对其征收相关税款。

海南自由贸易港积极推进生产要素的安全方便流动,引导海南地区高端产品集聚,主要体现在对航运建设的支持,比如,对符合条件的船舶实行出口退税政策,并同时允许它在本地的航班上同时加注所有必需使用的保税油。对满足条件的集装箱装运货物,实行启港进口退税通关政策,允许在它从海南机场出发的两个航班上同时加注所需的保税油。此外,海南自由贸易港口的发展不以贸易转口和外贸加工装备制造产业为主,而以文化旅游、现代金融服务、高科技新兴产业为主,全力支持海南现代服务产业的加速发展。主要海关税收抵扣优惠政策内容:国家级以上展览的境外进口商品在展期间直接进口、销售时,享受海关免税优惠政策;海外离岛地区免税购物优惠政策;三大重点鼓励类产业在2025年以前企业新增的境外直接投资企业所得,免缴境外企业所得税。

到2035年,海南自由贸易港新税收政策要在全岛范围内落地实施。各项税收政策在指定园区经过10年左右的运行,已经比较成熟了,具备了在海南全岛实施的条件。关税方面,应该以负面清单列明几种不免税的特殊商品,除此之外的商品一律进出自由。但当商品离开海南进入内地市场时,要按进口商品征收关税。所得税方面,政策红利可以惠及更多企业和个人——只要是在海南自由贸易港内注册的且有实质性经营的企业均可享受15%的低税率。个人所得税优惠适用范围扩大至只要在海南自由贸易港居住了183天的个人,就可以享受到优惠的所得税政策,不再强调高端紧缺型人才。对个人税负不超过15%

的收入，实行3个档次——3%、10%、15%的超额累计税率。比2025年以前税收优惠范围更宽、优惠力度更大。销售税方面，对所有商品和服务实行统一的单一税率。在这一纳税阶段，企业所得税、个人所得税等都是通过中央和地方共同直接征收的，销售税和其他国内的相关税种的税款由地方直接征收，扩大了海南地方税收管理权限。

（二）空间布局

海南自由贸易港打破了西方自贸港和国内自贸区的发展模式，地理上涵盖了海南全岛。在全岛范围内建设特色产业园区，实现多领域、全方位扩大对外开放。海南自由贸易港共有洋浦经济开发区、博鳌乐城国际医疗旅游先行区、海口江东新区、海口国家高新技术产业开发区、海口综合保税区、三亚崖州湾科技城等11个产业园区，各园区分布在海南岛周围，形成一个闭合环形，使海南自由贸易港可以在最大程度上均衡发展。

从税收政策上看，海南自由贸易港实行"一园一策"，各园区可根据自贸港的总体税收政策和园区产业的定位，制定有利于园区发展的税收政策，实现自身发展的目标。例如，海南自由贸易港洋浦经济开发区实行"一线放开，二线管住"，当内地商品进入园区时，可退税；园区内企业自行生产管理设备，免缴关税。为了推动服务贸易的发展，技术先进服务企业应按15%税率缴纳企业所得税；对急需进口的研发设计、节能环境保护和环保服务等行业实施财政贴息。在引进人才方面，洋浦经济开发区规定，对在园区工作的外国人才或港澳台人员，其在园区缴付的工资薪金个人所得税，超过应纳税额的10%以上的部分由开发区进行补贴。博鳌乐城国际医疗旅游先行区重点发展医疗产业，在医疗方面有着相应的税收优惠政策，比如企业医院只用缴纳15%的企业所得税，所有药械免缴关税和增值税。海口江东新区是全面深化改革开放试验区、创新区，国家生态文明试验区，国际旅游消费中心体验区，国家重要战略服务保障区，在税收上有明显优惠政策，如以有限合伙的形式成立财富机构，可采用"先分后税"的方式；财富管理机构所发生的权益投资损失，可按税前规定扣除；符合居民企业条件的机构,直接投资于其他居民企业,获得的权益投资收入,可做免税收入。海口综合保税区在关税方面有着独特的税收政策,内地货物进入海口综合保税区享受出口待遇,可以申请出口退税;园区内企业所生产的货物和产品运往境外时,除法律法规特别规定的,免缴增值税和出口关税。对园区内生产性的基础设施建设、企业生产需要的基础设施物资及加工企业经营生产的加工机械、设备、模具及其他易维护设备零部件等,从境外进口后用于建设海口综合保税区的,免其境外进口关税及其他海关进口环节关税。海南陵水黎安作为国际高等教育科技创新贸易试验区,大力开展国际教育科技服务进口贸易,实行了对教科研使用仪器和教学仪器、基建设施进口设备及相关物资的零售和关税开放政策。海口复兴城互联网信息产业园对短视频直播行业实施税收优惠政策,主要内容有:网红主播可以按生产经营所得享受 10 万元以下免征增值税、个税核定征收 1% 的政策;企业增值税、企业所得税、核定个税及城建税都享受税收奖励。另外,对企业实行企业税收奖励阶梯政策,省市企业增值税和企业所得税合计越多,奖励市级的留成比例就越高。50 万~100 万元为第一阶梯,市级可以留成 30%,当合计税收超过 2 000 万元时,市级最高留成 80%。园区内还有"一企一策"税收奖励政策,奖励税种包含企业所得税、企业增值税、个人所得税和城建税。

另外,在外部空间上,海南面向南海,靠近东南亚国家,是中国南下进入太平洋、印度洋的重要战略通道,地理位置非常重要。海南建设自由贸易港,可以扩大我国对东南亚的经济贸易影响力和辐射范围,有力推动"一带一路"区域多方合作,有利于提高我国贸易和投资的自由化水平,提升人民币的国际地位以及在国际支付体系当中的接受度。[①] 海南自由贸易港积极探索与东南亚的合作交流项目,不断深化双方合作。

通过对海南自由贸易港税收政策时空布局的分析,我们可以清楚地发现税

---

① 兰宜生.探索中国特色自由贸易港的高水平建设路径——海南自贸港建设的机遇、挑战与政策建议[J].人民论坛·学术前沿,2019(22):23-29.

收政策的执行有着明显的时间限制和空间限制。相同的区域在不同的时间其税收政策可能会明显不同,不同的区域在相同的时间范围内也会有不同的税收政策。海南自由贸易港的建设充分利用税收政策的时空性,制定符合当时、当地的税收优惠政策,因时制宜,因地制宜,大大促进了自贸港内各产业园区的发展。这也是海南自由贸易港在短时间内取得重大发展成果的重要原因之一。

我国建设的海南自由贸易港已经大大脱离了普通自贸港原有的含义。海南自由贸易港开放的是全岛,不仅包括货物贸易,而且包括服务贸易、资金融通、数据流动、人员往来等各个方面;不仅要发展贸易,还要发展大量的生产、加工产业。从世界各国各地自贸港的发展轨迹来看,海南要建设的是第四代自贸港。总之,在建设世界高水平开放的海南自由贸易港的过程中,税收体制起着重要引导和激励的作用。税收政策与自贸港的开放程度有着密切的关系,在分阶段推行税收政策的过程中,所展示的正是由贸易投资自由向人员进出、资金流动自由的不断前进。

第三节　构建海南自由贸易港税收政策体系建议

在海南自由贸易港的建设过程中,要准确把握税收政策与制度在自贸港政策制度体系中的定位。税收政策体系的构建与改革,可以充分发挥自贸港的功能,重点有效地促进自贸港内相关产业的发展。

一、税收政策为高新技术企业服务

海南自由贸易港在建设过程中应关注高新技术企业的发展,让税收政策为高新技术企业服务。我国对新冠肺炎疫情的有效应对,体现了我国全产业链的覆盖,体现了我们全面生产的一种协调能力。但是我们也要看到核心技术的短板,特别是在高科技环节。过去,我们以比较低的成本优势,快速进入逆向超车,弯道超车,实现了一种快速成长,但是也留下了一些被人掣肘的命门。比如芯片技术,信息网络行业高端处理器的专用芯片95%以上都依赖进口。再比如,我们的先进基础材料,飞机、火箭的一些专用零部件和检测设备95%以上依赖进口。所以海南自由贸易港的税收政策应该为高新技术企业的发展服务,把关键核心技术牢牢掌握在自己手中,不能让别人阻碍我们发展的脚步。例如,可以降低高新技术企业设备、原材料进口税率,进一步降低高新技术人才所得税率等;通过税收政策的调节,降低高科技技术企业的成本,让企业通过自主创新补齐关键核心技术短板。

海南自由贸易港作为海上丝绸之路重要的支点,其作用是深化中国与"一带一路"沿线国家在海洋事务领域的合作,为促进区域海洋经济融合发展创造良机,推动与"一带一路"沿线地区在海洋产业、临港经济、海上互联互通、海洋环保等领域的交流与合作。因此,税收政策的制定应充分考虑海南自由贸易港在国际发展中的重要作用,为海洋经济、农业科技等新经济产业的发展提供必要的税收优惠。海南自由贸易港属于南海区域,与东南亚地区在南海上有共同利益,但对南海之外的经贸、社会、公共卫生教育、医疗等方面的合作交流需求更大。海南自由贸易港可以在数字经济、跨境电商、旅游、文化等方面与东南亚地区寻求共同点,特别是医疗和教育更能突出海南自由贸易港的不可复制和不可推广性,海南应利用开放的优势,通过税收的调节与刺激作用将海南岛建设成为教育岛、医疗岛。

二、创新"保税功能+服务"的税收政策

保税是指经海关批准的境内企业所进口的货物,在海关监督下,在境内指定的场所储存、加工、装配,并暂缓缴纳各种进口税费的一种海关监管业务。建议海南自由贸易港拓展保税功能,和现代服务产业积极结合起来,推进海南产业升级。一方面可以实施增值税一般纳税人改革,给予海关特殊监管区域企业一般纳税人资格,使企业在开展外贸的同时,加入国内增值税的流转链条,结合

各种状态货物分类管理,将自贸港两头在外的保税模式,转为面向国内国外两个市场的保税模式,更好地集聚国内外两种资源。另一方面可以结合各种产业的业态需求,拓展保税服务功能。比如推进保税研发,对自贸港科研涉及进口的设备、消耗品予以保税;推进保税展示交易,对自贸港会展企业在港内外的展示销售商品予以保税。其他保税功能包括保税期货交割、保税融资租赁、保税检测维修、保税燃油服务、平行进口汽车保税仓储等,这些保税服务都可以应用在海南自由贸易港的税收政策中。[①] 另外,建议海南自由贸易港税收服务应用各种新科技,全面建成互联网办税平台,推动税收业务在网上办理,降低企业和个人的机会成本。不断为互联网办理税收业务创造便利条件,使纳税人能够方便快捷地在网上办理应税手续,进一步推进办税一网通政策。

三、创新征管模式和税收业态

因为税收政策有明显的时空性,所以要不断推进税收政策改革,尤其是税收征管模式的改革,建设现代化税收治理体系。要不断深化税收征收管理部门工作改革。深入推进税务登记号码自动赋码、税银征信互动、税收遵从合作、缴纳方式多元等税务作业改革,推进税款保证保险、汇总征税、税收要素预裁定、选择性征税等海关作业改革,引领税务、海关全线改革进程,创新特殊税收业态。[②] 实施启运港出口退税,对将海南自由贸易港作为离境地口岸的国内启运港,可以自启运时办理退税;进一步实施购物离岛免税政策,扩大免税额度与免税商品种类。给予境外旅客在自贸港指定免税店购买的随身携运出境的物品一定额度免税,推动海南自由贸易港旅游消费中心的建设;在全岛实施跨境电商零售进口综合税和保税模式,发展新贸易业态,自贸港进口清单内电商商品实行限额内零关税。另外,可以采用"区块链+"的模式,将自贸港与税收海关部门紧密结合起来,使物流、经销商、购买方相互协作,在统一的作业生产链上让

---

① 郭永泉.论海南自贸港税收政策体系的构建[J].南海学刊,2019,5(1):21-28.
② 同①.

纳税人自行纳税,以这种创新的方式优化税收部门的统一管理。建议海南自由贸易港建立多链混合应用模式和电子底账,税务、海关作为征管部门入链,与物流方、服务方、外贸企业、平台经营商、纳税人共同组成区块链,这样可以实行链上公开作业、信息实时互见、纳税人自行办税,以便征管部门后续追溯。

四、构建反避税的配套机制

通过前文的分析,可以发现海南自由贸易港目前所采取的税收优惠政策是以减免所得税为主,这样做的弊端在于容易形成"税收洼地",导致税基侵蚀,从而不断地拉开自贸港与其他地区经济发展的差距,使自贸港经济更难以融入当地的经济发展,与设立自贸港、促进我国经济协调发展的目标相悖。因此构建配套的反避税机制,创新税收优惠政策是海南自由贸易港的当务之急。

建议海南自由贸易港针对国际上其他自贸港普遍面临的避税问题,加大税收风险防控力度。整治转移定价和利润、原产地伪造、价格归类伪报、分拆零售物品等现象,保证我国税基不被侵蚀。实施国际通用的反避税措施,加强税务和海关风险分析,综合运用诚信激励和失信惩戒手段。实行正常交易原则,采用预先定价协议机制,将转移定价的事后税务审查变为事前约定。强化国际合作,与避税地国家签订信息交流协定,与非避税地国家开展征税合作,落实双边税收协定以及避免双重征税协定。[1]建议在制定税收政策时,强调以间接优惠为主,允许企业能够自主选择增税,尽可能地减少企业的负担。这种做法相比之前的给予某些特定行业税基税率减免的方式更能促进企业的可持续性发展。

自贸港税收政策里最核心的就是税收优惠政策,税收优惠政策是一种宏观调控手段,能够降低自贸港的建设成本,吸引企业和人才加入自贸港建设。让

① 刘恩专.构建中国特色自由贸易港政策体系[J].南海学刊,2018(3):38-45.

企业以低成本迅速走上正轨,让建设海南自由贸易港的高端紧缺人才在最大范围内享受政策红利。同样需要注意的是,要把握好政府宏观调控与市场自由竞争在资源配置方面的平衡,让市场起决定作用,政府更好地发挥作用。税收政策的制定需要动态变化,不能一成不变,要根据海南自由贸易港不同建设阶段,制定促进其发展的税收政策。不断完善税收制度,从而促进贸易和投资的自由化,进而更好地进行全面深化改革。在新时代不断扩大对外开放的背景下,在经济全球化趋势的推动下,要通过科学合理的方法来制定符合国际高水平开放自贸港的税收优惠政策,促进市场公平竞争,优化营商环境,坚持制度创新,把海南自由贸易港建设成为新时代改革开放的新高地。

12

再造海南：
自贸港建设的发展前景

党的十九届五中全会提出"加快构建以国内大循环为主体、国内国际双循环相互促进的新发展格局"，这是提升我国经济发展水平和塑造我国国际经济合作竞争新优势的战略抉择。① 在新发展格局的形势下，再造海南，打造具有中国特色的、有较强国际影响力的高水平自由贸易港，是探索我国高水平开放、推动经济全球化发展的战略举措，对我国实现社会主义现代化建设目标具有重要战略意义。海南自由贸易港既要具备自贸港的基本要素，更要充分体现中国特色，坚持党在建设过程中总揽全局、统一领导的作用，利用国内市场规模优势，打造国内国际市场枢纽，聚焦新兴产业，突出制度创新，打造中国特色的现代国际化自由贸易港。

一、坚持党的领导，发挥制度优势

当前中国经济发展正处于转换增长动力、优化经济格局、创新发展模式的攻关变革期。建设现代化的经济体系，拓展经济发展空间，构建高质量发展新格局，以习近平总书记为核心的党中央提出建设社会主义现代化强国的战略目标，完善中国特色社会主义市场经济体制，在实践过程中探索市场在资源配置过程中起决定性作用的新机制。

当前中国经济社会发展面临严峻的外部环境考验，存在一系列风险挑战，需破解诸多难题，更需在中国共产党的领导下凝心聚力，稳步推进，充分发挥我国集中力量办大事的制度优势，调动各方的积极性和创造性，推动构建全面开放新格局。海南自由贸易港建设助力于经济高质量发展和优化经济结构升级，为完善中国特色社会主义市场经济体制夯实基础、积累经验。在深化改革开放的关键时期，通过海南自由贸易港建设实现更高水平的对外开放，促进经济可持续健康发展，实现中国与世界的良性深度互动。

① 韩文秀.加快构建新发展格局[EB/OL].(2020-12-01)[2021-01-10].新华网.

二、打造市场枢纽，服务新发展格局

我国构建以国内大循环为主体、国内国际双循环相互促进的新发展格局，海南自由贸易港是重要的市场枢纽。在新发展格局下，应充分利用国内经济规模效应和集聚效应的优势，借助扩大内需的战略机遇期，释放市场巨大动能，主动融入国内大循环，统筹利用国内国际两个市场，把握市场和资源"两头在外"的发展模式，积极参与国际大循环，推动经济高质量发展。

海南自由贸易港在落实"五个自由便利、一个安全有序"的政策实践中，可以依托国内市场扩大对外开放，优化国内资源配置。海南自由贸易港更应充分运用国内市场优势，立足国内布局国际，依托庞大内需，增强规模经济效应。在国内市场和国际市场良性互动和高效联通的推动下，立足国内市场，把满足国内的需求作为发展的出发点和落脚点，畅通国内大循环，对冲外部压力。

打造畅通的双循环新发展格局，完善现代流通体系是关键。我国的商贸流通产业发展迅速，电子商务、智慧零售、新零售、无界零售等新兴业态不断涌现。尽管我们的流通体系建设较为完备，但与双循环新发展格局要求相比，仍存在一些明显的短板。① 海南自由贸易港利用大数据、物联网、区块链等数字技术构建现代化的物流网络和交通网络，打通堵点，降低交易成本和流通成本；利用数字技术改造升级传统的流通体系，提升了流通服务功能；实施高水平对外开放，破除了制约商品要素自由流动的制度障碍，打造了自由竞争的营商环境。

三、聚焦支柱产业，加快创新合作

海南自由贸易港旨在打造绿色、清洁、高效的现代国际自由贸易港，需聚焦海南旅游业、现代服务业、高新技术产业三大主导产业发展需求，加快建立国内

---

① 依绍华."双循环"背景下构建商贸流通体系格局[J].中国发展观察，2020(18)：20-23.

国际合作机制,尤其是在高新技术产业层面,通过发展高新产业,提高产业能级,合理布局产业结构,推动产业优化升级,增强国际竞争力。

其一,抢抓新技术革命发展契机,发展高新技术产业。新技术革命主要聚集在物联网、人工智能、区块链、大数据、数字经济、3D打印技术等重点信息产业领域。这些技术被广泛应用于生活,提升产业效率,解放劳动力,推动经济结构的转型,给经济带来新的增长极。海南自由贸易港建设中以新型信息通信技术为核心,以新能源技术为动力支撑,对现有的生产组织更新改进,使物理空间、生物空间和网络空间有机融合。

其二,加快创新发展,建立多层面、多维度的合作机制。建立重点地区与海南省科技合作机制;推进海南国际离岸创新创业示范区建设;推动海南深化国际技术转移示范区建设;推动多帮一科技园区对口帮扶工作;加大对海南省重点工作的支持力度。如促进海南自由贸易港与粤港澳大湾区、上海、北京等国内技术发达地区形成联动合作机制,促进推动北京市高新技术企业在海南的布局;推动广东、深圳与海南开展信息产业、先进制造业、海洋科技服务等领域的科技合作等,打造汇集科技创新人才示范区,吸引高新技术公司扎根海南。

其三,推进先进制造业的发展,提高制造业的技术创新能力。目前,我国在先进制造业集群内的关键基础材料、核心基础零部件、先进基础工艺和产业技术基础等方面的核心技术问题有待突破,需提升自主研发能力,减少对国际先进技术的依赖。培育壮大新兴产业,发挥自贸港的自身优势,跟踪国际科技、产业的最新变化,力求在技术创新、品牌树立、环境友好等方面取得突破,壮大先进制造业发展。例如,新能源技术、新材料技术、新信息技术正在带动其他领域的先进性技术群体性进步,商业组织和商业模式也在不断创新;信息技术和制造技术深度融合,绿色制造、智能制造、柔性制造、节能制造日益成为先进制造业发展的重要方向,产品技术、工艺装备、能效环保水平全面提升。因此,要打造以生物医药、新能源汽车、智能汽车、环保装备、高端准备制造等为主的国家级先进制造业集群,以大项目引进、大项目带头、金融服务支持的方式推动先进制造业成长。

四、突出制度创新，优化营商环境

海南自由贸易港应主动探索新兴产业营商环境模式，通过制度创新，优化营商环境。学习借鉴国际前沿的市场标准，对出现的新产业、新技术、新业态，探索完善其市场运行的容错机制，有效控制交易谈判的试错成本；完善法治环境，建立与自贸港相应的法治体系；提出包容审慎的监管准则，实现专业化监管，处理好市场主体与监管主体的关系，进一步优化新兴产业的发展环境。

其一，法治是市场经济的内在要求，良好的法治是营商环境优化改善的重点。海南自由贸易港在打造法治化、便利化、国际化的营商环境过程中，需要坚持法治创新，制定《海南自由贸易港法》，同时建立覆盖面广、操作性强的海南自由贸易港法律法规体系和严格的执法程序，使执法机关严格执法，在市场准入、招商投标、经营运行等方面打造公平的竞争环境，为各类市场主体创造公正、公允的市场空间，支持市场主体平等竞争，依法保护各类市场主体的合法权益，形成统一开放、竞争有序的市场环境，构建和谐稳定的法治环境，树立国内外投资者对海南的信心。

其二，构建和谐政企关系，提高监管水平。海南自由贸易港建设要深化政府职能，打造服务型政府，加大简政放权的力度，提高办事效率，避免权力部门对市场配置要素和公平竞争的干预，尊重市场规律，让市场发挥决定性作用。政府应积极听取企业的发展需要，为企业的发展排忧解难，在政策和实践中为企业提供支持，构建政府与企业的新型关系。政府与企业的互动，要增加透明度，增加公众的监督力，让外界明确政府和企业的关系。政府和企业在制度和法治的基础上建立新型政企关系，勠力同心营造并持续优化良好的营商环境，为海南自由贸易港的繁荣发展奠定基础。

其三，制度的集成创新是制度间的联动和协调，以推动改革的系统性、协调性和整体性。海南自由贸易港的建设，需要将自贸港的贸易、金融、税收、产业、人才等制度与立法司法、行政管理制度改革相结合,促进制度集成创新,实现政府与市场、社会关系的和谐运转,在对标国际高标准规则的基础上,以规则内化的方式测试压力,通过制度协调使国内市场与国际市场接轨。

五、结　语

展望未来,到2025年,海南自由贸易港内贸易自由便利、投资自由便利、规则健全、可管可控、高度开放及富有活力的政策制度体系初步建立。营商环境总体达到国内一流,市场主体大幅增长,产业竞争力显著提升,风险防控有力有效,由现代农业、新型工业、高新技术产业、海洋经济产业及国际旅游业等现代服务业构成的产业体系基本建成。[①] 适应自贸港建设的法律法规逐步完善,经济水平和效益显著提高。

到2035年,海南自由贸易港制度体系和运作模式更加成熟完善,营商环境跻身全球前列。以自由、公平、法治为特征的高水平贸易投资规则基本构建,实现贸易自由便利、投资自由便利、跨境资金流动自由便利、人员进出自由便利、运输来往自由便利和数据安全有序流动。由现代农业、新兴工业、高新技术产业、海洋经济产业及国际旅游业等现代服务业构成的产业体系在国际上具有较大优势地位。综合经济实力明显增强,生态环境更加优美,基础设施和公共服务更加完善,城乡一体化水平大幅提升。法律法规体系更加健全、风险防控体系更加严密,现代社会治理格局基本形成,成为我国开放型经济新高地。

到21世纪中叶,全面建成具有较强国际影响力的高水平自由贸易港。海南自由贸易港将形成高度法治化、国际化、自由化、现代化的制度体系,由现代农业、新兴工业、高新技术产业、海洋经济产业及国际旅游业等现代服务业构成的产业体系在国际上具有绝对优势地位,综合经济实力、综合竞争力和综合影

---

① 迟福林.策论海南自由贸易港[M].海口:海南出版社,2020:340-341.

响力领先全球。

中国特色社会主义新时代,海南自由贸易港在党的领导下已扬帆起航,为构建双循环新发展格局乘风破浪,奋力前行。加快海南自由贸易港建设,要"开放为先""以制度创新为核心",打造更高水平开放的现代化国际自由贸易港的制度体系,为我国建立高水平开放经济体制,推动经济全球化发展和构建人类命运共同体贡献中国智慧和中国方案。

参考文献

［1］陶一桃,鲁志国.中国经济特区史论［M］.北京:社会科学文献出版社,2008.

［2］苏东斌.中国经济特区史略［M］.广州:广东经济出版社,2001.

［3］陈克勤.海南建省［M］.北京:人民出版社,2008.

［4］徐秀军.经济全球化时代的国家、市场与治理赤字的政策根源［J］.世界经济与政治,2019(10):99-121.

［5］陈伟光,明元鹏.世界贸易的大国行为逻辑［J］.现代国际关系,2020(2):39-45.

［6］张宇燕,冯维江.从"接触"到"规锁":美国对华战略意图及中美博弈的四种前景［J］.清华金融评论,2018(7):24-25.

［7］卢静.当前全球治理的制度困境及其改革［J］.外交评论(外交学院学报),2014,31(1):107-121.

［8］徐秀军.全球经济治理困境:现实表现与内在动因［J］.天津社会科学,2019(2):81-87.

［9］王孝松.世界主要自贸港的发展经验与中国自贸港未来发展策略［J］.人民论坛,2020(27):42-45.

［10］海南省外事侨务办公室调研组.新加坡自贸港发展策略探析［J］.今日海南,2018(5):30-33.

［11］商务部国际贸易经济合作研究院课题组.中国(上海)自由贸易试验区与中国香港、新加坡自由港政策比较及借鉴研究［J］.科学发展,2014(9):5-17.

［12］兰斯·E.戴维斯,道格拉斯·C.诺思.制度变迁与美国经济增长［M］.张

志伟,译.上海:格致出版社,上海人民出版社,2018.

[13] 樊春良,樊天.国家创新系统观的产生与发展——思想演进与政策应用[J].科学学与科学技术管理,2020,41(5):89-115.

[14] 黄少安.现代经济学大典:制度经济学分册[M].北京:经济科学出版社,2016.

[15] 道格拉斯·C.诺思.制度、制度变迁与经济绩效[M].杭行,译.上海:格致出版社,上海三联书店,上海人民出版社,2008.

[16] 胡凤乔,李金珊.从自由港代际演化看"一带一路"倡议下的第四代自由港发展趋势[J].社会科学家,2016(5):95-99.

[17] 陈会珠,孟广文,高玉萍,等.香港自由港模式发展演化、动力机制及启示[J].热带地理,2015,35(1):70-80.

[18] 戴翔.制度型开放:中国新一轮高水平开放的理论逻辑与实现路径[J].国际贸易,2019(3):4-12.

[19] 钱克明.更加注重制度型开放[J].对外经贸实务,2019(12):4-6.

[20] 余淼杰,徐竹西,祝辉煌.逆全球化背景下我国自由贸易港建设的动因与路径[J].江海学刊,2018(2):108-113.

[21] 迟福林.加快建立海南自由贸易港开放型经济新体制[J].行政管理改革,2020(8):4-9.

[22] 田原.把握好制度集成创新的关键点[N].经济日报,2020-06-18(11).

[23] 邢乐.天津自贸区之路探索及思考[J].当代经济,2016(24):38-40.

[24] 单玉丽.福建自贸区的战略定位[J].学术评论,2015(1):7-9.

[25] 彭羽,陈争辉.中国(上海)自由贸易试验区投资贸易便利化评价指标体系研究[J].国际经贸探索,2014,30(10):63-75.

[26] 崔日明,黄英婉."一带一路"沿线国家贸易投资便利化评价指标体系研究[J].国际贸易问题,2016(9):153-164.

[27] 马文秀,乔敏健."一带一路"国家投资便利化水平测度与评价[J].河北大学学报(哲学社会科学版),2016,41(5):85-94.

[28] 陈瑶雯,莫敏,范祚军."一带一路"背景下中国-东盟投资便利化水平测度[J].统计与决策,2018,34(23):117-121.

[29] 王素芹,邵占强.基于因子分析法的我国各省份投资便利化水平测度[J].华北水利水电大学学报(社会科学版),2020,36(1):1-6.

[30] 张亚鹏.产业政策的理论反思——兼谈对中国经济改革实践的启示[J].兰州学刊,2020(5):99-108.

[31] 海南省统计局,国家统计局海南调查总队.海南统计年鉴2020[M].北京:中国统计出版社,2020.

[32] 新华社.习近平总书记出席庆祝海南建省办经济特区30周年大会并发表重要讲话[EB/OL].(2018-04-13)[2021-01-10].中国政府网.

[33] 陈雪怡.近万家企业落户我省重点产业园区[N].海南日报,2019-03-07(1).

[34] 李振福.航运金融:现状、趋势与发展策略[J].中国船检,2018(4):30-32.

[35] 郑兴无.航权开放与海南自贸港建设[N].中国民航报,2020-06-18(1).

[36] 司徒尚纪."开放门户"海南港口群[N].中国经营报,2020-06-08(1).

[37] 齐朝辉,谢泗薪.大开放视角下海南自贸港建设的民航运输发展攻略[J].空运商务,2020(8):10-15.

[38] 远亚丽."互联网+"背景下高职智慧物流人才的培养——以上海中侨职业技术学院为例[J].河北职业教育,2020,4(5):76-78.

[39] 于文雅,王金荣.国际自贸区与我国自贸区的税收政策比较[J].中国集体经济,2019(32):98-99.

[40] 蔡萌.让营商环境成为核心竞争力——海南自贸港:加码提速"优"无止境[J].今日海南,2020(8):5-8.

[41] 李耕坤.海南自贸港诚信化营商环境构建路径研究[J].新东方,2020(4):7-12.

[42] 甘行琼,靳毓.税收不确定性研究进展[J].经济学动态,2020(6):

123-135.

[43] 王春雷,杨晓萌,金哲.海南自贸试验区(自贸港)税收政策与制度安排的思考[J].南海学刊,2019,5(3):42-52.

[44] 李旭红.海南自贸港税收制度建设的鲜明特色[J].新理财(公司理财版),2020(8):40-41.

[45] 程光军.海南自由贸易港三大税收优惠政策解读[J].税收征纳,2020(10):42-44.

[46] 崔凡.海南自贸港建设的崭新蓝图[J].中国外汇,2020(13):14-18.

[47] 余宜珂,郭靖,张再杰,等.激励企业研发的税收优惠政策的国际经验对比及评析[J].税务研究,2020(7):81-85.

[48] 兰宜生.探索中国特色自由贸易港的高水平建设路径——海南自贸港建设的机遇、挑战与政策建议[J].人民论坛·学术前沿,2019(22):23-29.

[49] 郭永泉.论海南自贸港税收政策体系的构建[J].南海学刊,2019,5(1):21-28.

[50] 刘恩专.构建中国特色自由贸易港政策体系[J].南海学刊,2018(3):38-45.

[51] 曹晓路,王崇敏.中国特色自由贸易港建设路径研究——以应对全球数字服务贸易规则变化趋势为视角[J].经济体制改革,2020(4):58-64.

[52] 陈碧琪.海南互联网产业实现"四个一百"突破产业人才增逾万人[EB/OL].(2019-05-26)[2021-01-10].新华网.

[53] 潘积文,陆宝华.大数据安全风险分析及保障策略技术研究[J].计算机时代,2019(7):27-28,32.

[54] 吴家庆,曾先杰.大数据与意识形态安全[N].光明日报,2015-10-14(13).

[55] 邓伟志.社会学辞典[M].上海:上海辞书出版社,2009.

[56] 孙晋,阿力木江·阿布都克尤木,徐则林.中国数字贸易规制的现状、挑

战及重塑——以竞争中立原则为中心[J].国外社会科学,2020(4):
45-57.

[57] 王素云,沈桂龙.论国际贸易投资发展新动向下的海南自贸港建设[J].
南海学刊,2019,5(2):20-27.

[58] 欧燕燕,黄圣红.海南移动已建成5G基站逾2100个[EB/OL].(2020-
07-05)[2021-01-10].新华网.

[59] 王存福.产业结构从"一二三"到"三二一"的大跳跃——海南产业结构
"蜕变"记[EB/OL].(2018-04-10)[2021-01-10].新华网.

[60] 陈颖君,蒙琳,王纪忠.5G时代海南省互联网农业小镇的数字乡村发展
路径探析[J].热带农业科学,2019,39(12):119-126.

[61] 余小艳,王家专.乘"云"而上 借"数"腾飞[N].海南日报,2020-11-13
(11).

[62] 吴沈括.数据治理的全球态势及中国应对策略[J].电子政务,2019(1):
2-10.

[63] 胡长青.有序扩大通信资源和业务开发[N].海南日报,2020-09-10(11).

[64] 鲁亚运,原峰,李杏筠.我国海洋经济高质量发展评价指标体系构建及
应用研究——基于五大发展理念的视角[J].企业经济,2019,38(12):
122-130.

[65] 刘明宇,芮明杰.全球化背景下中国现代产业体系的构建模式研究[J].
中国工业经济,2009(5):57-66.

[66] 盛朝迅.构建现代产业体系的瓶颈制约与破除策略[J].改革,2019(3):
38-49.

[67] 盛毅.海南自由贸易港建设的产业动力和产业体系——基于国际国内
发展经验[J].南海学刊,2020,6(3):29-36.

[68] 钊阳,桑百川.对标高标准国际经贸规则优化外商投资制度环境[J].国
际贸易,2019(10):19-26.

[69] 阳军,樊鹏.新技术革命的风险、挑战与国家治理体系适应性变革[J].

国外社会科学,2020(5):125-131.

[70] 赵展慧.优化营商环境,强健经济"体格"[N].人民日报,2020-11-13(5).

[71] 佟家栋.中国自由贸易试验区的改革深化与自由贸易港的建立[J].国际商务研究,2018,39(1):13-18,85.

[72] 韩文秀.加快构建新发展格局[EB/OL].(2020-12-01)[2021-01-10].新华网.

[73] 柳思维,陈薇,张俊英.把握机遇,突出重点,努力推动形成双循环新发展格局[J].湖南社会科学,2020(6):26-33.

[74] 依绍华."双循环"背景下构建商贸流通体系格局[J].中国发展观察,2020(18):20-23.

[75] ARROW K J. The place of institutions in the economy: A theoretical perspective[M]//YUJIRO H, MASAHIKO A. The institutional foundations of east asian economic development. London: Palgrave Macmillan, 1998: 39-48.

[76] COASE R H. The nature of the firm[J]. Economica, 1937, 4(16): 386-405.

[77] AXELORD R, KEOHANE R O. Achieving cooperation under anarchy: Strategies and institutions[J]. World Politics, 1985, 38(1): 226-254.

[78] SHEPHERD B, WILSON J S. Trade facilitation in ASEAN member countries: Measuring progress and assessing priorities[J]. Journal of Asian Economics, 2009, 20(4): 367-383.

[79] PRETTNER K, ROSTAM-AFSCHAR D. Can taxes raise output and reduce inequality? The case of lobbying[J]. Scottish Journal of Political Economy, 2020, 67(5): 455-461.